Diálogos interepocales
La antigüedad griega en el pensamiento contemporáneo

Esteban Bieda – Claudia Mársico
(Editores)

Diálogos interepocales
La antigüedad griega en el pensamiento contemporáneo

Editorial Rhesis

Bieda, Esteban - Mársico, Claudia
Diálogos interepocales. La antigüedad griega en el pensamiento contemporáneo
1a. ed. - Buenos Aires : Rhesis, 2015.
285 p.; 22x15 cm.

ISBN-13: 978-987-27375-9-7
ISBN-10: 987-27375-9-2

1. Filosofía. 2. Filosofía antigua.
Fecha de catalogación: 15/4/2015

2015
Editorial Rhesis
www.editorialrhesis.com
info@editorialrhesis.com

Revisión: Sofía Castello

ÍNDICE

Prólogo o Instrucciones para escuchar en dos tiempos / 7

Carlos Martín – Aristóteles, autor de El Capital / 11

Mariana Gardella - Paradojas del sentido: Lewis Carroll y los filósofos megáricos / 22

Virginia Cano - El 'caso Sócrates': el diagnóstico nietzscheano del *corpus* Occidental / 40

Claudia Mársico - Modos de vida, inicios de la filosofía y fin de la historia: diálogos interepocales entre Jenofonte y Alexandre Kojève / 55

Oscar Mauricio Donato - La corrección platónica de la filosofía socrática / 81

Rodrigo Illarraga – Platón contemporáneo en el debate sobre el liberalismo: entreguerras, Karl Popper y Slavoj Žižek / 104

Esteban Bieda - Heidegger y los griegos. Técnica, poder y politicidad en perspectiva / 123

Lucas Soares - Construir, habitar, amar. La cuaternidad heideggeriana a la luz de la erótica platónica / 138

Esteban A. García - El entrelazamiento de la filosofía y la historia de la filosofía en el último pensamiento de M. Merleau-Ponty / 151

Graciela Ralón – La naturaleza como "suelo de experiencia" y como "elemento" / 173

Axel Cherniavsky - Del reconocimiento al aprendizaje. Ideas y reminiscencia platónicas en la "imagen del pensamiento" de Gilles Deleuze / 185

Valeria Sonna - La reversión deleuziana del platonismo y la teoría estoica de la causalidad / 205

Sobre los autores / 225

Prólogo o
Instrucciones para escuchar en dos tiempos

El entramado del pensamiento está conformado por lenguaje y se plasma, complejiza y enriquece en el intercambio dialógico. Este intercambio, cuyo modelo más originario es el contacto entre personas que comparten su experiencia del mundo circundante y sus conceptualizaciones, activa múltiples proyecciones que atraviesan todo tipo de acciones individuales y colectivas. El diálogo y sus lógicas asociadas adquieren de este modo una dimensión interepocal que muchas veces se desdibuja bajo el modelo del análisis de influencias o la búsqueda de líneas de continuidad o ruptura, de modo tal que la dimensión histórica ligada a la temporalidad sugiere una unidireccionalidad del discurso en el que el pasado condiciona al presente, pero no a la inversa. Se invisibiliza de este modo el fenómeno complejo de diálogo interepocal que sostiene la relación de la filosofía con su historia. En efecto, no es inusual que se esbocen apologías del estudio de la antigüedad que se enlazan con la encendida defensa de la importancia de la historia de la filosofía para la práctica filosófica en sí misma. Los argumentos más variados se despliegan en esta tarea y se abre un abanico en el que puede encontrase desde la arenga pragmática hasta la melancolía esteticista por lo perdido, pasando por las ardientes declaraciones de imprescindibilidad de conocer tesis previas para comprender el alcance de las actuales.

Todo este esfuerzo se vuelve innecesario si se parte del hecho mismo del diálogo interepocal como fenómeno primario de la práctica filosófica: el interjuego de ideas, conceptos y teorías que constituyen la argamasa con que opera la disciplina no es sensible al índice temporal de sus enunciaciones, de manera que nada impide la instanciación de diálogos entre teorías de autores separados a veces por muchos siglos. Es claro que la comprensión de cada una de ellas implica la imbricación con su contexto de surgimiento, pero el anclaje material de sus coordenadas cronotópicas resulta un elemento que se suma a los elementos conjugados en el acontecimiento del diálogo. En este evento el pasado ofrece un discurso que instala parámetros y condiciones al pensamiento de una época posterior y en este sentido la afecta, pero a la vez el discurso producido en el pasado es comprendido y reinterpretado con claves diseñadas por el pensamiento de una época posterior de un modo que lo recrea y redefine, del mismo modo que en el diálogo presencial el intercambio de posiciones altera y moldea el discurso y las posiciones de los interlocutores. En este sentido, el pasado muta en diálogo con el presente y se sustrae a la fosilización de lo desaparecido para renovarse con las metamorfosis de un pensamiento que se sumerge en lo acaecido para proyectarse como sentido abierto al futuro y por tanto como actividad nunca clausurada.

Cabe notar que los diálogos interepocales son múltiples. Hay diálogos virtuosos y ordenados, donde los interlocutores se comprometen con lucidez a captar el contenido y el contexto de enunciación del otro, pero no son menos diálogos aquellos intercambios desordenados, interrumpidos, resquebrajados por intenciones de ganar una discusión aun antes de conocer la posición contraria. Los resultados que de cada uno surgen son impredecibles. Un diálogo prolijo y cuidadoso puede estar transido de irrelevancia, hasta el punto de que dé lo mismo que exista o no, o que pueda ser sustituido por cualquier otro parecido. A menudo los diálogos interepocales respetuosos de los parámetros filológicos son engullidos por una posición pre-dialógica, podría decirse, en el sentido de que pretenden instalar el discurso en un plano de mera hermeneusis, sin que se entrometan cuestiones atinentes a la realidad del intérprete. Se busca en esta actitud una especie de borramiento del interlocutor contemporáneo que serviría como instrumento de una supuesta objetividad. No importa cuánta agua haya pasado bajo el puente de las discusiones sobre hermenéutica y subjetividad en el siglo XX, los estudios clásicos siguen a menudo atados a parámetros que no sólo agostan toda posibilidad de trazar diálogos interepocales, sino que los condenan como ejercicios impropios e instalan una alternativa entre lectura histórico-filológica y lectura filosófica, al mismo tiempo que reclaman que no se quite "filosoficidad" al enfoque histórico-filológico. Al contrario, un diálogo desprolijo puede alumbrar resplandores filosóficos asombrosos. Mucho de eso sucede en los casos que nos ocupan en este libro.

En este sentido, en todas las variantes y tras cada modalidad hay funciones distintas y complementarias. Sin duda la exégesis prolija es útil, especialmente en lo que respecta a la recuperación histórica de los sentidos que se han metamorfoseado con el tiempo, y pueden brindar elementos que no se limitan a esta función de esclarecimiento. En los diálogos de apropiación, por otra parte, donde prima la expresión de una posición, puede haber también un cuidado por el acercamiento metódico a los sentidos antiguos, tanto como un vendaval que succione sólo trozos inconexos para insertarlos en nuevos discursos. Por supuesto, lo tumultuoso puede ser simplemente mucho ruido y pocas nueces. Cada encuentro dialógico es único. Con los resultados que sea, cada uno es un diálogo, respetuoso o de sordos, y siempre los efectos pueden ser un fiasco o la emergencia de nuevas y sugerentes ideas, con todas las variantes intermedias.

En este terreno se internan los trabajos que integran este libro. Asomaron a partir de un núcleo primario constituido por los materiales presentados en dos mesas redondas en ocasión de las *II Jornadas de Pensamiento Antiguo* llevadas a cabo en la Escuela de Humanidades de la Universidad de San Martín, a las que luego se sumaron otros aportes gestados en investigaciones en torno de la categoría de diálogos interepocales. El resultado final es un conjunto de textos -ellos mismos en diálogo- que recorren distintas modalidades de contacto con el pasado. El recorrido lineal se inicia en el siglo XIX. Allí Karl Marx aparece en medio de un diálogo forzado y colorido con la obra de Aristóteles en momentos de alumbrar nociones fundamentales de su economía, tal como muestra Carlos Martín. Mientras tanto, de la mano de Mariana Gardella se puede atisbar el modo en que en el mismo clima victoriano Lewis Carroll explora los intersticios de la lógica remedando los caminos de los filósofos megáricos, al tiempo que en el ámbito germano Friedrich Nietzsche interpela a los griegos y los reacomoda para sentar las bases de su filosofía, según sugiere Virginia Cano.

Ya en el siglo XX, con el fragor de las guerras y las encendidas discusiones políticas como horizonte, Rodrigo Illarraga explora el modo en que se conforma la visión de Platón respecto de la política que recorrre como sustrato una importante cantidad de textos posteriores. Por su parte, el texto de Claudia Mársico pone de relieve la polémica entre Leo Strauss y Alexandre Kojève, curiosamente montada como un diálogo en que Jenofonte se suma como fuente y árbitro de la discusión, exhumando los vértices que Kojéve y el General de la *Anábasis* ocupan en este llamativo triángulo. Inmediatamente Oscar Donato llama la atención sobre el vértice que queda, analizando el modo en que Strauss propone leer a Platón, en medio de una línea tan influyente como resistida.

En un mismo clima, siguiendo ahora los pasos de Husserl, Heidegger produce un viraje en la fenomenología estableciendo sus propios códigos de diálogo con los griegos en terrenos bien distintos, tal como se atisba en los textos de Esteban Bieda y Lucas Soares. La última parte de este camino se asienta en el pensamiento francés contemporáneo, primero para ahondar en otra deriva husserliana, como lo es en muchos sentidos la filosofía de Maurice Merleau-Ponty, a quien Esteban García y Graciela Ralón acompañan en su peculiar "entrelazamiento" con el pasado, para luego internarse en el pensamiento de Gilles Deleuze y su propuesta de reversión del platonismo a través del examen de Axel Cherniavsky y Valeria Sonna.

Este recorrido lineal no es el único posible. Remedando la *Rayuela* de Julio Cortázar podríamos tentar senderos alternativos que arrojen otras muchas visiones caleidoscópicas. Claramente puede organizarse un orden en que prevalezca la antigüedad, de modo que los presocráticos interpelados por Merleau-Ponty abran una secuencia seguida por Sócrates, Jenofonte, Platón y Aristóteles, cada uno con sus interlocutores. También hay numerosos caminos menores, más enmalezados, que ofrecen la sorpresa de los órdenes inesperados. Y queda, claro, la lectura azarosa, como un inmiscuirse de pronto en una charla ajena, pero a la vez deseosa y preparada para desplegarse ante otros.

Nos queda agradecer el apoyo de la Universidad de Buenos Aires, a través de los Subsidios UBACyT, de la Universidad de San Martín, del CONICET y de la ANPCyT, que sostienen las investigaciones de los autores de esta obra.

Esteban Bieda – Claudia Mársico

Aristóteles, autor de *El Capital* [Das Kapital]

Carlos Martín

El siguiente análisis[1] se propone describir comparativamente algunas ideas fundamentales del pensamiento marxista y sus referencias a la filosofía aristotélica. Este análisis principalmente epistemológico busca desentrañar algunos supuestos e interpretaciones de Marx en su comprensión del pensamiento económico aristotélico. Lógicamente, estas conclusiones podrán proyectarse sobre las formulaciones del materialismo histórico y del marxismo, en general, como marcos teóricos aplicables a los estudios sobre el mundo griego antiguo. El historicismo y el materialismo histórico han contribuido mucho a la comprensión histórica del mundo social y promovieron particularmente la relación entre historia y filosofía. Esta última alianza permitiría suplir los defectos epistémicos y hermenéuticos de las lecturas internas y, en general, de todas las lecturas atravesadas por la distinción entre las variables internas y externas.[2] Así, algunas conceptualizaciones y referencias directas a la filosofía aristotélica elaboradas por Marx se presentarían como herramientas claves para comprender el contexto de producción de la filosofía política aristotélica. Esta línea interpretativa se compromete con las variables externas del sistema analizado y determina la comprensión de la obra por su relación con su mundo social. Así, muchas veces se presupone que la comprensión de la obra se reduce a la comprensión de la *visión de mundo* del grupo social de su autor o al desciframiento de las categorías de una determinada clase social.

La exactitud de estas afirmaciones responde exclusivamente a la correspondencia entre las conceptualizaciones de ambas perspectivas, tanto del mundo social analizado como del mundo social del analista. En el caso de Marx y de la adecuación de su marco teórico al mundo griego antiguo, resulta significativa la siguiente advertencia epistemológica: "la teoría

---

[1] Aquí se incluye una reformulación de la ponencia presentada en las *Segundas Jornadas de Pensamiento Antiguo* "Expresar la *phýsis*: conceptualizaciones antiguas sobre la naturaleza" realizadas en la Universidad Nacional de San Martín, en 2011, y algunos pasajes del capítulo "La justicia en el intercambio económico según Aristóteles" de mi tesis doctoral. Excepto en las ediciones castellanas citadas, todas las traducciones son de mi autoría.
[2] La distinción saussuriana entre entre la lingüística interna y la lingüística externa presupone la autonomía absoluta de la lengua, ya que "la lengua es un sistema que no conoce más que su orden propio y peculiar" (Saussure, 1945:50). Así, cualquier elemento extraño a su organismo pertenece a la lingüística externa: la etnología, la historia política, las conexiones de la lengua con otras instituciones, su pertenencia geográfica, etc.

marxista del trabajo constituye sin duda, junto al análisis lévi-strausseano del don, el ejemplo más acabado del error objetivista consistente en omitir incluir en el análisis la verdad subjetiva con la cual ha sido necesario romper para construir el objeto de análisis: la inversión en el trabajo, ya que el desconocimiento de la verdad objetiva del trabajo como explotación, es parte de las condiciones reales del cumplimiento del trabajo, y de la explotación, en eso que lleva a encontrar en el trabajo un beneficio intrínseco, irreductible a la simple retribución en dinero" (Bourdieu, 1996:89). La verdad objetiva, propuesta por la teoría marxista, contradice la verdad subjetiva, supuesta por el trabajador. El trabajo no sólo se definiría por la explotación sino también por el desconocimiento de esa explotación. Por lo tanto, la condición de posibilidad de la explicación objetiva, la ruptura con la experiencia subjetiva del trabajador, no es percibida por el análisis marxista como condición de la objetivación sino como la objetivación misma. El principio de esta doble verdad del trabajo, entendida como explotación y como inversión (*investissement* para Bourdieu), obedece a cierta violencia simbólica. Así, la verdad del trabajo impone como legítimas una serie de relaciones de fuerzas y al imponerlas como legítimas disimula esas relaciones de fuerza y les añade su propia fuerza simbólica.[3] Aclarado esto, resta establecer si la teoría marxista y sus categorías de análisis permiten comprender el pensamiento político aristotélico. Los elementos de prueba se pueden encontrar al comienzo de la *Contribución a la crítica de la economía política* de Marx:

> A primera vista, la riqueza burguesa aparece como una inmensa acumulación de mercancías, y la mercancía tomada aisladamente, como el modo de ser elemental de dicha riqueza. Pero cada mercancía se presenta en el doble aspecto de valor de uso y de valor de cambio.[4]

Esta distinción entre *valor de uso* y *valor de cambio* tiene una nota al pie, donde Marx cita específicamente a Aristóteles:

> Puesto que de dos modos es el uso de cada bien. Uno es propio de la cosa como tal, el otro no, como una sandalia, que sirve para calzarse y que es intercambiable. Ambos son valores de uso de la sandalia, puesto que también quien intercambia la sandalia por lo que le hace falta, por ejemplo el alimento, utiliza la sandalia como sandalia. Pero no en su modo natural de uso. Puesto

---

[3] "Todo poder de violencia simbólica, o sea, todo poder que logra imponer significaciones e imponerlas como legítimas disimulando las relaciones de fuerza en que se funda su propia fuerza, añade su fuerza propia, propiamente simbólica, a esas relaciones de fuerza" (Bourdieu y Passeron, 1996:44).
[4] "Auf den ersten Blick erscheint der bürgerliche Reichtum als eine ungeheure Warensammlung, die einzelne Ware als sein elementarisches Dasein. Jede Ware aber stellt sich dar unter dem doppelten Gesichtspunkt von Gebrauchswert und Tauschwert" (Marx, 2005:7).

que ella no existe a causa del intercambio. La misma explicación es también para los otros bienes.⁵

La traducción alemana es, en general, aceptable; pero introduce un término inexacto. Cuando Aristóteles afirma que "de cada posesión la utilización es doble", el término χρῆσις puede traducirse aceptablemente por "utilización" o "uso", en castellano, y por "Gebrauch", en alemán, como hace Marx. Hasta aquí la traducción resulta adecuada. Pero cuando Aristóteles afirma que «ambas son utilizaciones del calzado», el término χρῆσις es traducido por Marx como *Gebrauchswert*, es decir, valor de uso, y no simplemente *Gebrauch*, como antes, "uso" o "utilización". En el ejemplo aristotélico la utilización del zapato presenta dos utilizaciones distintas, pero el concepto de utilización en griego es representado por la misma palabra χρῆσις y su traducción debería representarse, tanto en alemán como en castellano, por un mismo término en ambos contextos, es decir, *Gebrauch* en alemán y "utilización" en castellano, ya que Aristóteles no está utilizando un término con ambigüedad lingüística. Por lo tanto, Marx comienza su *Contribución a la crítica de la economía política* con la distinción entre *valor de uso* y *valor de cambio* y su fundamentación con una cita de autoridad. Sin embargo, la autoridad aristotélica no establece exactamente la distinción entre *valor de uso* y *valor de cambio*; es en la traducción alemana de Marx donde Aristóteles dice *Gebrauchswert* y, por lo tanto, Aristóteles distinguiría, gracias a Marx, entre *valor de uso* y *valor de cambio*.

Esta misma distinción abre *El Capital* de Marx, fundamenta todo su análisis económico y ha sido reproducida por los estudios marxistas sobre Aristóteles.⁶ Así, el ejemplo resulta paradigmático y se repite en el capítulo segundo de *El Capital* con la misma traducción. Cuando Marx aborda el proceso de intercambio [Der Austauschprozeß] cita el mismo pasaje con la misma traducción de χρῆσις por *Gebrauchswert*, "valor de uso". Pero ahora Marx explica cómo el valor de uso de la mercancía para su productor es ser medio de cambio [Tauschmittel] y, por lo tanto, sólo tiene para él valor de cambio [Tauschwert].

Antes de continuar, conviene retener la distinción aristotélica a partir de una traducción más adecuada al texto griego:

> Pues de cada posesión la utilización es doble, y ambas utilizaciones en cuanto tal, pero no en cuanto tal por igual, sino una utilización apropiada y otra no apropiada de la cosa, como del calzado el calzarse y el intercambiarlo. Pues

---

⁵ "Denn zweifach ist der Gebrauch jedes Guts ... Der eine ist dem Ding als solchen eigen, der andre nicht, wie einer Sandale, zur Beschuhung zu dienen und austauschbar zu sein. Beides sind Gebrauchswerte der Sandale, denn auch wer die Sandale mit dem ihm Mangelnden, z.B. der Nahrung austauscht, benutzt die Sandale als Sandale. Aber nicht in ihrer natürlichen Gebrauchsweise. Denn sie ist nicht da des Austausches wegen. Dieselbe Bewandtnis hat es auch um die andern Güter" (Marx, 2005:7).

⁶ Ver especialmente Meikle (1995).

ambas son utilizaciones del calzado. Pues también el que intercambia con el necesitado de calzado por dinero o alimento utiliza el calzado en cuanto calzado, pero no respecto a la utilización apropiada; pues no ha sido creado a causa del intercambio. Y es del mismo modo respecto a las restantes posesiones.[7]

Aristóteles establece esta distinción porque distingue entre dos tipos de crematística, entre dos clases de técnicas de adquisición de bienes. La distinción no es ajena a Marx e, incluso, su análisis de cómo se convierte el dinero en capital se fundamenta exactamente sobre la misma concepción aristotélica. Marx reconoce las premisas históricas del surgimiento del capitalismo en la producción de mercancías y su circulación comercial. Así, el dinero no se distingue del capital más que por su diversa forma de circulación. Marx establece dos célebres esquemas de circulación: por una parte, la circulación de mercancías responde al propósito de vender para comprar [verkaufen um zu kaufen], por ejemplo cuando el zapatero vende su producción para comprar alimento, primero cambia su mercancía por dinero antes de comprar otra mercancía, y, así, su esquema es M — D — M (Mercancía — Dinero — Mercancía); por otra parte, existe una forma específicamente distinta de circulación con el propósito de comprar para vender [kaufen um zu verkaufen], por ejemplo, cuando el capitalista compra 100 libras esterlinas de algodón para venderlo luego por 110 libras esterlinas, primero cambia su dinero por una mercancía antes de venderla por más dinero, y así, su esquema es D — M — D (Dinero — Mercancía — Dinero). Según Marx, la distinción entre ambos ciclos es su orden inverso y, asimismo, sus propósitos son contrarios. En el esquema de circulación M — D — M, el dinero se gasta definitivamente, mientras que en el otro esquema no se hace más que "adelantar" el dinero. En palabras de Marx:

> El ciclo M — D — M arranca del extremo de una mercancía y acaba con el extremo de la otra mercancía, que recae fuera de la circulación y en el consumo. Consumo, satisfacción de necesidades, en una palabra, valor de uso es pues su finalidad. El ciclo D – M – D arranca contrariamente del extremo del dinero y retorna finalmente al mismo extremo. Su motivo impulsor y fin determinante es pues el valor de cambio.[8]

---

[7] "ἑκάστου γὰρ κτήματος διττὴ ἡ χρῆσίς ἐστιν, ἀμφότεραι δὲ καθ' αὐτὸ μὲν ἀλλ' οὐχ ὁμοίως καθ' αὐτό, ἀλλ' ἡ μὲν οἰκεία ἡ δ' οὐκ οἰκεία τοῦ πράγματος, οἷον ὑποδήματος ἥ τε ὑπόδεσις καὶ ἡ μεταβλητική. ἀμφότεραι γὰρ ὑποδήματος χρήσεις: καὶ γὰρ ὁ ἀλλαττόμενος τῷ δεομένῳ ὑποδήματος ἀντὶ νομίσματος ἢ τροφῆς χρῆται τῷ ὑποδήματι ᾗ ὑπόδημα, ἀλλ' οὐ τὴν οἰκείαν χρῆσιν: οὐ γὰρ ἀλλαγῆς ἕνεκεν γέγονε. τὸν αὐτὸν δὲ τρόπον ἔχει καὶ περὶ τῶν ἄλλων κτημάτων" (*Pol.* 1257a6-14).

[8] "Der Kreislauf W - G - W geht aus von dem Extrem einer Ware und schließt ab mit dem Extrem einer andren Ware, die aus der Zirkulation heraus und der Konsumtion anheimfällt. Konsumtion, Befriedigung von Bedürfnissen, mit einem Wort, Gebrauchswert ist daher sein Endzweck. Der Kreislauf G - W - G geht dagegen aus von dem Extrem des Geldes und kehrt schließlich zurück zu demselben Extrem. Sein treibendes Motiv und bestimmender Zweck ist daher der Tauschwert selbst» (Marx 1968:164).

Estas dos formas de circulación no se diferencian de la propuesta aristotélica, ya que las dos crematísticas utilizan el mismo medio, es decir, el dinero. Pero la crematística natural busca la satisfacción de las necesidades básicas y, por lo tanto, un fin exterior a sí misma, estableciendo un límite a este intercambio; mientras que la crematística innatural sólo busca su propio aumento (*Pol.* 1357b35-38) y, de este modo, dice Aristóteles "el dinero es elemento y extremo del cambio".[9] Este último proceso, esquematizado D — M — D, no debe su contenido, según Marx, a una diferencia cualitativa entre sus términos sino a una diferencia cuantitativa. El exceso o diferencial resultante entre el comienzo y el final de este esquema de circulación es lo que Marx denomina *plusvalía* [*Mehrwert*]. Así, el valor inicial puesto en circulación no sólo se conserva sino que incrementa su magnitud, se valoriza con una plusvalía. Precisamente, este proceso de valorización, según Marx, convierte al dinero en capital.

Por otra parte, la repetición de estos dos modos de circulación tienen dinámicas distintas. En el primer caso, tanto para Marx como para Aristóteles, el fin exterior se representa en el consumo y la satisfacción de determinadas necesidades, es decir, el proceso se abre por un extremo, la necesidad, y se cierra por otro, el consumo. En cambio, la utilización del dinero para obtener más dinero impone un ciclo interminable, ya que el proceso comienza y termina por el mismo término: el dinero. Esta circulación del dinero como capital es, para Marx, una valorización del valor a partir del movimiento incesante del dinero al dinero. Aristóteles advierte esto mismo cuando afirma que "es ilimitada esa riqueza a partir de esta crematística".[10] Sin embargo, Aristóteles no dice exactamente lo mismo que Marx. Cuando Marx define al capital mediante esta valorización del valor [*Verwertung des Werts*], nuevamente cita a Aristóteles en una nota al pie, aunque esta vez de manera mucho más confusa. La cita del texto aristotélico es extensa, recoge varios pasajes y agrega algunos comentarios elaborados por el propio Marx. A continuación se aborda sólo el texto correspondiente a la presente cuestión:

> La verdadera riqueza (ὁ ἀληθινὸς πλοῦτος) consiste en tales valores de uso; puesto que la medida suficiente para una vida buena de ese tipo de posesiones no es ilimitada.[11]

En primer lugar, Marx incluye los términos griegos utilizados por Aristóteles para designar la riqueza: ὁ ἀληθινὸς πλοῦτος. De este modo, le

---

[9] «τὸ γὰρ νόμισμα στοιχεῖον καὶ πέρας τῆς ἀλλαγῆς ἐστιν» (*Pol.* 1257b23).
[10] «ἄπειρος δὴ οὗτος ὁ πλοῦτος, ὁ ἀπὸ ταύτης τῆς χρηματιστικῆς» (*Pol.* 1257b24).

[11] «Der wahre Reichtum (ὁ ἀληθινὸς πλοῦτος [Griechisch:] o alethinos ploutos) besteht aus solchen Gebrauchswerten; denn das zum guten Leben genügende Maß dieser Art von Besitz ist nicht unbegrenzt» (Marx, 1968:167).

brinda fidelidad a la traducción y distingue el término *Reichtum*, riqueza, de los restantes. A continuación, sin incluir el texto griego, traduce por *Gebrauchswerten*, "valores de uso", una serie bienes definidos previamente por Aristóteles. En griego no se encuentra más que la expresión deíctica ἐκ τούτων (*Pol.* 1256b31) y ésta se refiere a los "bienes necesarios para la vida y útiles para la comunidad de la ciudad o de la casa",[12] mencionados en la oración anterior. Responde a una interpretación de Marx la introducción del término *Gebrauchswert, valor de uso*, en ese contexto y, por lo tanto, el texto aristotélico no define la verdadera riqueza a partir del concepto de *valor* sino por su utilización natural: "ὁ πλοῦτος ὁ κατὰ φύσιν" (*Pol.* 1257b19-20). Asimismo, la crematística comercial se opone a la adquisición natural de bienes para la satisfacción de las necesidades por su carácter ilimitado, según Aristóteles y, por lo tanto, su carácter cuantitativo (o, como diría Marx, su valor de cambio) no constituye el rasgo distintivo respecto a su utilización, es decir, su valor de uso, en términos marxistas. De este modo, mientras se puede admitir el valor de cambio como criterio de análisis en la crematística comercial, ya que ambos términos de la relación son cualitativamente equivalentes (D — M — D), no se puede admitir el valor de uso como criterio de análisis en la adquisición natural, porque los términos de la relación, establecidos por Aristóteles, son cualitativamente distintos: por una parte, se encuentra el producto de un productor y su necesidad de otro producto y, por la otra parte, otro producto de otro productor y su otra necesidad (*Ética Nicomaquea* 1133a22-24). Mientras Marx establece el proceso M — D — M (Mercancía — Dinero — Mercancía) definido en sus dos extremos por términos equivalentes, ya que comparten la misma forma económica y se intercambian por la misma magnitud de valor, Aristóteles no plantea que los términos de la relación entre uno y otro, el trabajo de uno y la necesidad del otro, sean equivalentes, al contrario, afirma en principio su incomensurabilidad (*Ética Nicomaquea* 1133b.18-19).

Marx en su análisis de la denominada *forma equivalencial* de las mercancías no supo encontrar esta diferencia. Así, Marx afirmó:

> En primer lugar, Aristóteles dice claro que la forma-dinero de la mercancía es meramente la figura posterior desarrollada de la forma simple del valor, es decir, de la expresión del valor de una mercancía en alguna otra arbitraria mercancía, puesto que dice: "5 camas = 1 casa".[13]

Sin embargo, no se encuentra en Aristóteles tal desarrollo conceptual del valor y, mucho menos, mencionado claramente como pretende Marx. Es

---

[12] "χρημάτων πρὸς ζωὴν ἀναγκαίων, καὶ χρησίμων εἰς κοινωνίαν πόλεως ἢ οἰκίας" (*Pol.* 1266b29-30).

[13] "Zunächst spricht Aristoteles klar aus, daß die Geldform der Ware nur die weiter entwickelte Gestalt der einfachen Wertform ist, d.h. des Ausdrucks des Werts einer Ware in irgendeiner beliebigen andren Ware, denn er sagt: "5 Polster = 1 Haus"" (Marx, 1968:73).

cierto que Aristóteles establece en *Ética Nicomaquea* 1133b28-29, como ejemplo, la ecuación "5 camas = 1 casa", pero responde a la interpretación de Marx que esa equivalencia exprese "claramente" la forma simple del valor. Esa interpretación puede identificarse claramente cuando Marx dice:

> Aristóteles nos dice así él mismo, en qué falla su análisis posterior, a saber en la falta del concepto de valor.[14]

Del mismo modo, el propio Marx devela dónde está su propio problema: el valor de uso no permite cuantificar el trabajo humano, al menos en la conceptualización de Aristóteles. Sin embargo, la distinción entre el *valor de uso* y el *valor de cambio* le resulta imprescindible a Marx para analizar el intercambio dentro de su propio marco teórico. Así, cuando pretende descubrir los supuestos del análisis aristotélico, la existencia de la esclavitud en la sociedad griega, Marx afirma:

> El misterio de la expresión de valor, la igualdad y la validez igual de todos los trabajos, por y en tanto que son trabajo humano en general, puede solamente ser descifrado, una vez que el concepto de la igualdad humana ya posee la firmeza de un prejuicio popular.[15]

Es precisamente este "prejuicio", la igualdad del trabajo humano como expresión de la equivalencia en los intercambios comerciales, el fundamento de su desarrollo de los conceptos de *plusvalía* y de *capital*. En términos de Bourdieu, como se planteó al principio, esta verdad parcial del trabajo, si bien avanza sobre algunos aspectos del trabajo, no permite, al menos para el mundo griego, describir los fundamentos de una economía pre-capitalista.

En realidad, no es Aristóteles sino Adam Smith el primer autor en definir expresamente la distinción entre los dos significados del término "valor":

> La palabra *valor*, debe observarse, tiene dos significados diferentes, y a veces expresa la utilidad de algún objeto particular, y a veces el poder de adquirir otros bienes que la posesión de este objeto transmite. Una puede ser llamada "valor de uso"; la otra, "valor de cambio".[16]

---

[14] "Aristoteles sagt uns also selbst, woran seine weitere Analyse scheitert, nämlich am Mangel des Wertbegriffs" (Marx, 1968:74).

[15] "Das Geheimnis des Wertausdrucks, die Gleichheit und gleiche Gültigkeit aller Arbeiten, weil und insofern sie menschliche Arbeit überhaupt sind, kann nur entziffert werden, sobald der Begriff der menschlichen Gleichheit bereits die Festigkeit eines Volksvorurteils besitzt" (Marx, 1968:74).

[16] "The word value, it is to be observed, has two different meanings, and sometimes expresses the utility of some particular object, and sometimes the power of purchasing other goods which the possession of that object conveys. The one may be called 'value in use'; the other, 'value in exchange'" (Smith, 2001:48).

Por lo tanto, cuando Marx analiza la *forma equivalencial* de las mercancías y explica los dos factores de la mercancía, el *valor de uso* y el *valor de cambio*, su formulación obedece a una tradición extraña al pensamiento aristotélico, incluso aunque pretenda entenderla como *sustancia* y *magnitud del valor*. Asimismo, Marx afirma que la ecuación "5 camas = 1 casa" (presente en *Ética Nicomaquea* 1133b27-28) desarrolla la forma simple del valor como expresión del valor de una mercancía en otra cualquiera. Sin embargo, no hay tal desarrollo conceptual sobre la categoría de valor en el texto aristotélico. En su análisis *Aristotle's Economic Thought*, también Meikle intenta ubicar, al igual que Marx, en el texto de *Política* I 9[17] la distinción de la categoría de valor económico, distinción en realidad fundacional del pensamiento económico moderno. La distinción elaborada para el uso de las cosas, el uso propio e impropio del calzado (como zapato y como objeto de intercambio comercial), implicaría, según Meikle, una distinción entre dos clases de valor: *valor de uso* y *valor de cambio*. Que esta última distinción sea adoptada por Marx en *El Capital*, no significa que sean análogas, ni nada parecido.[18] Aristóteles emplea la palabra χρῆσις y esto es fundamental para entender la distinción, porque esta misma palabra es utilizada anteriormente por Aristóteles (*Pol.* 1254a3) para señalar la distinción entre instrumento (ὄργανον) y posesión (κτῆμα). Afirma que el instrumento produce algo más que su propia utilización (χρῆσις), por ejemplo la lanzadera produce el tejido o un vestido además de su propia utilización en tanto lanzadera, mientras que una posesión sólo exhibe su utilización, es decir, su uso en cuanto vestido por ejemplo, y nada más. Por lo tanto, con la distinción de la utilización de las cosas realizada en el pasaje arriba citado (*Pol.* 1257a6-14) Aristóteles no describe ningún aspecto valorativo del objeto sino una caracterización funcional, pues utilizado propiamente satisface la necesidad para la cual fue fabricado, pero utilizado impropiamente está su fin determinado por el intercambio. Es, precisamente, la utilización (χρῆσις) de una cosa y no su "valor", como pretenden Marx y Meikle. Por otra parte, si el objeto es intercambiado para la satisfacción de una necesidad del sustento, la χρῆσις está limitada a la suficiencia natural y es necesaria; pero si la misma es conforme al lucro, resulta innecesaria e infinita, como advierte Aristóteles. Por lo tanto, la consideración aristotélica del objeto no responde ni a la distinción entre *valor de uso* y *valor de cambio* ni tampoco a la categoría aristotélica de

---

[17] La versión de Meikle (1995:8) dice «with every article of property there is a double way of using it; both uses are related to the article itself, but not related to it in the same manner—one is peculiar to the thing and the other is no peculiar to it». Sin embargo, la distinción entre *valor de uso* y *valor de cambio* no está presente en el texto citado por Meikle. En ninguna parte del pasaje se desarrolla el concepto mismo de "valor", sino el de "utilización" (propia e impropia).

[18] "La famosa distinción de Aristóteles entre los dos 'usos'" de bienes, el uso en consumo y el uso en intercambio (*Pol.* I,9, 1257a6) tiene poco en común con el espíritu del 'valor de uso' y 'valor de cambio' de Adam Smith y los economistas clásicos" (Soudek, 1952:47).

cantidad, como pretende Meikle cuando afirma: "puesto que la expresión '5 camas = 1 casa' afirma una relación de igualdad, entonces camas y casa no pueden darse aquí como entidades cualificadas, sino solamente como cantidades de algo cualitativamente igual" (1995:15). Esta interpretación implica que "el problema es encontrar qué clase de cantidad es el valor de cambio" (Meikle, 1995:15).[19]

Meikle desarrolla una interpretación de la conmensurabilidad a partir de categorías ontológicas, más cercanas a la concepción marxista que a la aristotélica, ya que en *Ética Nicomaquea* 1133a22-24 no se presenta una ecuación entre magnitudes o valores de un producto. La necesidad (χρεία)[20] mantiene unidas a las personas en el intercambio y su representación convencional, según Aristóteles, se encuentra en la moneda. Sin embargo, que la moneda constituya una unidad de medición no implica que la necesidad también lo sea. En este sentido, Meikle se equivoca cuando interpreta de este modo la argumentación aristotélica: «la idea sería esta: *cheria*, no el dinero como sugirió anteriormente, hace conmensurables las cosas, pero ella carece de unidad y no puede ser la medida» (1995:35). Precisamente, la χρεία no puede ser la medida de comparación, no porque carezca de una unidad, sino porque la χρεία en ningún momento es planteada por Aristóteles como la cantidad (en tanto categoría) responsable de la conmensurabilidad de las cosas. La igualdad en el intercambio comercial se establece por la reciprocidad de necesidades, por la dependencia mutua entre el albañil y el zapatero de sus respectivas producciones. Por lo tanto, la χρεία no constituye de ninguna manera una cantidad de las cosas, sino la relación misma de mutua dependencia incorporada en la reciprocidad (τὸ ἀντιπεπονθός, *Ética Nicomaquea* 1132b21 y ss.).

Este punto es central para comprender la falacia de la interpretación marxista. Cuando Meikle afirma que "la relación que Aristóteles ha identificado entre proporciones de casas, comida y calzados, es una de igualdad, y él escribe de la cantidad en *Categorías* que 'lo más distintivo de la cantidad es su ser llamado tanto igual como desigual'..." (1995:15), olvida que Aristóteles analiza en este pasaje la reciprocidad (τὸ ἀντιπεπονθός) y que la ecuación "5 camas = 1 casa" es sólo una representación convencional de esa relación cruzada entre necesidades mutuas y no la expresión misma del valor de las mercancías. Asimismo, Meikle olvida que la igualdad también establece una relación y que también puede ser comprendida bajo la categoría de relación, como dice Aristóteles sobre las relaciones numéricas: "por consiguiente, todas estas cosas respecto a algo se dicen según un número y son afecciones del número, y

---

[19] Asimismo, Meikle admite que esta interpretación es la misma que da Marx de *Ética Nicomaquea* V 5 en *El Capital*.
[20] Presente tanto en Aristóteles (*Ética Nicomaquea* 1133a27) como en Platón (*República* 369c2).

además lo igual, lo semejante y lo idéntico, de otro modo (en efecto, según lo uno se dicen todas, pues son idénticas a las cosas de las que la sustancia es única, semejantes a las cosas de las que las cualidad es única e iguales a las cosas de las que la cantidad es única; y la unidad es principio y medida del número, de modo que todas estas cosas respecto a algo se dicen según un número, pero no del mismo modo)".[21] En este punto resulta significativo aclarar que la categoría de relación es precisamente la categoría utilizada por Aristóteles para definir la reciprocidad cuando afirma que "es necesario que lo que precisamente un albañil es *respecto a* un zapatero tantos calzados sean *respecto a* una casa o alimento"[22] y también recordar que en *Categorías* afirma que "todo lo relativo se dice respecto a un recíproco".[23] En todo caso, la ecuación "5 camas = 1 casa" debe comprenderse como una adecuación convencional entre ambas partes, como la aplicación de una convención (la moneda: νόμισμα, *Ética Nicomaquea* 1133b21) que "hace conmensurable a todas las cosas",[24] pero nunca como un aspecto de la cantidad.[25]

En el libro de Meikle (1995) no hay ninguna reflexión sobre los términos "valor de uso" y "valor de cambio" aplicados por Marx al texto aristotélico. Meikle los utiliza tan acríticamente como Marx, o más aún ya que las limitaciones filológicas deberían ser más disculpables en Marx que en Meikle si se consideran los avances filológicos del siglo veinte. La sentencia resulta concluyente: "la interpretación de Meikle de *Ética Nicomaquea* V 5 es inverosímil porque su reconstrucción del argumento global de Aristóteles no está soportada por el texto" (Miller 1998:390). En general, la tradición marxista carece de fundamentos textuales y herramientas filológicas. Meikle (1995) intenta presentar una interpretación definitiva del pensamiento económico de Aristóteles, pero carece de sustento. Así, Miller detecta la falla característica de muchas de las argumentaciones del libro: "Meikle agrega que Aristóteles 'observa que puesto que la *chreia* carece de una unidad, no puede servir como medida, y por esta razón Aristóteles descarta esta segunda idea también' (23). ¿Dónde

---

[21] "ταὐτά τε οὖν τὰ πρός τι πάντα κατ' ἀριθμὸν λέγεται καὶ ἀριθμοῦ πάθη, καὶ ἔτι τὸ ἴσον καὶ ὅμοιον καὶ ταὐτὸ κατ' ἄλλον τρόπον (κατὰ γὰρ τὸ ἓν λέγεται πάντα, ταὐτὰ μὲν γὰρ ὧν μία ἡ οὐσία, ὅμοια δ' ὧν ἡ ποιότης μία, ἴσα δὲ ὧν τὸ ποσὸν ἕν· τὸ δ' ἓν τοῦ ἀριθμοῦ ἀρχὴ καὶ μέτρον, ὥστε ταῦτα πάντα πρός τι λέγεται κατ' ἀριθμὸν μέν, οὐ τὸν αὐτὸν δὲ τρόπον)" (*Metafísica*, 1021a8-14).
[22] "δεῖ τοίνυν ὅπερ οἰκοδόμος *πρὸς* σκυτοτόμον, τοσαδὶ ὑποδήματα *πρὸς* οἰκίαν ἢ τροφήν" (*Ética Nicomaquea*, 1133a22-24).
[23] "Πάντα δὲ τὰ πρός τι πρὸς ἀντιστρέφοντα λέγεται" (*Categorías*, 6b28).
[24] "πάντα ποιεῖ σύμμετρα" (*Ética Nicomaquea*, 1133b22).
[25] "Un precio, es verdad, expresa la cantidad de dinero que es necesario dar a cambio de una mercancía dada. Pero su significación es la relación entre esta cantidad de dinero y otras cantidades similares. Y las valuaciones que el sistema de precios expresa no son en absoluto cantidades. Son un arreglo de cierto orden. Asumir que la escala de precios relativos no mide ninguna cantidad en absoluto salvo cantidades de dinero es muy innecesario. El valor es una relación, no una medida" (Robbins, 1945:56).

Aristóteles hace esta observación? Desafortunadamente Meikle no cita el texto" (1998:390).

En general, las interpretaciones marxistas pretenden describir las condiciones y relaciones materiales de producción de determinado momento histórico. Esta perspectiva se apoya exclusivamente sobre las variables externas del sistema filosófico analizado y determina la comprensión del objeto de estudio por su relación con su mundo social. En este sentido, la filosofía aristotélica, como producto cultural, respondería a la ideología dominante de su época y reflejaría tanto sus aspiraciones como sus condiciones de reproducción social. Este análisis externo no remite a la estructura del sistema de su pensamiento o a sus propios principios clasificatorios del mundo social, sino de manera abstracta a la visión de clase de su autor y los intereses sociales de su clase. Sin embargo, ni Marx ni Meikle suministran los principios determinantes de las condiciones materiales de existencia del pensamiento aristotélico.

Bibliografía

Aristóteles *Categorías* = Minio-Paluello, L. [ed.] (1949) *Aristotelis categoriae et liber de interpretatione*, Oxford, Clarendon Press, pp. 3-45.
Aristóteles *Ética Nicomaquea* = Bywater, I. (1962) *Aristotelis Ethica Nicomachea*, Oxford, Clarendon Press.
Aristóteles *Metafísica* = Ross, W. [ed.] (1924) Aristotle's metaphysics, 2 volúmenes, Oxford, Clarendon Press.
Aristóteles *Política* = Ross, W. (1957) *Aristotelis Politica*, Oxford, Clarendon Press.
Bourdieu, Pierre (1996) «La double vérité du travail», *Actes de la recherche en sciences sociales*, Vol. 114, N° 1, pp. 89-90.
Bourdieu, Pierre y Passeron, Jean-Claude (1996) *La reproducción. Elementos para una teoría del sistema de enseñanza*, Barcelona, Fontamara, [1ª ed., Paris, 1976].
Marx, Karl (1968) *Das Kapital: Kritik der politischen Ökonomie* = Marx, Karl - Engels, Friedrich (1968) *Werke*, Vol. 23, Berlin, Dietz, [1ª ed., Berlin, 1885],
Marx, Karl (2005) *Zur Kritik der Politischen Ökonomie*, Berlin, Ernst Thälmann Verlag, [1ª ed., Berlin, 1859].
Meikle, Scott (1995) *Aristotle's Economic Thought*, Oxford, OUP.
Miller, F. (1998) «Was Aristotle the First Economist?», *Apeiron* 31.4, pp. 387-398.
Robbins, Lionel (1945) *An Essay on the Nature & Significance of Economic Science*, London, MacMillan.
Saussure, F. (1945) *Curso de Lingüística general*, Buenos Aires, Losada, [1ª ed., Lausanne-Paris, 1916].
Smith, Adam (2001) *Wealth of Nations*, London, GBR: ElecBook.
Soudek, Josef (1952) «Aristotle's Theory of Exchange», *Proceedings of the American Philosophical Society*, 96.1, pp. 45-75.

Paradojas del sentido:
Lewis Carroll y los filósofos megáricos

Mariana Gardella

"Beware the Jabberwock, my son!"
L. Carroll, *A través del espejo*

En su *Lógica del Sentido* Deleuze presenta una teoría sobre la naturaleza del sentido que podría describirse como "paradójica", pues exhibe de qué modo éste se constituye en una relación inextricable con lo otro de sí, el sinsentido. El francés entroniza a la paradoja, cuya característica principal es la de presentar dos direcciones de sentido que rehúyen a cualquier identificación, como aquello que está primero en el horizonte de la donación de un sentido único y unidireccional. Lejos de ser un pasatiempo de lógicos y dialécticos, las paradojas "insisten en el lenguaje y todo el problema consiste en saber si el lenguaje mismo podría funcionar sin hacer insistir semejantes entidades".[1]

En la elaboración de su teoría, Deleuze destaca los aportes de dos autores de la tradición que lo preceden y que contribuyeron a señalar la estrecha relación que guardan las paradojas y el sentido: Lewis Carroll y los filósofos estoicos. Ambos forjan un buen número de paradojas que son puestas al servicio de la destitución de la profundidad y de la exposición de los acontecimientos, que tienen como resultado el franqueamiento de los límites estables del lenguaje.[2] Asimismo, los estoicos son señalados por Deleuze como los responsables del desarrollo de una nueva imagen del filósofo. En contraposición con la imagen ascendente creada por Platón y la puesta en valor de la profundidad con la que estaban comprometidos los filósofos pre-socráticos, los estoicos reorientan el pensamiento y lo que significa pensar, al revalorizar las nociones de superficie, efecto y acontecimiento.[3]

Aunque menciona a los megáricos en una sola oportunidad, Deleuze reconstruye esta nueva imagen del filósofo considerando principalmente a los estoicos y, de manera tangencial, a los cínicos.[4] Sin embargo, con

---

[1] Deleuze ([1969] 1989:92).
[2] Deleuze ([1969] 1989:23, 32-4). Sobre la relación de Deleuze con la tradición filosófica y su reformulación del vínculo entre filosofía e historia de la filosofía, véanse los trabajos de Tally (2010) y Smith (2012).
[3] Deleuze ([1969] 1989:141-2).
[4] Deleuze ([1969] 1989:141-2).

anterioridad a los estoicos, los megáricos desarrollaron una serie de razonamientos paradojales, cuyo objetivo es poner de manifiesto la ambigüedad inherente a ciertos nombres y estructuras de la lengua que impiden una referencia exacta y unívoca del lenguaje a lo real, convirtiéndolo en una herramienta inadecuada para el conocimiento de lo que es.[5] Los desarrollos megáricos en el ámbito de la lógica y la dialéctica impactaron luego en la filosofía estoica. Basta citar como ejemplos la lógica de predicados que de manera incipiente formuló Clinómaco de Turio,[6] y distintos argumentos que, como el Sorites, el Velado y el Cornudo fueron luego retomados por los estoicos.[7] La Suda, *s.v.* Sócrates (*SSR* I.H.7; *FS* 21) sugiere cierta continuidad entre los megáricos y los estoicos, al indicar que Brisón de Heraclea, allegado al grupo megárico, "introdujo la dialéctica erística después de Euclides, mientras que Clinómaco la acrecentó, y tras pasar muchos por ella, culminó con Zenón de Citio".[8] Asimismo, algunos

---

[5] Nos hemos ocupado de la reconstrucción de la teoría del lenguaje megárica en Gardella (2013).

[6] "Entre los seguidores de Euclides está [...] Clinómaco de Turio, que fue el primero en escribir sobre los axiomas, los predicados y temas por el estilo (*hòs prôtos perì axiomáton kaì kategorematon kaì tôn toioúton synégrapse*)" (Diógenes Laercio (D.L.) II.112; *SSR* II.I.1; *FS* 91). Las traducciones de los fragmentos y testimonios de los filósofos socráticos pertenecen a Mársico (2013). Además de la fuente del testimonio, consignamos el número de fragmento de la edición de Giannantoni (1990), precedido por la sigla *SSR* (*Socratis et Socraticorum Reliquiae*), y el número de fragmento de la traducción de Mársico, precedido por la sigla *FS* (*Filósofos socráticos*).

[7] Sobre el Sorites, véase nuestro análisis *infra*. En la formulación de Miguel de Éfeso, *Sobre las* Refutaciones sofísticas 161.12-4 (*FS* 163), el Velado o Electra se reconstruye del siguiente modo:
– ¿Conoces a aquél que se aproxima y que está velado?
– No.
– (Levantan el velo). Pero qué, ¿conoces a este hombre?
– Sí.
– Entonces conoces y no conoces al mismo hombre.
Véanse también Miguel de Éfeso, *Sobre las* Refutaciones sofísticas 125.18-30 (*FS* 164) y Luciano, *La compra de vidas* 22-3 (*FS* 165). De acuerdo con la explicación que brinda Aristóteles en *Refutaciones sofísticas* (*RS*) 5.166b28-32, la conclusión paradójica que se deduce del argumento se obtiene al predicar el mismo atributo –"ser conocido"– tanto de la sustancia –*e.g.* Corisco– como de alguno de sus accidentes –*e.g.* "estar velado"–. Crisipo discutió este argumento (D.L. VII.198), el cual es atribuido por la tradición a Eubúlides (D.L. II.108; *SSR* II.B.13; *FS* 151) y a Diodoro Crono (D.L. II.111-2; *SSR* II.F.1; *FS* 196; y Temistio, *Discursos* II.30b-c; *SSR* II.F.31; *FS* 253), ambos allegados al grupo megárico. Por otra parte, el Cornudo fue atribuido a Eubúlides (D.L. II.108, VII.186-7; *SSR* II.B.1, 13; *FS* 133, 151-2), a Alexino (Frontón, *Carta a Antonino Pío*, *Sobre la elocuencia* 2.16; *SSR* II.C.9; *FS* 329), a Diodoro Crono y a Filón de Mégara (*FS* 196; 253). Luego, fue retomado por Crisipo (D.L. VII.186-7; *SSR* II.B.13; *FS* 152). El argumento postula que: "lo que no has perdido, lo tienes; tú no has perdido los cuernos, entonces tienes cuernos" (Séneca, *Cartas* 49.8; *FS* 184). Véanse también Séneca, *Cartas* 45.8 (*FS* 185); Aulo Gelio, XVI.2.1.5; 9-13 (*FS* 186) y Sexto Empírico, *Argumentaciones pirrónicas* II.241 (*FS* 187). El argumento funciona en base a la falacia de pregunta compleja, ya que frente a cierto tipo de preguntas como "¿Perdiste los cuernos?", tanto si se responde de manera afirmativa como negativa, se da por sentado que se poseen o se poseían los cuernos.

testimonios señalan la existencia de relaciones discipulares entre estoicos y megáricos, ya que Diodoro Crono fue maestro de Zenón el joven y Zenón de Citio. Este último, a su vez, fue alumno de Estilpón y discutió con Filón de Mégara.[9]

Además de las relaciones que pueden establecerse entre Carroll y los filósofos estoicos, sugeridas ya por Deleuze, el objetivo de este trabajo es marcar algunas continuidades entre la filosofía de los megáricos y la obra de Carroll, en torno al problema de la formulación de paradojas que dejan al descubierto una nueva manera de pensar el sentido. Esto permitirá no sólo poner de manifiesto la actualidad de los planteos megáricos, sino también ampliar la hipótesis deleuziana en vista a la construcción de una nueva imagen del filósofo y una nueva forma de pensar la filosofía, cuyos antecedentes ya se encontrarían en el programa impulsado por los megáricos a inicios del siglo IV a.C. Para ello mostraremos, en primer lugar, la similitud que existe entre la conversación que Alicia mantiene con la Liebre de Marzo y el Sombrerero en *Alicia en el país de las Maravillas* y el procedimiento dialéctico de tipo erístico desarrollado por los megáricos, tal como éste puede reconstruirse a partir del *Eutidemo* (*Eut.*) platónico, las *Refutaciones sofísticas* (*RS*) de Aristóteles y los fragmentos y testimonios conservados sobre el grupo.[10] En segundo lugar, relevaremos las similitudes que existen entre la teoría semántica enunciada por Humpty Dumpty en *A través del espejo y lo que Alicia encontró allí* y aquélla que se atribuye a Diodoro Crono, uno de los miembros más conspicuos del grupo megárico. Por último, presentaremos algunas conclusiones sobre el valor de las paradojas megáricas y carrollianas para pensar una teoría del sentido.

---

[8] Véanse también D.L. I.13-9 (*SSR* I.H.6; *FS* 8), II.106 (*SSR* II.A.22, II.P.3; *FS* 41, 100) y Josefo, *Recordatorio* 143 (*SSR* I.H.6; *FS* 9). A pesar de que numerosos testimonios de la doxografía insisten en postular la existencia de una escuela (*skholē*) o línea intelectual (*haíresis*) megárica, la mayor parte de los intérpretes señala que, si se comprende la noción de "escuela" en sentido tradicional, los megáricos en rigor no constituyen una escuela, pues no hay rastros de una organización institucional semejante a la que ostentaban la Academia, el Liceo, el Jardín o la Stoa, que poseían una sede fija, dirigida por alguno de los miembros de la institución, donde se impartía a los discípulos una doctrina homogénea. Sobre este punto, véanse Cambiano (1977: 25-53) y Muller (1985: 108-110; 1988: 42-8). Sin embargo, es posible señalar la existencia de un "grupo" megárico, conformado por intelectuales oriundos de Mégara y de otras ciudades, interesados en cuestiones vinculadas a la ética, la lógica y la filosofía del leguaje, que utilizaban como método de investigación una dialéctica de corte erístico.
[9] Suda, *s.v.* Zenón (*SSR* II.F.3; *FS* 200) y D.L. II.113, 120; VII.2, 16, 24, 25 (*SSR* II.F.3-4; *FS* 198-9, 262-5, 342).
[10] Sobre la filiación megárica de los hermanos Eutidemo y Dionisodoro, véanse Dorion (2000) y Mársico e Inverso (2012:26-28, 42-66). Asimismo, Dorion (1995:32-53) brinda numerosos argumentos para sostener que *Refutaciones sofísticas* fue escrito principalmente contra los megáricos.

I. Los argumentos megáricos y la merienda de locos

Luego de encontrarse con el gato de Cheshire, Alicia llega a la casa de la Liebre de Marzo. Allí, debajo de un árbol, la Liebre y el Sombrero toman el té mientras un Lirón duerme junto a ellos. La conversación que Alicia mantiene con estos personajes en la escena conocida como "una merienda de locos" (*a mad-tea party*) la deja numerosas veces perpleja, a tal punto que abandona la reunión y, prometiendo que jamás volverá allí, afirma que es el té más estúpido (*stupidest*) al que jamás había asistido (p. 113).[11]

El carácter ridículo y absurdo de la conversación se debe, en parte, al aspecto formal del diálogo, es decir, al modo en que la Liebre y el Sombrerero conducen la charla, pues abundan las interrupciones, los cambios abruptos de tema, los comentarios fuera de lugar, la ironía y la falta de cortesía; y al contenido de la conversación, pues se despliegan algunos argumentos paradojales, formulados en base a ambigüedades del lenguaje, que sumen a Alicia en la confusión y el descontento. Tanto el modo de conversar de la Liebre y el Sombrero como los argumentos que éstos utilizan se asemejan al procedimiento dialéctico de tipo erístico utilizado por los filósofos megáricos.

En primer lugar, tanto los megáricos como la Liebre y el Sombrerero se limitan a analizar el lenguaje, sin la intención de conocer por medio de este procedimiento lo real. El Sombrero da la bienvenida a Alicia con un acertijo: "¿Por qué un cuervo se parece a un escritorio?" (*Why is a raven like a writing-desk?*) (p. 104)[12]. Nadie allí sabe la respuesta al enigma. El propio Carroll, en el prólogo a la edición de 1897, señala que la adivinanza no tiene solución, aunque él ensayó una: "porque <el cuervo> puede producir algunas notas, aunque los dos son muy desafinados (*flat*), y nunca se coloca al revés (*and it is nevar put with the wrong end in front*)". *Flat* "desafinado" es un adjetivo que conviene a los graznidos del cuerpo, pero significa también "chato", de modo que indica a su vez una característica de la mesa. Al decir que "nunca se coloca al revés", Carroll utiliza el neologismo *nevar*. Aunque en primera instancia podría pensarse que se trata del adverbio *never* "nunca" mal escrito, es el sustantivo *raven* "cuervo", escrito de atrás para adelante. Carroll aclara que el cuervo (*raven*) nunca se coloca al revés, escribiendo al revés la palabra "cuervo".

Aldous Huxley en su artículo "*Ravens and Writing Desks*" aporta una solución absurda al enigma –"porque hay una *b* en ambos y porque no hay una *n* en ninguno" – y señala que la pregunta del Sombrerero es similar a las preguntas metafísica como "¿Dios existe?", "¿Tenemos una voluntad libre?", "¿Por qué existe el sufrimiento?", pues se trata en todos los casos de "enigmas sin sentido, preguntas no sobre la realidad, sino sobre las palabras"[13].

---

[11] Las traducciones de *Alicia en el país de las maravillas* pertenecen a Pasini (2012).
[12] Traducción modificada.
[13] Nuestra traducción. El mencionado artículo apareció en *Vanity Fair*, en 1928. Sobre este

La diferencia entre hablar sobre la realidad y hablar sobre las palabras resume el fundamento de la dialéctica megárica, tal como lo expresa Platón en su *Eutidemo*. Este diálogo está dedicado en parte a mostrar las falencias de la erística, práctica dialéctica en la que son expertos los hermanos Eutidemo y Dionisodoro, interlocutores de Sócrates y allegados al grupo megárico. Luego de que los hermanos despliegan el primer grupo de razonamientos con los que refutan a Ctesipo, los cuales operan en torno a la homonimia del verbo *manthánein* (*Eut.* 275d1-278b2),[14] Sócrates advierte al muchachito que:

> Estas cosas, en efecto, son juegos respecto de los aprendizajes –por eso precisamente yo sostengo que se están burlando de ti–, y hablo de juego por eso, porque aunque alguien aprendiera muchas o incluso todas las cosas por el estilo, en nada conocería más cómo son las cosas (*tà prágmata*), sino que sería capaz de burlarse de los hombres haciéndoles zancadillas y derribándolos por medio de la diferencia de los nombres (*dià tèn tôn onomáton diaphorán*) (*Eut.* 278b2-7).[15]

Sócrates señala que la erística megárica es una práctica lúdica sin objetivos filosóficos serios que no aporta conocimiento sobre lo real, sino que sólo pretende la victoria en la controversia dialéctica, a través del uso de razonamientos que operan en base a confusiones lingüísticas.[16] Esta dialéctica se fundamenta en una teoría del lenguaje que sostiene como premisa fundamental que éste es una herramienta inútil para acceder al conocimiento de lo real, debido a las múltiples falencias que presenta. Es por este motivo que todas las paradojas que formula el grupo, aunque a primera vista parecen juegos de palabras sin sentido, tienen por objetivo señalar las ambigüedades lingüísticas e impugnar al *lógos* como medio de conocimiento de lo real.

En segundo lugar, la Liebre y el Sombrero se valen de razonamientos similares a los que fueron desarrollados por los megáricos, como los razonamientos en base a ambigüedades sintácticas, en base a la homonimia y el argumento de tipo Sorites, todos los cuales analizaremos a continuación.

---

artículo y las distintas soluciones que recibió el enigma de Carroll, véase Gardner (2000:55, n. 5).
[14] Analizaremos estos argumentos *infra*.
[15] Las traducciones del *Eutidemo* pertenecen a Mársico e Inverso (2012).
[16] Ésta es, por ejemplo, la opinión de Vlastos ([1983] 1996:30, n. 14) y Weiss (2000:71-2). En este punto la dialéctica megárica se diferenciaría de la refutación (*élenkhos*) socrática tal como es presentada por Platón en sus primeros diálogos, ya que ésta tiene una función epistémica, que consiste en el cuestionamiento de las creencias falsas del interlocutor, y una función existencial que consiste en inducir a los interlocutores a modificar la forma en la que viven. Cf. Hitchcock (2000:62-3), quien señala que la erística megárica derivaría del *élenkhos* socrático.

Para resolver la adivinanza, la Liebre de Marzo exhorta a Alicia a que diga lo que quiera –"entonces deberías decir lo que quieres" (*then you should say what you mean*) –:

> – Eso es lo que hago –se apresuró a responder Alicia–. Al menos... al menos quiero lo que digo (*I mean what I say*)... Es lo mismo, ¿sabe?
> – ¡Lo mismo, un cuerno! –contestó el Sombrerero–. Sino también podrías decir que "veo lo que como" (*I see what I eat*) es igual a "como lo que veo" (*I eat what I see*).
> – Así también podrías decir –agregó la Liebre de Marzo– que "me gusta lo que tengo" (*I like what I get*) es igual a "tengo lo que me gusta" (*I get what I like*).
> – También podrías decir –añadió el Lirón, quien parecía estar hablando en sueños–, que "respiro cuando duermo" (*I breathe when I sleep*) es igual a "duermo cuando respiro" (*I sleep when I breathe*).
> – Para ti es lo mismo –dijo el Sombrerero (*p*. 105).[17]

El Sombrerero aprovecha el comentario inicial de Alicia para elaborar una serie de observaciones sobre la ambigüedad de algunas proposiciones. Este modo de proceder del Sombrerero también es propio de la dialéctica megárica tal como ésta era practicada por Euclides de Mégara. Según el testimonio de Diógenes Laercio, "Euclides se oponía a las demostraciones no en las premisas, sino en la conclusión" (*taîs te apodeíxesin enístato ou katà lémmata, allà kat' epiphorán*) (II.107; *SSR* II.A.34; *FS* 88), es decir, no interesaba a Euclides objetar cada una de las premisas de un razonamiento, sino sólo aislar la conclusión y refutarla, sin importar qué argumentos la sustentaran. Tanto el proceder de los hermanos Eutidemo y Dionisodoro, como el de la Liebre y el Sombrero presentan esta característica.

Contra lo que piensa Alicia, el Sombrerero señala que "digo lo que quiero" no es equivalente a "quiero lo que digo". Desde el punto de vista sintáctico, hay una inversión entre los verbos, ya que el núcleo verbal de la proposición sustantiva de la primera sentencia cumple la función de verbo principal en la segunda. Esto genera una ambigüedad semántica que cuestiona la pretendida equivalencia entre ambas proposiciones. Lo mismo ocurre en el caso de "veo lo que como" y "como lo que veo", y de "me gusta lo que tengo" y "tengo lo que me gusta". El ejemplo que aporta el Lirón es ligeramente distinto. Aunque "respiro cuando duermo" y "duermo cuando respiro" no son sintácticamente equivalentes, ya que el verbo principal de la primera sentencia forma parte de una proposición subordinada adverbial temporal en la segunda, el Sombrero señala que, tratándose del Lirón, "respiro cuando duermo" y "duermo cuando respiro" son proposiciones idénticas.

En el *Eutidemo*, los hermanos megáricos presentan un argumento que es, en cierto sentido, similar:

---

[17] Traducción levemente modificada.

–Pero me parece, Eutidemo, que te adormilaste sin estar dormido y, si fuera posible hablar sin decir nada (*ei hoîón te légonta mēdèn légein*), también lo estarías haciendo.

– ¿Y acaso no es posible –dijo Dionisodoro –que las cosas que se callan hablen [decir las cosas que se callan] (*ē̄ gàr oukh hoîón t', éphē ho Dionysódoros, sigō̂nta légein*)?

–De ninguna manera –contestó Ctesipo–.

–¿Y tampoco que las cosas que se dicen se callen [callar las cosas que se dicen] (*âr' oudè légonta sigân*)?

–Todavía menos –dijo– (*Eut.* 300a6-b3).[18]

Los ejemplos del Sombrero llaman la atención sobre casos en los que se invierten el verbo principal y el verbo de la oración subordinada, dando lugar a proposiciones que, aunque parezcan similares, no quieren decir lo mismo. De modo similar, los argumentos platónicos ponen en evidencia la ambigüedad sintáctica propia de las construcciones de participio griegas, en las que el participio en acusativo puede ser interpretado como objeto directo del infinitivo ("decir las cosas que se callan"; "callar las cosas que se dicen") o como sujeto ("que las cosas que se callan hablen"; "que las cosas que se dicen se callen"), lo cual expresa la idea absurda de que aquello mismo que callamos puede hablar o aquello mismo que decimos puede callarse.

En *RS* 4.166a6-10 Aristóteles clasifica este último argumento como un tipo de refutación que opera en base a la ambigüedad (*amphibolía*), cuando alguno de los elementos de una frase puede cumplir más de una función sintáctica. Además de citar el ejemplo del *Eutidemo*, Aristóteles presenta algunos otros, entre los que se cuentan: "querer que los enemigos me atrapen" [querer atrapar a los enemigos] (*tò boúlesthai labeîn me toùs polemíous*); "¿acaso conoce la cosa misma que alguien conoce?" [¿acaso alguien conoce eso que alguno conoce?] (*âr' hó tis ginōskei, toûto ginōskei*); "¿acaso ve la cosa misma que alguien ve? [¿acaso alguien ve eso que alguno ve?] (*âra hò horâi tis, toûto horâi*), ve una columna, de modo que la columna ve" (*horâi dè tòn kíona, hóste horâi ho kíon*).[19]

Luego, el Lirón comienza a contar una historia acerca de tres hermanas que vivían en un pozo. Cuando Alicia pregunta de qué vivían las hermanas, el Lirón le responde que "vivían de melaza" (*they lived on treacle*) (*p.* 110). Para Alicia esto es imposible ya que, si así hubiera sido, habrían enfermado. El Lirón le responde que efectivamente estaban muy enfermas. *Treacle* es sinónimo de *molasses*, pero, aunque ambos significan "melaza", *treacle* era usado originalmente para designar compuestos medicinales utilizados para mordeduras de serpientes y algunas otras enfermedades.[20] Asimismo, los

---

[18] Traducción modificada. Colocamos entre corchetes la traducción alternativa de la frase que no genera un argumento absurdo.

[19] Las traducciones de *Refutaciones sofísticas*, hechas en base a la edición de Ross ([1958] 1991), nos pertenecen. Véanse ejemplos adicionales de ambigüedad en *RS* 4.166a10-15.

pozos que contenían aguas curativas eran llamados *treacle wells*. La respuesta del Lirón hace referencia al doble sentido de *treacle* como "melaza", cuyo consumo excesivo, como señala Alicia, habría enfermado a las hermanas; y como "medicina", cuyo consumo sugiere que las hermanas ya padecían alguna enfermedad.

Alicia pregunta por qué motivo esas hermanas vivían en un pozo. El Lirón responde que ellas "estaban aprendiendo a dibujar" (*they were learning to draw*). Cuando Alicia pregunta qué dibujaban (*What did they draw?*) el Lirón responde: "melaza" (*treacle*). La respuesta sin sentido del Lirón se explica por la homonimia del verbo *to draw* que significa tanto "dibujar" como "sacar". El Lirón responde apelando a este segundo sentido y por eso señala que lo que las niñas extraían del pozo era melaza.

La homonimia de ciertos términos de la lengua sirve a los megáricos como recurso para formular razonamientos que refuten al interlocutor de turno.[21] En *Eut.* 275d3-277c7 los hermanos refutan a Ctesipo a partir de un grupo de razonamientos que tienen por objetivo señalar las dificultades en torno al concepto de "aprendizaje", tanto desde el punto de vista del sujeto cognoscente como del objeto conocido. Por una parte, prueban que no aprenden los sabios, porque los que aprenden aprenden eso que aún no saben y, por ende, no son sabios sino ignorantes. Pero tampoco aprenden los ignorantes, ya que cuando se quiere repetir un conocimiento sólo los que ya lo saben pueden repetirlo, por lo tanto, los que aprenden son los sabios (*Eut.* 276a-c). Por otra parte, sus razonamientos prueban que no se aprende lo que no se sabe, ya que al aprender se escucha lo que alguien repite y, como son conocidas las letras con las cuales se expresa ese conocimiento, se aprende lo que ya se sabe. Pero tampoco aprendemos lo que ya sabemos, ya que aprender es adquirir un conocimiento que no se posee, no uno que ya se tiene (*Eut.* 276d-277c).[22] Sócrates señala que la confusión de este razonamiento reposa en los dos sentidos del verbo *manthánein*, que puede significar tanto aprender cuando no se conoce nada sobre determinado asunto, como comprender algo de lo que ya se tiene algún saber previo (*Eut.* 277e-278a). De acuerdo con el primer sentido, son los ignorantes los que

---

[20] Como señala Gardner (2000:58, n. 12).
[21] Cf. *Retórica* III.2.1004b37-39, donde Aristóteles sostiene que "la homonimia de los nombres es útil para el sofista, pues en base a ella elabora sus argumentos capciosos (*kakourgeî*)" (nuestra traducción).
[22] Esta paradoja es retomada en *Menón* 80d5-e5. Para desactivarla y mostrar que es posible conocer, Platón presenta la tesis de la inmortalidad del alma, uno de cuyos corolarios es que todo conocimiento es un recuerdo de las cosas que el alma, por ser inmortal, alguna vez vio (81a-d). Asimismo, pone a prueba esta tesis interrogando al esclavo de Menón sobre un problema matemático (81e6-85b3). En el transcurso de este examen, se aprecia cómo el esclavo resuelve el problema sin la ayuda de Sócrates, que sólo se limita a interrogarlo, atravesando un camino que va desde la falsa pretensión de ignorancia hasta la adquisición de una opinión verdadera, que podría ser transformada en conocimiento con interrogaciones ulteriores (85c9-d1).

aprenden; de acuerdo con el segundo, los que aprenden son los que ya saben.

Aristóteles clasifica este razonamiento dentro del conjunto de falacias que se producen en base a la homonimia, cuando un mismo término posee significados diversos.[23] Además del ejemplo del *Eutidemo*, Aristóteles cita, entre otros, el caso de los sustantivos *aetós* y *kúon* (*RS* 4.166a16).[24] *Aetós* significa "águila", que refiere tanto al ave como a los estandartes o insignias, y "frontón"; *Kúon* significa "perro" y se usa para nombrar al mamífero, a los tiburones o peces espada y a una constelación.

Durante el relato del Lirón, la Liebre ofrece más té a Alicia:

> – Pero si aún no he tomado nada (*I've had nothing yet*) –replicó Alicia, ofendida–; entonces, no puedo tomar más (*so I can't take more*).
> – Querrás decir que no puedes tomar menos (*you mean you can't take less*) – dijo el Sombrerero–; es muy fácil tomar más que nada (*it's very easy to take more than nothing*) (p. 110).

El Sombrero toma el comentario de Alicia para señalar las dificultades en torno al uso de las nociones de cantidad *more*, *less* y *nothing*. Alicia sostiene que no puede aceptar que le sirvan más té porque aún no ha bebido el que tiene. El Sombrerero le indica que efectivamente puede tomar más té, si no ha bebido nada, pero no puede tomar menos té, porque es imposible tomar menos que nada.

Los filósofos megáricos también desarrollaron un tipo de razonamiento, llamado Sorites, del griego *sorós* "montón", que pone en evidencia la dificultad ínsita a algunas nociones de cantidad como "mucho" y "poco". El Sorites fue atribuido a Eubúlides de Mileto. Según Diógenes Laercio II.108 (*SSR* II.B.13; *FS* 151) "Eubúlides formuló además muchos argumentos referentes a la dialéctica: el Mentiroso, el Inadvertido, el Electra, el Velado, el Sorites, el Cornudo y el Pelado".[25] El Pelado es una variación del Sorites, que recibe un nombre distinto por el ejemplo que utiliza:

> En el caso del pelado preguntan si alguien se vuelve pelado por perder un solo cabello, ¿qué pasa si pierde dos? ¿y si pierde tres? De allí que los argumentos son llamados "Pelado" y "Sorites", pues en el caso del montón (*sorós*)

---

[23] Cf. *Categorías* 1a1-2, donde Aristóteles expone la definición de homonimia: "se llaman homónimas aquellas cosas que sólo tienen en común un nombre, pero el enunciado de la esencia que corresponde a dicho nombre es distinto <en cada caso> (*homónyma légetai hôn ónoma mónon koinón, ho dè katà toúnoma lógos tês ousías héteros*), como por ejemplo, tanto el hombre como el dibujo <se denominan> animal" (Traducción de Mittelmann, 2008). A diferencia de *RS* 1.165a12-13, donde la homonimia concierne a nombres idénticos que poseen significados diversos, en la definición de *Categorías*, la homonimia concierne a cosas diferentes que poseen el mismo nombre.
[24] Véase otros ejemplos en *RS* 4.165b34-166a6.
[25] Sobre el Inadvertido (o Electra o Velado) y el Cornudo véase n. 4 *supra*.

preguntaban lo mismo: ¿el montón disminuye por un solo grano, o disminuye por dos?, y así sucesivamente. Precisamente, no es posible decir cuándo comienza a no ser más un montón, dado que ninguna de las cosas sensibles se capta con precisión, sino en general y de modo aproximado (Aspasio, *Sobre la* Ética Nicomaquea 56.32-57.3; *FS* 167).[26]

Con este razonamiento se pone de manifiesto que los conceptos de "poco" y "mucho", utilizados frecuentemente, son invenciones de la razón que carecen de un correlato real, ya que es imposible determinar cuándo un montón deja de ser un montón o cuándo alguien que posee cabello comienza a ser pelado, pues, en algunos, perder un pelo o quitar un grano implican que el montón se transforma en poco y, en otros caso, implican la variación mínima de la cantidad de determinado montón que no lo convierte en poco.

II. Diodoro Crono, Humpty Dumpty y la teoría semántica convencionalista

En los múltiples y variopintos escenarios que Alicia recorre en *A través del espejo*, se encuentra con Humpty Dumpty, personaje con forma de huevo que le habla desde la cima de un angosto muro[27]. A lo largo de la conversación, éste expone una teoría semántica de corte convencionalista que se asemeja a aquélla desarrollada por Diodoro Crono.

La primera tesis de la teoría de Humpty Dumpty es que todo nombre debe tener un significado. Cuando este personaje pregunta a Alicia cómo se llama y la niña responde, Humpty Dumpty inquiere sobre el significado de su nombre. "¿Debe un nombre significar algo? (*Must a name mean*

---

[26] Hay variantes de este argumento formuladas en otros ámbitos. Además de la forma clásica ya citada, sobre la que puede también verse Cicerón, *Académicos primeros* II.16.49 (*FS* 166), existe una formulación abstracta también llamada "matemática" desarrollada por Aristóteles, *RS* 25.179a35 (*FS* 168); Cicerón, *Académicos primeros* II.29.93-5 (*FS* 169); Diógenes Laercio VII.82 (*FS* 170) y Sexto Empírico *Contra los profesores* I.69 (*FS* 171). También existen formulaciones del argumento en el ámbito de la física, como las de Aristóteles, *Física* VII.5.250a19-25, VIII.3.253b14-22 y *Retórica* II.24.140a31 (*FS* 175, 172, 177); Simplicio, *Sobre la* Física 1108.18-28, 1197.35-1198.5 (*FS* 176, 173) y el Escolio a Luciano 23.4, p. 254 Jacobitz (*FS* 174). Además, hay algunas formulaciones de tipo axiológicas, como las de Cicerón, *Académicos primeros* II.16.49, 29.92 (*FS* 178, 179); Horacio, *Cartas* II.1.34-49 (*FS* 180); Séneca, *Sobre los beneficios* V.19.9 (*FS* 181); Sexto Empírico, *Contra los profesores* IX.182-4 (*FS* 182), Aspasio, *Sobre la* Ética Nicomaquea 56.25-32, 57.3-7 (*FS* 183). En torno a esta última formulación, Moline (1969:394-407) indica que el Sorites habría sido en sus orígenes un argumento contra la doctrina aristotélica de la areté como un punto medio, a la que le objetaría no poder determinar con exactitud cuándo se abandonan los extremos del exceso y el defecto, para lograr ese justo medio.

[27] Este personaje tradicional forma parte de una rima anglosajona creada a comienzos del siglo XIX: Humpty Dumpty se sentó en un muro (*Humpty Dumpty sat on a wall*),/Humpty Dumpty tuvo una gran caída (*Humpty Dumpty had a great fall*)./Ni todos los caballos ni todos los hombres del Rey (*All the king's horses and all the king's men*)/ pudieron a Humpty recomponer (*Couldn't put Humpty together again*).

something?),²⁸ replica Alicia y él responde de manera afirmativa, indicando como ejemplo que su nombre hace referencia a la forma que tiene, mientras que el nombre "Alicia", por su amplitud y falta de especificidad, podría referir a cualquier forma (*p.* 110-1)²⁹. Desde esta perspectiva, no sólo los nombres comunes deben tener significado, sino también los propios.

La segunda tesis de la teoría de Humpty Dumpty es que el significado de los nombres se funda en las intenciones de quienes los emplean. Éste señala que su corbata, que Alicia había confundido con un cinturón, le había sido dada por el Rey y la Reina como regalo de in-cumpleaños (*un-birthday present*). Alicia pide explicaciones sobre la noción de "in-cumpleaños" y Humpty Dumpty señala que refiere a los trescientos sesenta y cuatro días del año que no son el día del cumpleaños de una persona:

> – [L]o que demuestra es que hay trescientos sesenta y cuatro días para recibir regalos de incumpleaños.
> – Desde luego– asintió Alicia.
> – ¡Y sólo uno para regalos de cumpleaños! Ya ves, ¡te has cubierto de gloria (*there's glory for you*)!
> – No sé qué quiere decir con "gloria" –observó Alicia.
> Humpty Dumpty sonrió despectivamente.
> – Pues claro que no y no lo sabrás hasta que te lo diga yo. Quise decir que "ahí te he dado con un argumento que te ha dejado bien aplastada" (*there's a nice knock-down argument for you*).
> – Pero "gloria" no significa "un argumento que deja bien aplastado" (*but 'glory' doesn't mean 'a nice knock-down argument'*) –objetó Alicia.
> – Cuando yo uso una palabra –insistió Humpty Dumpty con un tono más bien desdeñoso– quiere decir lo que yo quiero que diga, ni más ni menos.
> – La cuestión –insistió Alicia– es si puede hacer que las palabras signifiquen tantas cosas diferentes.
> – La cuestión– zanjó Humpty Dumpty– es saber quién es el que manda (*which is to be master*), eso es todo (*p.* 115-6).³⁰

A la tesis de que toda palabra debe significar algo, Humpty Dumpty agrega que ese significado depende de lo que el hablante quiera decir al utilizar un término. Así habrá tantos significados cuantos usuarios de una lengua existan. Por eso, para saber qué significa una palabra es necesario "saber quién es el que manda", esto es, quién la utiliza y qué pretende expresar con ese término. Humty Dumpty agrega que esto ocurre con todas las clases de palabras, incluso con los verbos, que usualmente se resisten a adquirir significados diversos (*p.* 116).

---

[28] Las traducciones de *A través del espejo y lo que Alicia encontró allí* pertenecen a De Ojeda ([1973] 1984). En este caso, nos apartamos ligeramente de la traducción.
[29] *Humpty* se vincula con el adjetivo *humty* "giboso", "que tiene joroba", y *Dumpty*, con el adjetivo *dumpy* "regordete".
[30] Traducción levemente modificada.

Alicia propone a Humpty Dumpty utilizar su habilidad para determinar el significado de las palabras con el objetivo de descifrar la primera estrofa del *Jabberwocky*, poema que había encontrado en la sala a la que fue a parar ni bien atravesó el espejo. Aunque a Alicia le había gustado mucho, le costaba comprender qué significaba –"Es como si me llenara la cabeza de ideas, ¡sólo que no sabría decir cuáles son!" (*p.* 48) –:[31]

Galimatazo (*Jabberwocky*)

Brillaba, brumeando negro, el sol;
agiliscosos giroscaban los limazones
banerrando por las váparas lejanas;
mimosos se fruncían los borogobios
mientras el momio rantas murgiflaba (*p.* 46-48).[32]

Humpty Dumpty propone diversas interpretaciones para cada uno de los neologismos de esta primera estrofa (*p.* 117-9). Indica, por ejemplo, que "brumeando negro, el sol" (*brillig*) quiere decir que eran las cuatro de la tarde, momento en que se encienden las brasas para asar la cena. "Agiliscosos" (*slithy*) es el resultado de una mezcla de los adjetivos "ágil" y "viscoso". Este término es calificado por Humpty Dumpty como un *portmanteau*, literalmente una "valija", pues presenta empacados en una misma palabra dos significados distintos, es decir, se trata de un término homónimo. En la estrofa aparece otro *portmanteau* que es "mimosos se fruncían" o "fruncimosos" (*mimsy*). No hay indicaciones precisas sobre qué son los "limazones" (*toves*), aunque Humpty Dumpty dice que se parecen a los tejones, los lagartos y los sacacorchos. "Giroscar" (*gyre*) significa dar vueltas como un giroscopio y "banerrar" (*gimble*), hacer agujeros como un barreno. La "vápara" (*wabe*) es el césped que rodea a los relojes de sol, los "borogobios" (*borogoves*) son una especie de pájaros desaliñados con las plumas erizadas y las "rantas" (*raths*) son un tipo de cerdo verde. "Murgiflar" (*outgribing*) significa aullar y silbar a la vez. Aunque Humpty

---

[31] *Jabberwocky* se emparenta con el vocablo *jabber* "hablar mucho y confusamente", "farfullar". Con anterioridad a su aparición en *A través del espejo*, la primera estrofa del poema había sido publicada, en el año 1955, en *Mischmasch*, unos boletines que Carroll redactaba e ilustraba para que sus hermanos y hermanas se divirtieran (Gardner 2000:101, n. 16). En esta publicación Carroll también ofrecía una interpretación de la primera estrofa, que difiere en algunos casos de la interpretación de Humpty Dumpty. Sobre la interpretación carrolliana del primer verso del *Jabberwocky*, véase De Ojeda ([1973] 1984:192), Gardner (2000:101-2, n. 16-42) y los comentarios de Deleuze ([1969] 1989:65-6). También hay interpretaciones adicionales del poema en *La caza del Snark*. Aquí sólo referiremos a la interpretación de Humpty Dumpty.

[32] *'Twas brillig, and the slithy toves/ did gyre and gimble in the wabel all mimsy were the borogoves,/ and the mome raths outgrabe*. En algunos casos es imposible mantener en la traducción española el juego de sonidos y significados que presenta el original en inglés.

Dumpty no está seguro sobre qué significa "momio" (*mome*), le parece que se trata de la forma abreviada de "lejos de casa" (*it's short for 'from home'*).³³

Diodoro Crono, intelectual nacido en Caria, en el Asia menor, y allegado al grupo de Mégara, aunque mayormente conocido por la objeción a la posibilidad del movimiento presente y el llamado "argumento dominante", desarrolló una teoría semántica que es precursora de la de Humpty Dumpty. En consonancia con la tesis principal sobre la que se construye la teoría del lenguaje megárica, según la cual el lenguaje no mantiene con lo real una relación de adecuación, la tesis principal de Diodoro sobre el origen del significado es que éste depende de la intención del emisor, de lo cual se deducen, como corolarios, que toda palabra es significativa y que el origen de los nombres depende del arbitrio y la convención.

Con respecto a su tesis fundamental, comenta Aulo Gelio:

> Crisipo dice que toda palabra es por naturaleza ambigua (*omne verbum ambiguum natura esse*), porque puede tener dos o más significados. Pero Diodoro, el llamado Crono, afirma: "ninguna palabra es ambigua y no hay ambigüedad ni en lo que se dice ni en lo que se piensa, ni debe parecer que se dice otra cosa que lo que pretende decir el que habla. Pero –dice– cuando yo pensé una cosa y tú entendiste otra, se puede ver que el enunciado es oscuro (*obscure*), más que ambiguo, pues para que un término sea ambiguo, tendría que haber sido por naturaleza tal que el que lo dijo haya dicho efectivamente dos o más cosas. Pero nadie que piensa decir una sola cosa dice dos o más (Aulo Gelio, *Noches Áticas* XI.12.1-3; *SSR* II.F.7; *FS* 207).

Los testimonios conservados atestiguan un enfrentamiento teórico entre Crisipo y los megáricos Diodoro y Filón de Mégara, su discípulo, en torno al problema del significado.³⁴ A diferencia de Crisipo, Diodoro sostiene que ninguna palabra es ambigua porque es imposible que algún término posea más de un significado, ya que el pensamiento y el lenguaje que lo expresa están dotados de un único significado que depende de lo que el emisor pretende decir, que es siempre una sola cosa. Esto no implica que las palabras no puedan tener varios significados, lo cual es para los megáricos un *factum* del lenguaje, sino más bien que, al considerar un término específico enunciado por un emisor particular y de acuerdo con esa emisión, esa palabra posee un único sentido. Sin embargo, Diodoro reconoce que es posible que la intención del emisor sea interpretada por el

---

³³ Es imposible conservar en español este juego de palabras, ya que *mome* "momio" es señalada por Humpty Dumpty como la forma abreviada de *from home* "desde casa". En inglés, ambos lexemas presentan sonidos semejantes.

³⁴ Contra Filón Crisipo escribió un libro titulado *Contra el libro de los significados de Filón* (*Pròs tò perì s̲e̲masiō̲n Phílōnos*) (D.L. VII.191; *SSR* II.G; *FS* 343). Se atribuyen a Filón un *Menéxeno* (Clemente de Alejandría, *Stromateis* IV.19.121.5; *SSR* II.F.6; *FS* 205) y una obra titulada *Sobre los modos* (*Perì trópōn*) (D.L. VII.194; *SSR* II.G; *FS* 344) la cual, junto con *Sobre los significados* (*perì s̲e̲masiō̲n*), habría desatado la polémica con Crisipo.

receptor del mensaje de diversos modos, muchos de los cuales difieren de la intención con que fueron emitidos. Este fenómeno no es el de la ambigüedad, sino el de la oscuridad, que se verifica, por ejemplo, en las diversas interpretaciones que pueden hacerse del *Jabberwocky* y que difieren de la que diera Carroll cuando publicó el poema.

La teoría diodoriana coloca a las intenciones significativas de los sujetos como el fundamento del significado de los nombres de la lengua, negando la posibilidad de que existan significados objetivos que reflejen una relación estable entre palabras y cosas. La prueba de que el sentido de las palabras depende de las intenciones del hablante, de su querer decir, es que toda palabra que éste elige para expresarse es significativa, incluso aquellas que, como las conjunciones y los artículos, son considerados tradicionalmente como términos no significativos. Esto permite inferir que, en el caso de los términos considerados como significativos, como los nombres y los verbos, su significado también se origina en las intenciones de los usuarios de la lengua y no en su adecuación natural con lo real. Diodoro puso a prueba su tesis al llamar a sus esclavos con nombres de conjunciones, como "Pero"[35]. Asimismo, colocó a una de sus hijas mujeres un nombre de género masculino: Teognis (*Theognís*)[36]. La utilización de un nombre de género masculino para nombrar a una mujer pone nuevamente en evidencia la arbitrariedad de los nombres y la dependencia de su significado respecto de las intenciones del hablante. En este caso, la intención significativa de Diodoro, que desea emplear el nombre Teognis para nombrar a una de sus hijas, es lo que vuelve a ese nombre apropiado para tal denominación. Con esto Diodoro se opone a los practicantes de la adecuación de los nombres que corregían los géneros de las palabras para que se ajustaran a la realidad que pretendían nombrar.[37]

---

[35] "Si eso está planteado adecuadamente, es evidente que no estaremos de acuerdo con el dialéctico Diodoro, que creía que toda palabra es significativa (*pâsan oiómenon phonèn semantikèn eînai*) y, como prueba de ello, llamó a uno de sus propios esclavos 'Pero' (*Allamén*), y a otro con otra conjunción" (Amonio, *Sobre el De interpretatione de Aristóteles* 38.17-20; *SSR* II.F.7; *FS* 208). Sobre los nombres de los esclavos de Diodoro véanse también Simplicio, *Sobre las Categorías de Aristóteles* 27.15-21 (*SSR* II.F.7; *FS* 209); Esteban, *Sobre el De interpretatione*, 9.20-4 (*SSR* II.F.7; *FS* 210); Escolio Londinense a la *tékhne grammatikê* de Dionisio Tracio 12 (*SSR* II.F.7; *FS* 211) y Herodiano, *Sobre los nombres* 2 (*Anécdota Oxoniense* IV.328.30-2) (*SSR* II.F.7; *FS* 212). Con la tesis de que toda palabra es significativa, Diodoro se opone al planteo de Aristóteles, quien, al considerar los elementos de la *phoné*, acota el ámbito de la significatividad sólo al nombre (*ónoma*) y al verbo (*rhêma*), considerando como no significativos a la conjunción (*súndesmos*) y el artículo (*árthron*) (*De interpretatione* 2.16a15-3.16a-25; *Poética* 20.1456b35-1457a10).

[36] "Todas las hijas de Diodoro, el apodado Crono, han resultado dialécticas, como dice Filón el dialéctico en el *Menéxeno*, y provee sus nombres: Menéxena, Argeia, Teognis (*Theognís*), Artemisia, Pantacleia" (Clemente de Alejandría, *Stromateis* IV.19.121.5; *SSR* II.F.6; *FS* 205). Sobre las hijas de Diodoro, véase también Jerónimo, *Contra Joviniano* I.42 (*SSR* II.F.6; *FS* 206). Dindorf propone corregir la variante *Theognís* por *Theogenís*, nombre de género femenino.

[37] La práctica de adecuación de los nombres (*orthótes onomáton*) fue desarrollada en el siglo

Estos rasgos de su posición sobre el lenguaje enrolan a Diodoro en la tradición convencionalista sobre el origen de los nombres, que se opone a la corriente naturalista, criticada por Platón en el *Crátilo*. Allí Crátilo representa la posición de Antístenes, para quien los nombres existen por naturaleza y el significado refleja los rasgos que poseen las cosas nombradas, y Hermógenes expone el convencionalismo lingüístico. En el caso de Diodoro Crono, si el fundamento del significado se identifica con la intención de los hablantes, entonces el significado no tiene un origen natural ni mantiene una relación estable y objetiva con las cosas, sino que está sujeto a lo estipulado por uno o un grupo de hablantes.[38]

Tanto Humpty Dumpty como Diodoro Crono adhieren a una teoría del lenguaje que se basa en dos premisas fundamentales. En primer lugar, el significado de los términos de la lengua reposa en las intenciones de quienes los emplean, de modo que toda palabra significa lo que el usuario de una lengua quiere que signifique. En segundo lugar, todo nombre debe poseer un significado, incluso los nombres propios como "Alicia" y los términos considerados usualmente como no significativos, como las conjunciones. En tercer lugar, en consonancia con estas premisas, los testimonios sobre Diodoro agregan que el significado de los nombres no es natural, sino producto de la convención, esto es, de lo estipulado azarosamente por los hablantes de la lengua.

III. Conclusión

Deleuze se reconoce como parte de una generación que fue asesinada por la historia de la filosofía, que instituye en la conciencia del historiador la siguiente ley: "No osarás hablar en tu propio nombre hasta que no hayas leído esto y aquello, y esto sobre aquello y aquello sobre esto".[39] La manera en la que por entonces Deleuze lograba desarticular este "Edipo propiamente filosófico" era concibiendo a la historia de la filosofía como un acto de concepción monstruoso:

V a.C. por los sofistas Pródico y Protágoras, y en el siglo IV por Antístenes. El objetivo de esta práctica era mostrar cómo, a veces mediando correcciones de por medio, los nombres de la lengua se adecuaban a los rasgos que poseían las entidades a las que referían. Véanse Aristóteles, *RS* 14.173b15-20, donde el estagirita evoca la confusión que había señalado Protágoras con respecto a términos como *he mênis* (cólera) y *he pélex* (casco) que, aunque de género femenino, se aplican a sentimientos y objetos asociados tradicionalmente con la esfera masculina; y Aristófanes, *Nubes* 657-83, donde Sócrates aparece intentando crear variantes femeninas y masculinas para nombrar a las aves y las fuentes.

[38] "Entonces, Crátilo decía que los nombres existían por naturaleza, de acuerdo con el significado primario (es decir, el que revela adecuación) (*katà tò prôton semainómenon* [*scil. tò harmodíos*]), mientras que Diodoro decía que no existían por naturaleza sino por convención, es decir de acuerdo con el significado secundario, simplemente y por azar" (*katà tò deúteron semainómenon tò haplôs kaì hos étukhen*)" (Esteban, *Sobre el* De interpretatione 9. 20-24; *SSR* II.F.7; *FS* 210).

[39] Deleuze ([1995] 1999:14).

> Me imaginaba acercándome a un autor por la espalda y dejándole embarazado de una criatura que, siendo suya, sería sin embargo monstruosa. Era muy importante que el hijo fuera suyo, pues era preciso que el autor dijese efectivamente todo aquello que yo le hacía decir; pero era igualmente necesario que se tratase de una criatura monstruosa, pues había que pasar por toda clase de descentramientos, deslizamientos, quebrantamientos y emisiones secretas, que me causaron gran placer ([1995] 1999: 14).

El fruto de esta concepción es un engendro que mantiene con el autor y la obra que son objeto de interpretación una relación de máxima semejanza, pues es su hijo, y, al mismo tiempo, de profunda diferencia, pues se trata de un hijo monstruoso.[40] Con respecto al autor que ejerce la exégesis, el monstruo condensa el conjunto de deslizamientos y quebrantamientos que le permiten forjar una forma de hablar en nombre propio, aunque diferida y velada. El intérprete no sale a la búsqueda del sentido originario de un texto filosófico, sino que asume la tarea de prolongar las obras de filosofía hacia nuevas direcciones, algunas esperadas y otras completamente impensables, a fuerza de monstruos.[41]

La posibilidad de establecer vínculos entre autores de la filosofía antigua y filósofos de épocas posteriores constituye sin duda un tipo de prolongamiento imprevisible de los textos clásicos, que manifiesta la actualidad que éstos aún revisten, el hecho de que todavía tengan algo por decir, allende el mero interés histórico que pudieran suscitar, ya sea para conocer el pensamiento previo, ya para comprender el decurso del pensamiento posterior.[42] Por este motivo, sería posible demarcar zonas problemáticas en las que los autores clásicos traben diálogo con filósofos de otras épocas en torno a problemas comunes, de modo tal que no sólo se contemplen los intercambios que realmente entabló un pensador, sino también aquéllos que posteriores revisiones de su filosofía habilitan.[43]

La viabilidad de este enfoque demanda la construcción de una nueva perspectiva sobre la génesis y evolución de las teorías filosóficas, así como también la reelaboración de la bien ponderada noción de "anacronismo", que condena este tipo de interpretaciones por circunscribir ilegítimamente los conceptos clásicos en el marco de problemas y teorías que no fueron aquellos en los que esos conceptos fueron originalmente gestados.[44] La implementación de esta noción tradicional de anacronismo tiene, al menos, dos efectos adversos: por una parte, desalienta diversas estrategias de actualización de los textos clásicos, convirtiéndolos en objeto de interés

---

[40] Algo similar sostiene Deleuze ([1968] 2002:18-9), al comparar el trabajo del historiador de la filosofía con el que Pierre Menard acometió, según el relato de Borges, al escribir el *Quijote*.
[41] Sobre este punto, véase la opinión de Aubenque ([1992] 1994:30).
[42] Como señala Boeri (2000:133).
[43] Se trata de una aplicación diacrónica del enfoque por "zonas de tensión dialógica". Al respecto, cf. Mársico (2010:33-9).
[44] Véase Mársico (2010:34).

sólo para los emuladores de lo clásico o para el historiador responsable. Por otra parte, disimula el hecho de que todas las interpretaciones, incluso aquellas que privilegian la lectura de las obras antiguas sólo por referencia al contexto en el que éstas fueron producidas, suelen operar con categorías de análisis ajenas al mundo griego.[45]

Desde esta nueva perspectiva, es posible señalar a la teoría del lenguaje y la dialéctica megáricas como los antecedentes de un nuevo enfoque sobre el sentido. Por medio de la construcción de razonamientos paradojales y del señalamiento de la naturaleza convencional del significado, los megáricos denuncian el carácter inexorablemente ambiguo del lenguaje y la consecuente imposibilidad de establecer una única dirección de sentido que garantice la expresión de lo real, echando por tierra las engañosas aspiraciones de la filosofía a conocer lo que es por medio del *lógos*.

Por este motivo, además de los estoicos, los megáricos pueden ser también señalados como antecedentes de la labor de Carroll y, posteriormente, de la teoría deleuziana del sentido. Como hemos indicado en los apartados precedentes, es posible marcar algunos puntos en común entre la filosofía megárica y la obra de Carroll. Por una parte, la Liebre de Marzo y el Sombrero desarrollan una dialéctica con características similares a la erística megárica y utilizan argumentos tales como el Sorites o aquéllos que operan en base a la ambigüedad y la homonimia, que fueron también desarrollados por los megáricos. Por otra parte, Humpty Dumpty expone una teoría sobre el sentido, cuyas premisas se asemejan a aquélla que los testimonios adjudican a Diodoro Crono, ya que ambos señalan que todas las palabras poseen un significado y que éste depende de las intenciones de los hablantes, de modo que no posee un carácter natural, sino convencional.

Los filósofos megáricos, los estoicos, Lewis Carroll y Deleuze, se nuclean en torno al desarrollo del problema de la relación entre el sentido y la paradoja, y contribuyen a la reelaboración de una nueva imagen de aquello que significa pensar, al mostrar cómo el sinsentido, usualmente relegado a los márgenes de lo abyecto, habita el lenguaje y estructura el pensamiento.

Bibliografía

Aubenque, P., ([1992] 1994), "Sí y no", en Cassin, B. (ed.), *Nuestros griegos y sus modernos*, Buenos Aires, Manantial, 155-168.

Boeri, M., (2000), "¿Por qué ocuparse de Filosofía Antigua hoy?", *Kléos*, 4.4, 131-153.

Cambiano, G., (1977), "Il problema dell'esitenza di una scuola megarica", en Giannantoni, G. (ed.), *Scuole socratiche minori e filosofía ellenistica*, Bolonia, Il Mulino, 25-53.

Deleuze, G., ([1969] 1989), *Lógica del sentido*, Buenos Aires, Paidós.

---

[45] Como señala Aubenque ([1992] 1994:155-68).

-- ([1968] 2002), *Diferencia y repetición* [trad. M.S. Delpy y H. Beccacece], Buenos Aires, Amorrortu.
-- ([1995] 1999), *Conversaciones* [trad. J. L. Pardo Torío], Valencia, Pre-textos.
De Ojeda, J., ([1973] 1984), *Lewis Carroll. Alicia a través del espejo*, Madrid, Alianza.
Dorion, L. A., (1995), *Aristote. Les réfutations sophistiques*, París, Vrin.
-- (2000), "Euthydème et Dionysodore sont-ils des Mégariques?", en Robinson, T. y Brisson, L. (eds.), *Plato. Euthydemus, Lysis, Charmides. Proceedings of the V Symposium Platonicum*, Sankt Augustin, Academia Verlag, 35-50.
Gardella, M., (2013), "Conflictos socráticos en el *Eutidemo*: la crítica platónica a la dialéctica megárica", en *Argos*, vol. 36 (en prensa).
Gardner, M., ([1960] 2000), *The annotated Alice. The definitive edition* [intro. y notas], Nueva York, Norton & Company.
Giannantoni, G., (1990), *Socratis et socraticorum reliquiae,* Napoli, Bibliopolis.
Hitchcock, D., (2000), "The origin of professional eristic", en Robinson, T. y Brisson, L. (eds.), *Plato. Euthydemus, Lysis, Charmides. Proceedings of the V Symposium Platonicum*, Sankt Augustin, Academia Verlag, 59-67.
Mársico, C., (2010), *Zonas de tensión dialógica. Perspectivas para la didáctica de la filosofía antigua*, Buenos Aires, Ediciones del Zorzal.
---- (2013) *Filósofos socráticos,* Testimonios y fragmentos I/Megáricos y cirenaicos, Buenos Aires, Losada.
Mársico, C. e Inverso, H., (2012), *Platón. Eutidemo* [trad., intro. y notas], Buenos Aires, Losada.
Mittelmann, J., (2008), *Aristóteles. Categorías y Sobre la interpretación*, Buenos Aires, Losada.
Moline, J., (1969), "Aristotle, Eubulides and the Sorites", *Mind*, 78.311, 393-407.
Muller, R., (1985), *Les Mégariques. Fragments et témoignages*, París, Vrin.
---- (1988), *Introduction à la pensée des Mégariques*, París, Vrin.
Pasini, D., (2012), Lewis Carroll. *Alicia en el país de las maravillas*, Buenos Aires, Losada.
Ross, W., ([1958] 1991), *Aristotelis Topica et Sophistici Elenchi*, Oxford, Clarendon Press.
Smith, D. W., (2012), "Deleuze and the History of Philosophy", en Smith, D. y Somers-Hall, H. (eds.), *The Cambridge Companion to Deleuze*, New York, CUP, 13-32.
Tally, R. (2010), "Nomadography: The 'Early' Deleuze and the History of Philosophy", *Journal of Philosophy: A Cross-Disciplinary Inquiry*, 5.11.
Vlastos, G., ([1983] 1996), "The Socratic elenchus" y "Afterthoughts on the Socratic elenchus", en Prior W. (ed.), *Socrates. Critical Assessments*, Londres, Routledge, 28-59.
Weiss, R., (2000), "When Winning Is Everything: Socratic Elenchus and Euthydemian Eristic", en Robinson, T.-Brisson, L. (eds.), *Proceedings of the V Symposium Platonicum*, Sankt Augustin, Academia Verlag, 68-75.

El "caso Sócrates":
el diagnóstico nietzscheano del *corpus* Occidental

Virginia Cano

> "En todo caso, hablar del espíritu y del bien como lo hizo Platón significaría poner la verdad cabeza abajo y negar el perspectivismo, el cual es la condición fundamental de toda vida, más aún, en cuanto médicos nos es lícito preguntar: ¿de dónde procede esa enfermedad que aparece en la más bella planta de la Antigüedad, en Platón? ¿es que la corrompió el malvado Sócrates?"
> F. Nietzsche, *Más allá del bien y del mal*

Cuerpos desesperados. Quizás éste podría ser el subtítulo del apartado "El problema de Sócrates", cito en *El Crepúsculo de los ídolos*. En este texto, Nietzsche no sólo se va a ocupar de los pesares socráticos, de aquellos males que aquejan a este decadente, sino que va a abordar el problema que Sócrates *es*, que él mismo constituye. Tal como lo sugiere Sánchez Pascual en una nota a su traducción del escrito mentado, "*Das Problem des Sokrates*", refiere no tanto al problema o preocupación de Sócrates, sino más bien al "problema que Sócrates plantea', o si se quiere [a] 'Sócrates como problema'".[1] Lo que quisiéramos analizar aquí es, entonces, este problema que Sócrates (nos) plantea, o el problema que él mismo es y constituye para la historia de Occidente.

Para ello, el presente escrito se estructurará en tres apartados: 1) en primer lugar, pasaremos revista a la lectura que Nietzsche ofrece de la figura de Sócrates en su texto de madurez y en *El nacimiento de la tragedia*, deteniéndome especialmente en su "diagnóstico" de la enfermedad socrática. En segundo lugar, nos focalizaremos en el problema que Sócrates constituye, desde la perspectiva del filósofo alemán, para el modo en que Occidente se ha pensado a sí misma. El problema que Sócrates *es* o plantea, veremos, no es otro que el vituperio de lo corporal y la exaltación de lo racional. Es este binarismo jerarquizante el que ha signado la historia de un mismo error, la historia del nihilismo occidental, o la historia del legado socrático. Por último, hemos de revisitar, desde el diagnóstico socrático, la propuesta nietzscheana de tomar al cuerpo como nuevo centro de gravedad. En esta ocasión, entonces, nos proponemos recuperar algunas notas de la lectura nietzscheana de Sócrates, analizar el montaje de lo que podríamos denominar "el caso Sócrates", para poner en cuestión, una vez más, la

---

[1] Nota 38 en Nietzsche (1997b:149).

desestimación y abyección de lo corporal en pos de la valorización exacerbada de lo racional. Así, frente al problema de unos cuerpos que desesperan, el planteo nietzscheano podrá leerse como un pensamiento de la espera (esperanzada) de la(s) corporalidad(es).

I. El "caso" Sócrates

> "Pero el despierto, el sapiente, dice: cuerpo soy yo íntegramente, y ninguna otra cosa; y alma es sólo una palabra para designar algo en el cuerpo"
> Nietzsche, *Así habló Zaratustra*

¿Qué sabe el sapiente? ¿Qué quiere decir que el "alma es sólo una palabra para designar algo en el cuerpo? ¿En qué sentido esta idea nietzscheana puede ofrecernos una cifra de inteligibilidad para aproximarnos al "caso Sócrates"? Antes de responder a estas preguntas, comencemos por el análisis del diagnóstico nietzscheano.

Ya en su escrito de juventud, *El nacimiento de la tragedia. O Grecia o el pesimismo*, Nietzsche señalaría el rol decisivo que desempeñaría Sócrates en el modo de comprender el mundo, y de comprendernxs nosotrxs mismxs. En aquel texto pesaría sobre Sócrates la acusación de un crimen imperdonable: el asesinato de la tragedia griega. Pero Nietzsche sería aún más radical, y no sólo explicaría el modo en que el "elemento socrático" que Eurípides habría introducido en la tragedia acabaría con el maravilloso encuentro entre lo dionisíaco y lo apolíneo que ella habría guarecido, sino que su influencia sería incluso más radical:[2]

> Resulta necesario declarar que hasta este momento, e incluso por todo el futuro, el influjo de Sócrates se ha extendido sobre la posteridad como un sombra que se hace cada vez mayor en el sol del atardecer, así como que ese mismo influjo obliga una y otra vez a recrear el arte- (...).[3]

Más allá del asesinato de la tragedia a manos del espíritu socrático, Nietzsche anuncia que el influjo del filósofo se extiende en la posteridad (posteridad que no cesa de llegar) como una sombra que se prolonga.[4]

---

[2] Véase Nietzsche (2000: §12 = *KSA* 1).
[3] Nietzsche (1995a: §15,125 = *KSA* 1:97).
[4] En *El Nacimiento de la tragedia*, Nietzsche explicita el origen de la tragedia griega, en "el apareamiento" de dos instintos antagónicos: los instintos dionisíaco y apolíneo. Esta obra de arte trágica, "a la vez dionisíaca y apolínea", morirá a causa de la eliminación de lo dionisíaco y la incorporación del "elemento socrático". En su agonía, Eurípides, "inspirado en el *demon* socrático" y contagiado de su "socratismo estético", introducirá "un arte, una moral una consideración del mundo no-dionisíacos" (cf. Nietzsche 1995a: § 12, 108 = KSA 1: 82) que desangrarán el espíritu musical de la tragedia. ¿Cuál es el elemento socrático que encubre la "máscara" de Eurípides? ¿Cuáles son las notas de esa moral y arte no-dionisíaco

Ahora bien, ¿cuál es esa sombra socrática que no acaba de oscurecer-nos? O mejor dicho, ¿cuáles son las sombras de este *demon* griego y quienes sus adoradores? El "socratismo estético" que representó a juicio de Nietzsche el fin de la tragedia apolíneo-dionisíaca, puede ser sintetizado en una ley suprema que reza: "Todo tiene que ser inteligible para ser bello; lo cual es el principio paralelo del socrático 'sólo el sapiente es virtuoso'".[5] Sócrates, en tanto encarnación de un "tipo de hombre nuevo" (el tipo del "hombre teórico") y como padre complacido del espíritu de la ciencia, ha implantado en Occidente un principio que aún hoy organiza nuestro(s) mundo(s): "la voluntad de verdad". Esta voluntad de volver inteligible todo lo que existe, para usar la terminología de *Así habló Zaratustra*, será uno de los regalos envenenados más perdurables del influjo socrático:[6]

> Sócrates es el prototipo del optimismo teórico, que, con la señalada creencia en la posibilidad de escrutar la naturaleza de las cosas, concede al saber y al conocimiento la fuerza de una medicina universal, y ve en el error el mal en sí. Penetrar en esas razones de las cosas y establecer una separación entre el conocimiento verdadero y la apariencia y el error, eso parecióle al hombre socrático la ocupación más noble de todas, incluso la única verdaderamente humana.[7]

El "mistagogo de la ciencia" traería de esta manera el *phármakon* más poderoso de Occidente: "la voluntad de verdad" (y el sueño de un "mundo verdadero"). Este narcótico representará, como se puede adelantar en el

---

que denunciara Nietzsche? "Él ahuyentaría el espíritu dionisíaco de la escena trágica, se rehusaría al peligro que implica mirar el abismo de la fuerza creadora y desgarradora de Dioniso, para recluirse en el axioma estético 'todo tiene que ser consciente para ser bello'. [...] Si la tragedia griega pereció a causa de él [*i.e.* de Eurípides], entonces el socratismo estético es el principio asesino; y puesto que la lucha estaba dirigida contra lo dionisíaco del arte anterior, en Sócrates reconocemos al adversario de Dioniso, el nuevo Orfeo que se levanta contra Dioniso y que, aunque destinado a ser hecho pedazos por las ménades del tribunal ateniense, obliga a huir, sin embargo, al mismo dios prepotente [...]" (Nietzsche 1995a: § 12: 114 = *KSA* 1: 87-88).

[5] Nietzsche (1995a: § 12: 111 = KSA 1, 87).
[6] En el fragmento póstumo del Otoño 1887 Nietzsche afirma: "Es manifiesto que la voluntad de verdad es aquí meramente la aspiración a un m*undo de lo permanece*. / Los sentidos nos engañan, la razón corrige los errores: por consiguiente, se concluyó, la razón es el camino a lo que permanece; las ideas menos sensibles de todas tienen que ser las más próximas al 'mundo verdadero'- [...]", Nietzsche (2006: 249 = *KSA* 12: 365). Como desarrollaremos en el siguiente apartado, la voluntad de verdad (*Wille zur Wahrheit*), en tanto impulso de una "racionalidad temeraria" e "hiperbólica", estructura una partición de mundos (sujetos y saberes) que se dirime en las oposiciones verdadero-falso, razón-sentidos. En este análisis sobre la vinculación entre la voluntad de verdad, Sócrates y la historia del nihilismo decadente Occidental seguimos a Cragnolini (1998:53-83). El propio Nietzsche enfatizará en *Más allá del bien y del mal* el fuerte influjo de la voluntad de verdad para los filósofos de Occidente al señalar que ella "todavía nos seducirá a tomar más de un riesgo, esa famosa veracidad de la que todos los filósofos han hablado hasta ahora con veneración: ¡qué preguntas nos ha propuesta ya esa voluntad de verdad!" Nietzsche (1997b: 21= *KSA* 5: 15).
[7] Nietzsche (1995a: §15, 129 = *KSA* 1: 100).

diagnóstico del *Nacimiento de la tragedia*, la enfermedad de la "superfetación de lo lógico" así como el triunfo de la debilidad y la enfermedad[8]. El maestro de Platón no sólo representaría el asesino de un modo dionisíaco-apolíneo de comprender (y justificar) la existencia, sino que marcaría el inicio de la historia (decadente) de Occidente. Es esta "racionalidad temeraria" que identifica el conocimiento de la verdad con la virtud y la belleza, el legado más potente del "anti-griego" Sócrates.

El "caso" de Sócrates, como señalamos, no sólo desvelaría la atención juvenil nietzscheana, sino que se reescribirían en textos posteriores. Para Nietzsche, y amén de los variados giros, rupturas y torsiones que cobrara su pensamiento, Sócrates siempre representó un hito en la historia de la filosofía (y el pensamiento) Occidental[9]. Y es por ello que es necesario desmenuzar el montaje del "caso Sócrates" que elabora el pensador alemán. "Decadente", "enfermo", "cansado", "feo", "plebeyo", "raquítico" y "hostil a la vida": éstas son las notas distintivas del diagnóstico que Nietzsche ofreciese del "anti-griego" Sócrates en su texto de madurez. Ésta es la constelación fisiológica que constituye el caso socrático, y más precisamente, el "problema de Sócrates". Y ello porque no sólo se anuncia el debilitamiento de las fuerzas que caracterizan "la enfermedad" del griego, sino también porque Nietzsche considera no solo los pesares y malestares que azotan a este ateniense sino lo que en torno a él se erigió como el error y gran mal de Occidente. En ese sentido, Sócrates debe ser pensado como un "tipo de hombre específico", un modo particular de ser en el mundo. Cosa que ya se adelantara en *El nacimiento de la tragedia*. De allí que sea necesario comprender lo que de "común" o "colectivo" había en este decadente. Lo que de "típico" hay en el tipo de Sócrates, "un tipo de existencia nunca oída antes de él, el tipo del hombre teórico" en el que se opera la "superfetación de lo lógico".

Para comprender cómo el caso de Sócrates se convirtió en el "problema que Sócrates es", y con el que aún lidiamos, es necesario detenerse en ese pasaje que va del enfermo al médico, del decadente al

---

[8] Nietzsche sostiene que Sócrates representa "el *no-místico* específico, en el cual, por una superfetación, la naturaleza lógica tuvo un desarrollo tan excesivo como en el místico lo tiene aquella sabiduría instintiva.", Nietzsche (1995a: 117-118 = *KSA* 1: 90).

[9] En este sentido, cabe señalar que aquí seguimos la estrategia metodológica de trazar "caminos" en el pensamiento nietzscheano, al tomar una problemática para entretejer los textos producidos en distintos momentos, apartándose de una lectura que busque detectar y delimitar fases en su obra. Los "caminos" –múltiples y provisorios- proporcionan una vía para superar las limitaciones de una interpretación estrictamente tripartita de la obra del pensador alemán y abre el horizonte a una integración diacrónica –y sincrónica- del *corpus* nietzscheano; cf. D'Iorio (2004). Para un desarrollo sobre la problemática de las continuidades y discontinuidades en el *corpus* nietzscheano con el ya canónico texto de juventud ver: Barrios Casares (1993) y Cano (2005). Y a este respecto, no puede obviarse la propia lectura-escritura que Nietzsche realizase en su "Ensayo de autocrítica", prólogo tardío al *Nacimiento de la tragedia*.

dispensador de *phármaka* que transfiguran la enfermedad, sin por ello curarla:

> Pero Sócrates adivinó algo más. Vio que lo que había *detrás* de sus aristocráticos atenienses; comprendió que su caso, la idiosincrasia de *su* caso, no era ya un caso excepcional. La misma especie de degeneración se estaba preparando silenciosamente en todas partes: la vieja Atenas caminaba hacia su final. Y Sócrates comprendió que todo el mundo tenía *necesidad* de él, -de su remedio, de su cura, de su ardid personal para autoconservarse... [...] En el fondo su caso era sólo el caso extremo, sólo el caso que más saltaba a la vista, de aquello que entonces comenzaba a volverse calamidad general: que nadie era ya dueño de sí, que los instintos se volvían unos *contra* otras. Sócrates fascinaba por ser ese caso extremo [...] y como es fácil comprender, fascinó más fuertemente aún como respuesta, como solución, como apariencia de *cura* de ese caso-.[10]

Enfermo y médico a la vez, Sócrates será el gran el propagador de la enfermedad al ver y encauzar la decadencia que se apoderaba de los atenienses. Según podemos leer en la interpretación nietzscheana, la enfermedad que Sócrates padece, aquella que intenta curar, o mejor dicho, anestesiar, es la misma que aqueja al común de la Atenas declinante. De allí su carácter de caso extremo. No una peculiaridad, sino la exacerbación de un clima imperante. Ahora bien, ¿cuál es, entonces, esa enfermedad que signa la decadencia de Sócrates, pero también la de los aristocráticos atenienses, y –como veremos- la historia del gran error de Occidente? Dicha *décadence* no es otra que la desesperación de unos cuerpos en los que no es posible dar alguna unidad de estilo al caos de los instintos. Las pulsiones se enfrentan y requieren de un orden, algún tipo de cura que mengue la batalla que se da cita en estos cuerpos desgarrados.

Ante la propia decadencia, pero también atento a aquella que lo rodea, Sócrates intentará superar esta condición fisiológica por la vía de la "hipertrofia de la razón". En el fondo de su afán racional, señala Nietzsche, no hay otra cosa que la anarquía de los instintos o los gritos de un cuerpo que desespera de sí mismo. Podríamos recordar aquí aquel clásico pasaje de *Así habló Zaratustra* en que leemos: "Incluso en vuestra tontería y en vuestro desprecio, despreciadores del cuerpo, servís a vuestro sí mismo. Yo os digo: también vuestro sí mismo [y tengamos en cuenta que el *Selbst* está identificado con el cuerpo] quiere morir y se aparta de la vida".[11] Es el propio cuerpo el que, al desesperar de sí mismo, recurre a un instrumento que pretende ubicarse más allá de la corporalidad, sin ser nunca tal. Frente a unos cuerpos enfermos, "[l]a racionalidad era la salvadora". Ella era su último remedio. Una exaltación de lo lógico que pretendía curar la enfermedad de un cuerpo y que, paradójicamente, no hacía sino acentuarla.

---

[10] Nietzsche (1997b: 42 = *KSA* 6: 71).
[11] Nietzsche (1997a: 61 = *KSA* 4: 40).

"*Tener que* combatir los instintos- ésa es la fórmula de la *décadence*: mientras la vida *asciende* es felicidad igual a instinto".[12] Cuando la vida desciende, es lucha contra los instintos que patentizan la existencia de unos cuerpos que perecen, envejecen, enferman, se transforman y devienen otros sin cesar.

El problema de Sócrates o los cuerpos desesperados, afirmábamos al inicio. La superfetación de lo lógico se presenta como el reverso –y refuerzo- del grito enfermo de unos cuerpos que se desprecian a sí mismo. "Su despreciar constituye su apreciar", decía Nietzsche en *Así habló Zaratustra*. Y es este desprecio-aprecio el que hará de Sócrates un problema: el error de la historia de Occidente.

II. La historia de un error. O sobre cómo el cuerpo desesperó de la tierra.

> Cuando se coloca el centro de gravedad de la vida no en la vida, sino en el 'más allá' -en la nada- se le ha quitado a la vida como tal el centro de gravedad
> F. Nietzsche, *El anticristo*

> El no que el hombre dice a la vida saca a la luz, como por arte de magia, una muchedumbre de síes más delicados: más aún, cuando se *produce una herida* a sí mismo este maestro de la destrucción, de la autodestrucción, - a continuación es la herida misma la que le constriñe *a vivir*...
> F. Nietzsche, *La genealogía de la moral*

El "no" socrático, su (de)negación del cuerpo y a la vida, saca como por arte de magia una muchedumbre de síes. En su misma declinación de la corporalidad y en su paralela reivindicación de los poderes superiores de la razón, Sócrates condena a Occidente a producirse la herida que -paradojal estratagema del ascetismo sacerdotal- le constriñe a la vida. La herida, el desgarro, no es otro que el cercenamiento de sí en dos polos irreconciliables y en tensión: el racional (y verdadero) y el sensible (o aparente). La diferencia entre razón y corporalidad se revelará como el producto de una "racionalidad temeraria" (y temerosa) que quiere volver inteligible todo lo que existe, para iluminar con un manto de seguridad su existencia:

> El hombre busca 'la verdad': un mundo que no se contradiga, no engañe, no cambie, un mundo verdadero un mundo en el que no sufra: contradicción, engaño, cambio- ¡causas de sufrimiento! No duda de que hay un mundo como debe ser; quisiera buscar el camino que conduce a él[13]

---

[12] Nietzsche (1997b: 43 = KSA 6: 73).

La construcción de un mundo verdadero, permanente, accesible a la razón, será el bálsamo de aquellos que desesperan de su cuerpo y de toda la vida (y la muerte) que en él se manifiesta. "*La creencia en el ente* se muestra solo <como> una consecuencia: el auténtico *primum mobile* es la no creencia en lo que deviene, la desconfianza ante lo que deviene, el menosprecio de todo devenir...".[14] La distinción jerarquizante entre cuerpo y alma, cuerpo y razón -y demás modalizaciones de la oposición "corpóreo"- "no corpóreo"-, ha sido para Nietzsche uno de los modos en que las interpretaciones decadentes del mundo han configurado una visión en la que todo lo asociado a lo sensible (devenir, mutabilidad, caducidad, cambio, transformación, y finitud en general) ha sido devaluado y reducido al lugar de la abyección[15]. Si pasamos revista a "Como el 'mundo verdadero' acabó convirtiéndose en una fábula", observaremos que dicha historia narra los avatares de un mismo error: la partición y jerarquización de lo racional-intelectual respecto de lo sensible-corporal. En esta breve historia de la *Weltanschauung* Occidental, no encontraremos a Sócrates como el iniciador de la historia del nihilismo, sino a Platón. Lo interesante, sin embargo, es ver cómo, en la lectura nietzscheana, la figura de Sócrates queda asimilada a la de Platón, en la medida en que ambos representan ese gran problema del que Occidente no ha sabido desembarazarse: la sobreestimación de lo racional en detrimento de lo corporal.[16]

Pasemos revista, entonces, a los tres primeros puntos de esta historia que muestran cómo el pensamiento occidental ha sido preso de un fuerte esquema dualista. El error que Platón habría iniciado con su escisión entre un "mundo verdadero" suprasensible, inteligible, y un mundo sensible,

---

[13] Nietzsche (2006: 249 = *KSA* 12: 364).
[14] Nietzsche (2006: 250). Nietzsche indicará en "La 'razón' en la filosofía" que este odio al devenir constituye la "primera idiosincrasia" de los doctos. Allí afirma que los "sapientísimos" sostienen que "lo que es no *deviene*, [y] lo que deviene no *es*" porque creen otorgar los máximos honores cuando *deshistorizan* y confunden lo último con lo primero. Si la primera idiosincrasia de los filósofos es la falta de sentido histórico que se ancla en su menosprecio al devenir, la segunda (consecuencia de la anterior) será la "confusión de lo último con lo primero". Radicalizando el gesto que identifica el ser con lo que no deviene, estos doctos de Occidente han confundido lo último con lo primero, *i.e.* los resultados de los procesos de abstracción, simplificadores de la un devenir inapresable y en continuo movimiento (concepto límite en el pensamiento Nietzsche), con lo primero, lease, con la causa.
[15] Véase Nietzsche, *Crepúsculo de los ídolos*, "La 'razón' en la filosofía". La terminología utilizada aquí, que traduce la distinción alma-cuerpo en distintas oposición entre un "polo corpóreo" y otro "no corpóreo" es deudora del planteo de Rabade Romeo., S, (1985).
[16] Esta vinculación (y alianza) entre Sócrates y Platón, está ya explicitada en *El nacimiento de la tragedia*. Allí Nietzsche afirma: "Al igual que Platón, Sócrates lo contaba [al arte trágico] entre las artes lisonjeras, que sólo representan lo agradable, no lo útil, y por eso exigía de sus discípulos que se abstuvieran y que se apartaran de tales atractivos no filosóficos: con tal éxito, que Platón, el joven poeta trágico, lo primero que hizo para poder convertirse en alumno de Sócrates fue quemar sus poemas" (1995a: 120 = KSA 1: 92). El *demon* socrático no sólo se dirigiría a Eurípides, sino también a Platón.

"aparente", constituye la fuente a partir de la cual abrevará el resto del filosofar occidental, y que dará una concreción ontológico-metafísica a esta tendencia que Nietzsche habría identificado ya en Sócrates y su "superfetación de lo lógico". El fuerte dualismo ontológico platónico (primer capítulo de la historia de un error) encuentra su correlato antropológico en la distinción entre alma y cuerpo, y se perpetuará de distintos modos a lo largo de todo el pensamiento occidental.

Los siguientes dos capítulos o puntos de esta historia del nihilismo Occidental, abocados al cristianismo y a la moral kantiana, se dedican a ilustrar dicha herencia, *ie*, a mostrar el modo en que (el socrático) Platón se constituyó efectivamente en un verdadero problema para nosotros. En ellos, observaremos cómo la herencia socrático-platónica se propaga a sí misma reiterando la devaluación de lo corporal (la carne en el cristianismo y el ámbito *fenoménico* en el kantismo) en pos de una jerarquización de lo no-corpóreo (la tierra prometida y el ámbito *nouménico-racional*, respectivamente). Pero es la herida que comporta la carne (contrapuesta a un espíritu inmortal) y el desgarro de nuestras inclinaciones (tensionadas con nuestra voluntad no santa) lo que oficiará de estratagema para la autoconservación en las perspectivas cristiana y kantiana.[17]

Ahora bien, ¿cuál es la evaluación que Nietzsche ofrece de esta polarización detractora de lo corporal? Como sosteníamos, la misma representa la devaluación y condena de todo lo asociado a lo sensible, a la esfera entera de la finitud y la precariedad. De allí que Nietzsche ponga "a un lado, con gran reverencia, el nombre de *Heráclito*". Pues, "mientras que el resto del pueblo de los filósofos rechazaba el testimonio de los sentidos porque éstos mostraban pluralidad y modificación, el rechazó su testimonio porque mostraban las cosas como si tuviesen duración y unidad"[18]. Sócrates -y Platón- dan a luz a la estirpe de filósofos que, como buenos "monotonoteístas" intentarán deshacerse del cuerpo y de los sentidos para evitar enfrentarse con lo que deviene y se encuentra por tanto sujeto al cambio y la transitoriedad. Estos rasgos, por su parte, que se asocian desde la perspectiva nietzscheana a la vida (*das Leben*), a la voluntad de poder (*Wille zur Macht*), constituyen el horizonte plural y contradictoria en el que la potencia del devenir se abre a lo inesperado. Nietzsche reclama para sí esta otra estirpe, la heraclítea, aquella que reivindica la multiplicidad de lo que deviene como el *locus* vivo de una(s) potencia(s) que se anclan a los cuerpos y la finitud de lo que perece.

---

[17] Cabe señalar el modo en que Nietzsche calificase al cristianismo como "platonismo para el pueblo", mostrando el modo en que la herencia socrático-platónica se propaga. Podríamos decir, siguiendo nuestra argumentación precedente, que tanto el cristianismo como el kantismo son "socratismo" para el pueblo y los doctos, respectivamente. Cf., Nietzsche, *Más allá del bien y del mal*, "Prefacio". Para una lectura en la clave del nihilismo de la "historia de un error", ver: Vattimo, G., (1985:98-110).

[18] Nietzsche, F., (1997b), *El crepúsculo de los ídolos*, p. 46 (*KSA* 6, 75).

De allí que Nietzsche vea en la devaluación del cuerpo (*der Leib*) uno de los modos privilegiados a través de los cuales los hombres han "negado" la vida, su aspecto cambiante y plural. Pero también ve en este gesto inmunitario - en este decir no "al engaño de los sentidos, del devenir, de la historia [Historie], de la mentira"- la estratagema de autoconservación más exitosa de Occidente.[19] Sócrates y Platón representan, con su superfetación de lo lógica y su veneración de la dialéctica, un modo específico de esta inmunización ascética: para curar un cuerpo enfermo, proporcionan el *phármakon* de la lógica. Este *phármakon* acentuará la degradación y degeneración de lo corpóreo, y aun así, en este desprecio, vehiculizará un modo de vida, una manera de preservarse en la existencia.

III. Ficción, ser y devenir: del yo, el sí mismo y la corporalidad

> [...] Siguiendo el **hilo conductor del cuerpo** se muestra una enorme *multiplicidad*; está permitido metodológicamente emplear el fenómeno *más rico*, que puede ser estudiado mejor, como hilo conductor para la comprensión del más pobre. Por último: suponiendo que todo es devenir, *el conocimiento sólo es posible sobre la base de la creencia en el ser*
> Nietzsche, F., *Fragmentos Póstumos (1885-1889)*, Otoño 1885-1886: 2 [91]

Nietzsche afirma en uno de sus fragmentos póstumos "el carácter interpretativo de todo acontecer. [De allí que, prosiga] No hay ningún acontecimiento en sí"[20]. No hay hechos, ni "cosa en sí" que se sitúe más allá del proceso hermenéutico en el cual emergen. Frente al supuesto "mundo verdadero", Nietzsche sostendrá que "hemos proyectado nuestros condiciones de conservación como predicados del ser en general", pues - como lo muestra Sócrates al apalear su "fealdad" con la belleza

---

[19] Nietzsche considera que las interpretaciones nihilistas decadentes en las que lo sensible y lo corpóreo son degradados —entre las cuales se ubican las perspectivas ya mentadas de Sócrates, Platón, el cristianismo y Kant- son los modos en los que la debilidad ha configurado una forma de vida viable para sí misma. Dichas interpretaciones, en una especie de acto "auto-contradictorio", han sustentado formas de vida a costa de la negación de la vida misma. "El no que el hombre dice a la vida saca a la luz, como por arte de magia, una muchedumbre de síes más delicados; más aún, cuando se *produce una herida* a sí mismo este maestro de la destrucción, de la autodestrucción, - a continuación es la herida misma la que le constriñe *a vivir* ..." F. Nietzsche, (1995b), *La genealogía de la moral*, trad. A. Sánchez Pascual, Madrid, Alianza, "Tratado tercero: "¿Qué significan los ideales ascéticos?", §13, 141. (*KSA* 6, 367). Sólo en esta "hostilidad a la vida", cierto tipo de hombre puede permanecer en la existencia. Ese desprecio, constituye no sólo su apreciar, sino también una estrategia de autoconservación.

[20] Nietzsche (2006: 60 = *KSA* 12: 14).

enceguecedora de la razón- "para prosperar tenemos que ser estables en nuestra creencia, [Y a] esto lo hemos transformado en que el mundo 'verdadero' no es cambiante y en devenir sino un mundo *que es*"[21], y que por lo tanto, no-deviene. Por el contrario, afirmará el filósofo, "Lo que sucede es un grupo de fenómenos escogidos y reunidos por un ser que interpreta".[22]

El perspectivismo nietzscheano, al que el autor calificará como "condición fundamental para la vida", disloca, a nivel ontológico, la distinción entre un ámbito estable (el del ser, el de aquello que no deviene), de un ámbito linguístico-hermeneútico (en el que ocurrirían los procesos interpretativos por medio de las cuales configuraríamos, o daríamos sentido, a esos datos o acontecimientos que estarían a resguardo de dicha interpretación)[23]. Así, desterrando ese lugar del "mundo verdadero", y de su contraposición con lo aparente, es que Nietzsche señalará la necesidad de aceptar el carácter fluido de nuestras estimaciones perspectivistas. No existe un dato o fundamento monótono(teista) que oficie de ancla (y límite) al proceso de creación de sentidos. Ahora bien, el perspectivismo nietzscheano no sólo disloca la oposición entre dato-interpretación sino que también deconstruye el par binario razón-cuerpo y la lógica monotonoteísta sobre la que se apoya. Para superar la historia de un error, de ese error dicotomizante que ha condenado a Occidente a pensarse a sí mismo a través del par mundo verdadero- mundo falso, es necesario asumir el carácter ficcional de toda interpretación. Esto es, su carácter producido, histórico y contingente. De lo que se trata, sostendrá Nietzsche, es de pensar los valores (plurales y finitos) que estructuran nuestras vidas. Así, sostendrá en otro fragmento póstumo:

> la *estimación de valor* 'yo creo que esto y aquello es así' como ESENCIA de la 'verdad'.
> en las *estimaciones de valor* se expresan *condiciones de conservación y crecimiento*
> todos nuestros *órganos y sentidos de conocimiento* están desarrollados sólo en referencia a condiciones de conservación y crecimiento.
> la *confianza* en la razón y en sus categorías, en la dialéctica, o sea la *estimación de valor* de la lógica sólo demuestra la *utilidad* demostrada por la experiencia: *no* su 'verdad'.
> Que tiene que haber una serie de *creencias*, que se puede *juzgar*, que *no hay* duda respecto de todos los valores esenciales:-
> ésta es la presuposición de todo lo viviente y de su vida. O sea, es necesario que algo *tenga que* ser tomado por verdadero; no que algo *sea verdadero*
> 'el mundo *verdadero* y el mundo *aparente*'- esta oposición es reconducida por mí a *relaciones de valor*[24]

---

[21] Nietzsche (2006: 243 = *KSA* 12: 353).
[22] Nietzsche, F., (2006: 60 = *KSA* 12: 14).
[23] Véase Nietzsche (1997c: 18 = *KSA* 5, 12).

El destructor de los valores Occidentales se revela como un detractor de la primacía que se le ha concedido a la verdad y a la razón como la vía de acceso a la misma. Ahora bien, Nietzsche no sostiene la necesidad -ni la deseabilidad- de acabar con todos (y cualquiera de) los valores y creencias que estructuran nuestra existencia. En todo caso, propone perspectivarlos desde la óptica de la vida, el cuerpo y la voluntad de poder. Tal y como lo explicita en el fragmento citado, las creencias (el *tener algo por verdadero*, que se distingue del hecho de *ser verdadero*), implican sostener una valoración que rige, o vehiculiza, determinadas condiciones de conservación. En este sentido, y volviendo a nuestro desarrollo del "caso Sócrates", Nietzsche da cuenta del modo en que la ficción monotonoteísta de interpretar/configurar el mundo ha sido útil, y funcional, a las interpretaciones decadentes (dicho a grandes rasgos, aquellas interpretaciones que no pueden lidiar con el carácter fluctuante y finito del devenir)[25]. Dicha "mímica de sepulturero", paradójicamente, revele el modo en que determinados tipos de hombres (o tipos de subjetividad, diríamos nosotrxs), han anclado su (temerario y temeroso) modo de vida. Y es justamente su referencia a un tipo particular de hombre, a un modo específico de organizar la existencia, lo que permite entrever nuestras y variadas perspectivas.

Ahora bien, una vez que hemos analizado tanto la crítica na la visión socrática así como la necesidad de instaurar valores, creencias, y perspectivas, sólo queda por explicitarse la apuesta nietzscheana de resituar al cuerpo como nuevo centro de gravedad. En vistas a ello, es necesario destacar la superación nietzscheana del dualismo cuerpo-alma (o, en términos generales, corporalidad- "polos no corporales"). La misma ha de constituir una de las vías por medio de las cuales se intentará revalorizar los aspectos vitales del hombre, aquellos que remiten tradicionalmente a lo corporal. En "De los despreciadores del cuerpo" encontramos uno de los pasajes claves para comprender el modo en que Nietzsche reubica el cuerpo como centro de gravitación de su pensamiento. Allí, aparece desarrollada la distinción entre el "yo" (*Ich*) y el "sí mismo" (*Selbst*) en términos de "la pequeña razón" (*kleine Vernunft*) y la "gran razón" (*grosse Vernunft*):

> El cuerpo es una gran razón, una pluralidad dotada de *un único* sentido, una guerra y una paz, un rebaño y un pastor.
> Instrumento de tu cuerpo es también tu pequeña razón, hermano mío, a la que llamas «espíritu», un pequeño instrumento y un pequeño juguete de tu gran razón.

---

[24] Nietzsche (2006: 242-243 = *KSA* 12: 352).
[25] Cabe señalar que si bien Nietzsche reconoce la utilidad para la vida decadente del monotonoteísmo, calificará a estar interpretaciones de "inútiles para la vida". Es necesario destacar la inestabilidad de esta noción. Lo que es beneficioso para un modo de vida, como lo es por ejemplo el decadente, puede ser nocivo para otro, por ejemplo, para los hombres fuertes y creativos.

Dices 'yo' y estás orgulloso de esa palabra. Pero esa cosa más grande aún, en la que tú no quieres creer, -tu cuerpo y su gran razón: ésa no dice yo, pero hace yo.[26]

Así, la "gran razón" se identifica con el cuerpo, *es* el cuerpo. Y es este cuerpo, presentado en términos de una pluralidad -que es una de las notas distintivas de la vida- el es que "hace" yo. Es el cuerpo el que tiene como instrumento suyo al "yo", a la "pequeña razón"[27]. Y no a la inversa como lo ha pensado gran parte de la tradición filosófica. De allí que, en "El problema de Sócrates", Nietzsche señale que los sapientísimos "coincidían fisiológicamente en algo, para adoptar- para tener que adoptar-una misma actitud negativa frente a la vida"[28]. Es su corporalidad (decadente) la que requiere y crea para sí la razón como bálsamo de su enfermedad.

En la identificación entre "cuerpo", "gran razón", y "sí mismo" se encuentra, entonces, la piedra de toque para la superación nietzscheana del dualismo, y de la devaluación de lo corporal que iniciase Sócrates. El "yo", el "espíritu" (*der Geist*), la "pequeña razón" no se presentan como sustancias o entidades distintas de la corporalidad, sino como "productos" de la misma. En este sentido, cuerpo y yo, cuerpo y razón, cuerpo y espíritu, ya no comportan un dualismo u oposición sino que pasan a ser comprendidos en términos de una unidad. Es el cuerpo, como gran razón, el que en su configuración de fuerzas vehiculiza la aparición del yo, el espíritu o el alma. Desde esta perspectiva, el yo no es distinto del cuerpo, sino uno de los modos de cristalizarse de dicha corporalidad. De allí que el sapiente, el despierto, el que sabe, pueda afirmar: "**cuerpo soy yo íntegramente**, y ninguna otra cosa; y alma (*Seele*) es sólo una palabra para designar algo en el cuerpo"[29]. Más allá de cualquier dualismo, el cuerpo como gran razón nos fuerza a repensar la vinculación entre nuestras creencias, valores y (la historia de) nuestros cuerpos.

A su vez, y recuperando la línea que intenta revalorizar el ámbito de lo vital con sus notas de multiplicidad, devenir, cambio, caducidad y fluidez, Nietzsche invierte la escala axiológica que iniciara Sócrates al priorizar el alma, en tanto contrapuesta a la corporalidad, y que signaría gran parte de la historia de nuestra tradición filosófica. En respuesta a un cuerpo devaluado y vituperado, en contraposición con aquellas posiciones que intentan degradar y "restringir" las potencias propias de la corporalidad en pos de conceder un privilegio a los aspectos racionales e intelectivos del hombre, el filósofo alemán le concederá el papel preponderante al cuerpo:

---

[26] Nietzsche (1997b: 60 = *KSA* 4: 39).
[27] Traduzcamos la nueva (an)economía nietzscheana en dos series de identificaciones: "Gran razón= Sí mismo = Cuerpo". "Pequeña razón = Yo = Razón/Alma/Espíritu". Para un análisis de la relevancia del cuerpo en el filosofía nietzscheana, ver Barrenechea (2009) y Jara (1998).
[28] Nietzsche (1997b: 38 = *KSA* 6: 68).
[29] Nietzsche (1997b: 60 = *KSA* 4: 39).

El sí-mismo (*Selbst*) escucha siempre y busca siempre: compara, subyuga, conquista, destruye. El domina y es también el dominador del yo. Detrás de tus pensamientos y sentimientos, hermano mío, se encuentra un soberano poderoso, un sabio desconocido — llámase sí-mismo. En tu cuerpo habita, **es** tu cuerpo.[30]

El cuerpo es el gran soberano, el que "se creó para sí el espíritu como una mano de su voluntad"[31]. El gesto de incitación nietzscheano nos convoca a poner en el centro de la reflexión a nuestras corporalidades (otras). Y hemos de insistir en el hecho de que Nietzsche rompe con todo pensamiento dualista en lo que respecta al cuerpo. Pues todo aquello que hemos denominados "polos no corpóreos" - como el "yo", el "espíritu", el "alma"-, en tanto "pequeñas razones" e instrumentos de "sí mismo" soberano, no pueden ser entendidos más que en términos corporales. *Todo es cuerpo.* El yo es cuerpo. El alma es cuerpo. El espíritu es cuerpo. El texto es cuerpo: he aquí la ruptura definitiva de toda lógica oposicional entre cuerpo y alma que a juicio de Nietzsche iniciaría la historia de ese error que "condenaría" al desarrollo de nuestro pensamiento a esquemas dualistas.

Rabade Romeo sostiene que Nietzsche "produce una gigantesca revolución a favor del cuerpo, una especie de canto épico a favor de todo lo que es e implica el cuerpo vivencial (*Leib*): pasiones, impulsos, tendencias, en una palabra, *vida* [...]"[32]. Es justamente esta idea de un cuerpo vivencial o vital, y su implicancia a nivel del pensamiento antropológico nietzscheano, lo que querríamos reivindicar en esta ocasión. Frente a una lógica de los cuerpos desesperados, la filosofía nietzscheana nos propone reivindicar la corporalidad y las notas que a la misma se asocian. Aquí, los cuerpos son esperados, reivindicados, y bienvenidos en aquello que de provisorio, diverso, y múltiple poseen.

IV. Unas palabras finales

> Que el *valor del mundo* reside en nuestra interpretación (—que quizás en alguna parte sean posibles otras interpretaciones, diferentes de las meramente humanas—), que las interpretaciones habidas hasta ahora son **estimaciones perspectivistas** en virtud de las cuales nos mantenemos con vida, es decir, en la voluntad de poder, de crecimiento del poder, que toda *elevación del hombre* lleva consigo la superación de interpretaciones más estrechas, que

---

[30] Nietzsche (1997b: 61; la negrita es nuestra = *KSA* 4: 40).
[31] *Ibidem.*
[32] Rabade Romeo (1985: 192-193).

> toda fortificación y ampliación de poder que se alcance abre nuevas perspectivas y hace creer en nuevos horizontes —esto recorre mis escritos. [...]
> F. Nietzsche, *Fragmentos Póstumos*, Otoño 1885- Otoño 1886: 2 [108]

Quizás algunos de ustedes se podrían preguntar por el valor de esta nietzscheana "corporización" de los conceptos, los valores y las ficciones ¿Cuál es, en definitiva, la importancia de la inversión axiológica, y la consecuente superación, de la lógica (socrática) que opone la razón al cuerpo a la hora de pensar la ponderación, crítica, institución y reconfiguración de nuestras perspectivas en tanto condiciones de conservación y acrecentamiento? ¿Por qué deberíamos celebrar una afirmación a favor de los cuerpos en esta larga tradición Occidental? ¿Por qué recuperar los colores estridentes de las fuerzas plurales y en constante devenir de la corporalidad frente a la monotonía de la razón? ¿Cuál es la virtud de reivindicar los cuerpos sensibles y vitales?

La respuesta, podríamos decir parafraseando a la filósofa norteamericana, es que *los cuerpos importan*[33]. Recordar esto vehiculiza otros modos de pensar, de concebir nuestras propias coordenadas de inteligibilidad y de organizar nuestra existencia. Cuando el cuerpo deja de ser el convidado de piedra y pasa a ser el centro de gravedad, nuestras racionalidades, conceptos y creencias, ya no pueden presentarse como absolutos o desinteresados. Pierden su pretendida solidez al revelar su contingencia y fluidez. Ahora los mismos se presentan como pensamientos y perspectivas situadas, ancladas, y por eso mismo, finitas. El cuerpo nos enseña la lección de la pluralidad, la diversidad y la contingencia; y también, ¿por qué no decirlo?, de la humildad. En su inextricable inestabilidad y locabilidad, anuncia el carácter contingente y transformable de nuestras ficciones, abriendo el espacio para su crítica y revisión. Escuchar las voces de los cuerpos es una ocasión de cortocircuitar los relatos que pretenden una verdad última y necesaria. Es introducir una perspectiva a partir de la cual problematizar nuestros discursos y categorías totalizantes y totalitarias. Quizás así, recordando esta lección genealógica de Nietzsche, seamos capaces de soñar las ficciones y de producir las pequeñas razones que, en lugar de acallar su diversidad y contingencia, celebren la pluralidad y disidencia de nuestros cuerpos.

Bibliografía

Barrenechea, M. A., (2009), *Nietzsche e o corpo*, Río de Janeiro, Viveiros de Castro Editora.

---

[33] Véase Butler (2008).

Barrios Casares, M. (1993), *Voluntad de lo trágico. El concepto nietzscheano de voluntad a partir de "El nacimiento de la tragedia"*, Sevilla, Editorial A. Er.

Butler, J., (2008), *Cuerpos que importan*, trad. A. Bixio, Buenos Aires, Paidós.

Cano, Virginia, (2005), "Apolo y Dionisos: Teología de la voluntad de poder" en *Morpheus. Revista electrônica em ciências humanas- Conhecimento e Sociedade-*, N° VI, Año 3. URL: http://www.unirio.br/morpheusonline/Virgínia_Cano.htm

Cragnolini, M., (1998), *Nietzsche, camino y demora,* Buenos Aires, EUDEBA.

D'Iorio, P., (2004), "Système, phases, chemins, strates" en D'Iorio, P. et pontón, O. (dir), *Nietzsche Philosophie de l'esprit libre*, Paris, Édition Rue D'Ulm.

D'Iorio, P. et Pontón, O. (2004), *Nietzsche Philosophie de l'esprit libre*, Paris, Édition Rue D'Ulm.

Jara, J., (1998), *Nietzsche, un pensador póstumo. El cuerpo como centro de gravedad*, Valparaíso, Anthropos.

Nietzsche, F., (1999), *Sämtliche Werke. Kritische Studienausgabe in 15 Bänden*, Herausgegeben von G. Colli und M. Montinari, Berlin/New York, Deutscher Taschenbuch Verlag und Walter de Gruyter.

Nietzsche, F., (1997a), *Así habló Zaratustra*, trad. A. Sánchez Pascual, Barcelona.

Nietzsche, F., (2000), *Crepúsculo de los ídolos*, trad. A. Sánchez Pascual, Madrid, Alianza.

Nietzsche, F., (1996), *El anticristo*, trad. A. Sánchez Pascual, Madrid, Alianza.

Nietzsche, F., (1995a), *El nacimiento de la tragedia*, trad. A. Sánchez Pascual, Buenos Aires, Alianza.

Nietzsche, F., (1995b), *La genealogía de la moral*, trad. A. Sánchez Pascual, Madrid, Alianza.

Nietzsche, F., (1997c), *Más allá del bien y del mal*, trad. A. Sánchez Pascual, Madrid, Alianza.

Nietzsche, (2006), *Fragmentos póstumos (1885-1889)*, vol iv, trad. J. L. Vermal y J. B. Llinares, Madrid, Tecnos.

Rabade Romeo, S., (1985), *Experiencia, cuerpo y conocimiento*, Madrid, Consejo superior de investigaciones científicas.

Vattimo, G., (1985), *Introducción a Nietzsche*, Barcelona, Península.

Modos de vida, inicios de la filosofía y fin de la historia: diálogos interepocales entre Jenofonte y Alexandre Kojève

Claudia Mársico

La filosofía se teje con ideas que atraviesan las vidas de los hombres y pasan a las de otros llevando su memoria. Así es que no son otras ni las mismas. Tratar de pensar esta situación fantasmática requiere de instrumentos flexibles y dispuestos a incorporar las sutilezas de lo que dura en un entorno signado por lo perecedero. Comprender el entramado de ideas de una época requiere internarse en las zonas de tensión dialógica que la conforman y atisbar de este modo cuáles son los núcleos de interés que concitan la atención y dictan qué problemas deben ser pensados y qué respuestas son acuciantes, qué posiciones son incompatibles y que puntos pueden conciliarse. Cada época tiene un mapa, el mapa de su propia zona de pensamiento, que indica qué es pensable y qué interacciones teóricas son posibles, esperables o deseables. Ese mapa es claramente el mapa de una batalla en la que hay fricciones, luchas, alianzas y traiciones, alumbramientos y decesos efímeros o definitivos. Es el mapa de una zona en el que batallan ideas en el marco de una tradición especialmente signada por la ausencia de parámetros veritativos y la fragilidad de los indicios sobre lo que se debe o no hacer. El paso del tiempo horada las imágenes de los antiguos mapas y arrastra hacia la oscuridad figuras que fueron centrales en su tiempo y por razones muchas veces aleatorias o dictadas por lógicas de tiempos posteriores son precipitadas en el olvido. De este modo, amplios campos de batalla quedan reducidos a mesetas en que actores aislados parecen dar manotazos al aire, hacia adversarios imaginarios. La lucha vital y dinámica se convierte en el episodio alucinatorio de hombres peleando con sombras en el vacío. Atisbar los mapas antiguos requiere, por tanto, avanzar en el trabajo de restitución de personajes silenciados y devolverles el protagonismo que tuvieron, junto con sus adversarios y sus estrategias de enfrentamiento, sus alianzas, sus triunfos y su desaparición[1].

Al mismo tiempo, esta tarea historiográfica sincrónica de reposición de efectivos interlocutores de un diálogo teórico concreto, sin la cual claramente la historia intelectual se convierte en la tarea de estudio de un

---

[1] Sobre la noción de "zona de tensión dialógica", véase Mársico (2010: *passim*) y Mársico (2013a:191-213).

islote en medio de un archipiélago ignorado, se complejiza cuando se adosa la dimensión diacrónica. Para la dimensión diacrónica no hay un mapa sino una sucesión de mapas que permiten seguir la historia de las transformaciones de las zonas de tensión dialógica. Estas transformaciones muestran la emergencia de posiciones dominantes, su sustitución por otras, el surgimiento repentino de planteos exitosos que se agostan rápidamente, así como el advenimiento gris de ideas que permanecen mucho tiempo en la marginalidad, ignoradas por las líneas poderosas que chocan en las fronteras, para convertirse mucho más tarde, cuando sus primeros cultores ya no están para saberlo, en vías hegemónicas. En este sentido, estos mapas superpuestos que bosquejan las zonas de tensión en distintos puntos temporales deben poder mostrar al mismo tiempo el diálogo y apropiación que se establece entre ellos. Las ideas de tiempos anteriores sirven para profundizar en lo que otros han pensado, o constituyen el punto respecto del cual se reacciona con más o menos violencia para intentar algo nuevo, o conforman la argamasa que se mixtura para dar cuenta de los desafíos de la lucha de ideas en el nuevo tiempo. Las relaciones entre zonas son, en efecto, múltiples. En el presente trabajo nos interesa concentrarnos en una variante especial, dictada por los casos en que la lucha dentro de la propia zona se define por la posición de continuidad o ruptura que se toma frente al mapa de una época previa. La oposición entre los viejo y lo nuevo, propia de la historicidad misma de las ideas, adopta aspectos que definen directamente la concepción del lugar que se ocupa en el mapa temporal, en tanto mapa de mapas.

Hay tradiciones más proclives a la acumulación. Para tomar un ejemplo, la lingüística hindú se gestó a partir de la profundización progresiva de un mismo programa de investigación, de modo que no es extraño encontrar indicaciones sobre la plausibilidad de estudiar actualmente con materiales gestados hace dos milenios.[2] Nada parecido resulta posible en la tradición occidental, transida de una presión constitutiva hacia la diversidad de enfoques. Se puede pensar que lo previo es mejor o peor que lo actual, pero es claro que es radicalmente otro y en ese marco es preciso definir cuáles son los puntos de permanencia y cuáles los que irremisiblemente habrán de abandonarse. En ese clima cobra sentido la actitud persistente, que cobra fuerza cada tanto, de pensar la relación entre lo antiguo y lo actual en términos de oposición, proyectando la lógica de lucha de ideas que signa cada época a la relación entre épocas. En este sentido, la historia de las ideas, el "mapa de mapas", resulta también y en sí misma un campo de batalla. Este *modus operandi* se puede reconocer, por ejemplo, en la patrística, en su mirada retrospectiva y selectiva respecto del pensamiento pagano para mostrar su superación por parte del cristianismo. Se puede reconocer también en el movimiento de vuelta a lo antiguo que se traza en el Renacimiento como estrategia de ruptura respecto de los cánones

---

[2] Véase Pinault (1989a) y (1989b) y Malamoud (1987).

del pensamiento medieval, que marca la entrada de la modernidad y sus distintos modos de posicionamiento frente a las épocas previas. Del mismo modo, el siglo XVI prohijó actitudes de oposición entre quienes elogiaban los modelos antiguos y quienes apostaban a sustituirlos por formas alternativas, pero sin duda esta tensión quedó asociada primariamente a la conocida "querella entre antiguos y modernos". La *Poética* de Boileau abogaba en 1674 por los modelos grecolatinos, y poco después Charles Perrault presentaba a la Academie el poema *El siglo de Luis el grande*, donde criticaba los parámetros tradicionales y ensalzaba los contemporáneos, vía que continuó en medio de arduos debates en su *Paralelo entre los antiguos y los modernos* en lo que respecta a las artes y las ciencias, a propósito de lo cual escribe:

> La belle Antiquité fut toujours vénérable;
> Mais je ne crus jamais qu'elle fût adorable.
> Je voy les Anciens sans plier les genoux,
> Ils sont grands, il est vray, mais hommes comme nous;
> Et l'on peut comparer sans craindre d'estre injuste,
> Le Siecle de Louis au beau Siecle d'Auguste.
> Charles Perrault. *Parallèle des anciens et des modernes en ce qui regarde les arts et les sciences*

El siglo de Luis es comparable al siglo de Augusto y de hecho lo aventaja en todos los terrenos, lo cual implica que debe abandonarse el precepto de imitación y entregarse a la creatividad de la imaginación incondicionada. La línea perraultiana no es tan clara, si se piensa que su nombre quedó asociado en el imaginario general con los cuentos infantiles, especialmente con *Los cuentos de la mamá gansa*, de 1697, orientados a recopilar relatos tradicionales, de un modo que ciertamente no apunta a los modelos grecolatinos, pero se interna en el seno de la tradición con elementos discordantes respecto de algunas de sus premisas teóricas vertidas en el seno de la *Querelle*[3].

Si buscamos más cercanamente y en el ámbito filosófico, la tensión entre lo antiguo y lo moderno reverbera en innumerables contextos que hacen de la época clásica, especialmente la griega, un espacio al que se apela a menudo para hurgar en los desarrollos seminales de cuestiones centrales de la tradición[4]. Al considerar los "grandes relatos" sobre el decurso de Occidente, surge enseguida el proyecto de rastreo del despliegue del espíritu en el que Hegel vuelve al momento griego como punto que ofrece numerosas claves para comprender el modo en que se desenvolvió la historia posterior[5]. Imposible no pensar en la fenomenología husserliana,

---

[3] Véase Wolff Hirsch (2005:47-56).
[4] Sobre la evaluación de la impronta griega en tiempos posteriores, véase Mársico (2011:13-41).
[5] Sobre Hegel y los griegos, véase Gray (1968).

pensada como un proyecto de vuelta a los inicios griegos, o en la versión apenas posterior de Heidegger y su relato de caída donde, dejando atrás su estado alético, el ser se confunde con el ente y prefigura el proceso que lleva al Gestell[6]. Estos planteos llevan a repensar, desde distintas posiciones, el viejo problema de los alcances, límites y logros del pensamiento del pasado y su potencialidad o ineptitud para integrarse en la reflexión contemporánea.

Similarmente influyente ha sido la reedición de la querella entre antiguos y modernos en el terreno de la filosofía política que aquí queremos revisar más puntualmente. Nos referimos al diálogo interepocal entre el *Hierón* de Jenofonte y la apropiación contemporánea de Alexandre Kojève, a la vez producida en diálogo con la lectura de L. Strauss. Avanzaremos, entonces, en lo que sigue, recorriendo algunas claves de acercamiento al mapa teórico en el que surgió el *Hierón* de Jenofonte, es decir la zona de tensión dialógica en que se inscribe, a los efectos de proceder luego a considerar el destino de esta obra en manos de Kojève, a los efectos de atisbar la lógica de apropiación que opera en esta lectura contemporánea que conjuga la reflexión sobre modos de vida y vínculos entre filosofía y política.

I. Felicidad, política y biotipos antiguos

Jenofonte es un personaje llamativo por varios aspectos. Se lo asocia con el grupo socrático y de hecho se constituyó, junto con Platón, en el biógrafo más importante del iniciador de esta línea. Sin embargo, si bien su *Apología de Sócrates*, su *Banquete* y sus *Memorabilia* lo catapultaron a la fama y lo convirtieron en un "socrático mayor", es claro que formó parte del grupo con un carácter mucho menos teórico que otros integrantes. La contracara de sus trabajos "socráticos" está dada por su vida aventurera relatada en parte en la *Anábasis*, donde describe los episodios militares como mercenario que terminaron poniéndolo a la cabeza de un grupo griego perdido en la inhóspita Persia. Sus trabajos históricos y la serie de diálogos breves merecen, en el concierto de la producción literaria de los intelectuales cercanos al grupo socrático, una atención mucho mayor de la que se le ha dado hasta ahora.[7] En efecto, la fama literaria de la antigüedad no condice con muchas opiniones del último siglo que lo denuestan como un personaje de graves limitaciones en quien no se puede confiar como testigo de los aportes teóricos que signaron el s. IV a.C.

Esta visión negativa, explicable en cierto modo por el destino similar que corrieron otros integrantes del grupo socrático cuyas obras son mucho peor conservadas, ha comenzado a revertirse en los últimos años. En un

---

[6] Sobre este punto, especialmente en lo que hace a la noción de verdad, véase Inverso (2012:29-31) y Wrathall (1999:69-88).
[7] Sobre Jenofonte, véase Gray (2007:14-20) y (2010:1-30).

clima donde se coloca en primer plano la importancia de recuperar el contexto completo y complejo en el que surgieron las obras señeras de la Antigüedad, el testimonio de Jenofonte ha ido recuperando valor. Más todavía, son los datos discordantes con los de Platón, esos mismos que en otras épocas despeñaron su credibilidad, los que hoy constituyen un elemento de interés, en tanto indicio de miradas distintas dentro del mismo grupo socrático.

Al concentrarnos en el *Hierón* nos encontramos con una serie de rasgos importantes para tener en cuenta al evaluar sus aportes al pensamiento político. Estructuralmente se trata de un diálogo entre el poeta Simónides y Hierón, el rey o tirano de Siracusa. Podría considerarse que el formato se asocia con los relatos entre reyes y sabios,[8] pero al mismo tiempo presenta muchos rasgos presentes en el perfil que el mismo Jenofonte le atribuye a Sócrates en otras obras: Simónides se aviene a charlar con alguien poderoso para interrogarlo. En el acercamiento le hace reconocimientos de superioridad que a la luz del desarrollo ulterior de la trama revelan aspectos de ironía y el naufragio de la posición de Hierón despierta en el final del diálogo un crecimiento teórico de Simónides que termina bosquejando un modelo que supera la trabazón que amenazaba el planteo inicial[9].

La elección de personajes es sugerente. Jenofonte, fiel a su filiación socrática otras veces sumamente explícita, elige esta vez personajes ajenos a su círculo. Si se hace lugar al formato de encuentro entre reyes y sabios que mencionamos, sin embargo, cabe también notar que Simónides no es cualquier sabio, sino más bien una figura que oficia de bisagra entre el modelo más tradicional y la nueva cultura, en algún sentido vanguardista, que ha hecho que se lo considere un adelantado de la sofística[10]. En efecto, Simónides es considerado un rupturista en virtud de su asociación entre poesía y *téchne*, dejando atrás las implicancias sapienciales de la palabra poética. Al mismo tiempo, fue un mercenario que cambiaba versos por dinero, hasta el punto de merecer el ácido reproche de Teognis, en una discusión que preanuncia la que se dará en el círculo socrático entre quienes cobraban por sus enseñanzas y quienes no lo hacían[11]. En cierto sentido, podría decirse que el *Hierón* fue escrito por un mercenario que se amparó en la figura de otro mercenario para expresar parte de sus ideas políticas.

---

[8] Véase Gray (2005:31-33).
[9] La ironía es una cuestión central del diálogo socrático como formato textual. Sobre este punto en general, véase Clay (1994) y Rossetti (2003).
[10] Sobre este aspecto de Simónides, véase Pájaro (2012) y (2013) y Molyneux (1992).
[11] Véase por ejemplo, el caso de Aristipo en Suda, s.v. Aristipo (SSR, IV.A.1 = FS, 354), Diógenes Laercio, II.74 (SSR, IV.A.3 = FS, 359) y Plutarco, *Sobre la educación de los niños*, 7.4.F (SSR, IV.A.5 = FS, 361, entre otros, y Aléxino, entre los megáricos, en Papiro de Herculano 418 (SSR, II.C.2 = FS, 320). Lo extendido de la conducta se puede inferir de las críticas de Isócrates en el inicio del *Encomio de Helena* que a todas luces se dirigen a los socráticos, donde los acusa de "llenarse de plata a costa de los jóvenes".

Ante la pregunta por la ausencia de Sócrates en esta obra, puede ensayarse una respuesta que revele la conveniencia de optar por un personaje que se avenga mejor a lo que Jenofonte quiere transmitir. En algún sentido, Simónides es un *alter ego* de Sócrates y cumple en la obra una función similar, con la ventaja de activar una serie de asociaciones que de otro modo quedarían anuladas.

La obra contempla una perspectiva de filosofía práctica en sentido amplio, es decir que abarca aspectos políticos y también aspectos éticos. Esto se hace claro desde el inicio, donde la pregunta que Simónides hace a Hierón trata sobre la diferencia entre el modo de vida del rey y del individuo común en relación con la felicidad (# I.2). Hierón comienza trazando una diferencia entre los biotipos del gobernante y el súbdito: el primero experimenta placeres corporales, mixtos y oníricos de mayor potencia que los súbditos (# I.4-5). La respuesta de Simónides no contraviene esta duplicidad apelando a rasgos universales de la experiencia humana independientes del rol social específico, que claramente podría haber sido una opción, sino que se apura a invertir los términos y mostrar que el gobernante sufre más (# I.8). El criterio para resolver la cuestión es claramente hedonista: será elegible el tipo de vida que consiga más placer, en un horizonte donde esto no se diferencia taxativamente de la felicidad. Este punto debe ser especialmente subrayado dado que estamos refiriéndonos a un planteo que convivió con la filosofía cirenaica, en la cual se postulaba abiertamente que el fin de la vida no es la felicidad sino el placer, dado que la primera es sólo una instancia derivada de la acumulación de placeres[12].

Lo que sigue es, en consecuencia, una lista de desventajas del gobernante en lo que toca a placeres sensoriales, comida y sexualidad (# I.10-38), a los que se agrega llamativamente una serie de desventajas en cuanto a la riqueza (# II), la amistad (# III), la confianza (# IV), la calidad de sus allegados (# V), la insatisfacción que dejan el entretenimiento y las reuniones sociales (# VI) y la imposibilidad de recibir honores sinceros (# VII.1-10). Esta suma de calamidades lleva a un desenlace de tonos trágicos en el que ante la pregunta de Simónides sobre el móvil que lleva a los gobernantes a persistir en ese tipo de vida, Hierón contesta que lo más miserable de la tiranías es no poder deshacerse de ellas, dado que no se puede resarcir a los demás de los daños impuestos, como para poder retornar a la vida de hombre común. Preso en una dinámica agotadora de la que no puede salir, Hierón concluye:

> Así es que si a alguien, Simónides, le conviene ahorcarse, sabe, dijo, que yo encuentro que le conviene hacerlo especialmente al tirano,

---

[12] Esta posición es testimoniada en Diógenes Laercio, II.88 (SSR, IV.A.172 = FS, 589). Sobre esta tesis cirenaica, véase Tsouna (1998), Irwin (1991:55-82), O'Keefe (2002:395-416) y Zilioli (2012).

pues sólo a él no le conviene ni continuar ni terminar con sus males.
(# VII.13)

Esta situación de angustia recuerda especialmente dos textos conservados de un contemporáneo de Jenofonte, Esquines de Esfeto, también integrante del círculo socrático y autor de diálogos con el formato típico del grupo. En su *Alcibíades*, Sócrates instala una cuestión conexa con el modo de vida que implica la valía de Alcibíades como punto de partida. Con el orgullo del joven desplegado, comienza entonces a elogiar la figura de Temístocles colocándola como modelo inalcanzable y de ese modo logra que Alcibíades llore de frustración por no poder alcanzar esa cima[13]. Como en el caso del *Hierón*, es sobre la completa desazón de su interlocutor que comienza la parte constructiva del diálogo, donde se comienza por relativizar la *areté* de Temístocles y se avanza en el diseño de un perfil mucho más cercano al que podríamos llamar "esquíneo-socrático".

Este paralelo nos sirve a los efectos de enfatizar que desde la construcción de una situación límite se oscila retornando hacia lo que constituye el efectivo núcleo del planteo, pero que presentado de modo directo carecería de la fuerza persuasiva que sí tiene al develarse como el resultado de una experiencia de conmoción. En el *Alcibíades* de Esquines claramente se arriba al modelo de virtud y moderación propugnado por Sócrates después de haber visto cómo se hundían las opciones que antes parecían deseables. Del mismo modo, en el *Hierón* Jenofonte avanza con propuestas de reforma política que resultan, después de la zozobra del soberano, casi una salida salvífica, efecto muy distinto del que tendrían las mismas ideas en un contexto donde Simónides se apareciera frente al gobernante simplemente para proponer la subversión completa de los principios de su gobierno. Al contrario, la estrategia del diálogo consiste en manipular las reacciones de Hierón demorando la introducción de las propias ideas hasta que el rey esté indefenso.

Cabe notar que el diálogo no comienza con un elogio de Hierón, sino con una subsunción de Hierón en la categoría de gobernante, lo cual implica que estrictamente los bienes que posee no los tiene por sus propios méritos sino por participar de un grupo privilegiado. En cierto sentido, la reacción de Hierón que niega esta caracterización es esperable si quiere reforzar su propia valía y mostrar que tiene lo que tiene porque lo ganó. El aspecto llamativo es que lo que comienza siendo un señalamiento de los esfuerzos que acompañan el ejercicio del poder se convierte pronto, por influjo de las intervenciones de Simónides, en una descripción que pasa del esfuerzo a la desdicha y termina por hacer de Hierón no un hombre sin mérito, sino, peor, un sujeto miserable que, casi como en la recomendación del sileno en el

---

[13] Esta escena del Alcibíades de Esquines puede encontrarse en Elio Arístides, *Sobre los cuatro*, 348-9 (Frag. 9; *SSR*, VI.A.50 = FS, 1221). Sobre esta obra y los recursos que presenta, véase Ehlers (1966), Kahn (1994) y Mársico (en prensa).

Eudemo de Aristóteles, debería preferir no haber nacido o, si nació, morirse pronto[14]. Podríamos decir que la estrategia diseñada para enaltecer a Hierón lo destruye, y en este movimiento construye las bases para que éste escuche los lineamientos generales del programa político que Simónides tiene para proponerle.

En efecto, a partir del naufragio trágico de Hierón es Simónides quien toma la voz cantante y avanza en la construcción de un modelo alternativo. El primer paso, que resultará estratégico para la consecución del argumento, reside en habilitar la posibilidad de que el gobernante sea amado: "gobernar no impide ser amado, sino que aventaja a la condición de particular" (# VIII.1). Simónides ofrece una lista de casos en los que la condición de gobernante coloca en mejor situación: los reconocimientos y elogios que vienen de los poderosos son mejor recibidos (# VIII.3-5). Con la reserva de Hierón, esbozada con una lista de actividades que implican actos odiosos, adviene la primera receta concreta de práctica política que ofrece Hierón: algunos actos de gobierno suscitan agradecimiento y otros odio, de modo que el gobernante debe delegar la coerción odiosa y reservarse la entrega de premios (# VIII.3).

Esta idea implica tejer una red de actividades que refuerce el círculo de reconocimiento, de manera que los ciudadanos estén ocupados en avanzar en sus profesiones o inventar modos de bienestar social por los que recibirán honores. "Cuando muchos se ocupen en cosas útiles es necesario que se descubran y logren más" (# IX.10), se afirma en una tesitura expansiva de este modelo de emulación y competencia que, a la luz de los tipos humanos que Platón esboza en *República*, VIII, constituye una suerte de apuesta a la honra (*timé*) como pilar de estructuración social. Es la base que en el marco platónico sostiene la timocracia, segundo modelo en calidad que se caracteriza por la búsqueda de respeto como conducta masiva o al menos orientadora de las acciones de la clase gobernante[15]. En primer término, entonces, hay que reordenar axiológicamente el Estado para apoyarlo en dinámicas de reconocimiento social asociado con el impuso del bienestar general.

El segundo aspecto apunta a la redefinición de la política de seguridad. La primera parte del texto está atravesada por elementos que asocian la infelicidad del gobernante con su permanente situación de temor. En la propuesta de Simónides la perspectiva se amplía para contemplar el problema de la conservación física del poder como una variante de la protección de la propiedad, que aqueja igualmente a los ciudadanos. Con esta variante de diagnóstico, la seguridad privada del gobernante, que provocaba animadversión, deben ser transformadas en fuerzas de seguridad al servicio del cuerpo social íntegro en la forma de una policía que proteja a

---

[14] Véase Plutarco, *Consolación a Apolonio*, 27, 115b-c (Frag. 44 Rose). Sobre el *Eudemo*, véase Bos (2003:238 ss.) y (1989:102 ss.).
[15] Para una descripción general sobre este punto, véase Barker (2013:190-2).

todos por igual. Este cambio de signo de los grupos mercenarios convierte al gobernante en un benefactor que custodia el bienestar de sus súbditos y les otorga tranquilidad y tiempo libre que de otro modo debían invertir en diseñar sus propias medidas de seguridad privada. De este modo Simónides soluciona también el problema financiero de manutención de las fuerzas de seguridad, pues dado que sirven al conjunto de la población serán mantenidas por ella sin retaceos.

Como tercer punto adviene un corolario de la medida anterior: la conversión de privado en público. Claramente la ampliación de la seguridad no es la dilución o transferencia de un gasto sino la instauración del gasto público como inversión social, motorizada por el interés del propio gobernante, que ve crecer su imagen positiva en la percepción de grandeza de su ciudad. El argumento esgrimido apela a la evaluación comparativa entre el renombre que proporciona una casa lujosa y una ciudad pujante (# XI.2). No se trata, evidentemente, sólo de una cuestión de tamaño, sino más básicamente de que dado que el gobernante es responsable y cara visible del Estado, su prosperidad indica capacidad de enriquecimiento personal, mientras que la prosperidad de la ciudad implica una potencia superior para gestionar el bienestar a gran escala. Las analogías de las armas, los ingresos y los caballos en # XI.3-5 funcionan con la misma lógica y permiten incorporar un argumento adicional: si el gobernante supera su propio bienestar en lo público resulta claro que los horizontes se amplían y ya no compite con sus súbditos sino con otros gobernantes, estrictamente se supera en la competencia entre Estados por el grado de bienestar que asegura a sus habitantes.

La perspectiva de este certamen global inaugura una lista de bienes de los que goza el gobernante, de modo que se asiste a la contrapartida de la retahíla de pesares que proponía Hierón. De este modo, el gobernante es un vencedor amado por sus súbditos, lo cual aparecía como la carencia más profunda del gobernante egoísta de Hierón, y no sólo por ellos, dado que la admiración se traslada a otros lugares que desearían tener un entorno social así. Esta situación revierte todos los inconvenientes de aislamiento y empobrecimiento del círculo del poder, ya que el cuerpo social se vuelve una protección del gobernante y los mejores son los que quieren acercarse para ofrecer sus servicios, en lo que describe un dispositivo de cuadros técnicos e intelectuales que refuerzan las capacidades del gobernante y el círculo de bienestar en el que descansan las bases del Estado. Los pesares personales desaparecen, ya que el interés deja de ser el único motivo por el que los otros se acercan al gobernante, de modo que pareja y familia pierden el carácter oscuro de la descripción inicial y se vuelven espacios en que el gobernante se fortalece.

Cabe repensar la introducción del planteo sobre biotipos del comienzo del diálogo. Lo que empieza como suposición un tanto forzada acerca de modalidades humanas diferentes en el gobernante y los súbditos se troca sobre el final en una redefinición que conserva la oposición, pero enmarcándola en una distancia dictada por la transformación que afecta al sujeto cuando está colocado en la posición de gobierno. En efecto, la dimensión de lo público lo transporta hacia un biotipo distinto donde lo personal se funde en lo comunitario. La moraleja del *Hierón* de Jenofonte consiste precisamente en que la tragedia hieroniana adviene porque se amarra a su ser privado y resuelve lo público como una dimensión limitada al entorno que por tanto hay que administrar desde las coordenadas de lo privado. Por el contrario, Simónides le propone una inversión de este esquema que subsume lo privado en lo público, de un modo que permite administrar lo público desde lo público, podríamos decir. En efecto, el gobernante no es un sujeto privado que administra lo público como una posesión ampliada, sino que requiere una conversión que le permita pensar en términos universales con la premisa del bienestar general.

El cierre de la obra asegura que esto no implica un suicidio del interés personal del gobernante, sino por el contrario en la única vía para satisfacerlo. Los últimos tres parágrafos grafican esto con claridad sugiriendo una especie de sintético "manual de conducción política". Simónides recomienda a Hierón que enriquezca a su entorno porque con eso se enriquece a sí mismo y que engrandezca a su ciudad, porque sus allegados lo fortalecen. Hay que entender que sus allegados conforman su grupo político de acción, mientras la ciudad constituye su base territorial, es decir el ámbito de actores políticos que le responden y por tanto el andamiaje que cimenta su poder. Con su fuerza política ordenada y su territorio asegurado, se recomienda inmediatamente atender a la cuestión geopolítica y recabar aliados que protejan su posición global. En esta especie de gradación entre política partidaria, nacional e internacional, la garantía última no es la fuerza sino el buen gobierno que capte el apoyo de cada vez más voluntades. El terror que paralizaba y hacía miserable la vida de Hierón se desvanece en un final en el que Simónides aventura que "si gobiernas a tus amigos haciendo el bien, los enemigos no podrán enfrentarte" (# XI.15), lo cual sugiere la recomendación de no apartarse de los ejes de multiplicación del bienestar y administración de justicia con que empezaron los consejos, a los efectos de mantener en aumento la masa popular que apoya la gestión de gobierno.

El modo en que los privado y lo público se funden y potencian en el biotipo de gobernante queda claro en la frase que concluye la obra: "si haces todo esto, sabe bien que conseguirás la posesión más bella y bienaventurada de todas las de los hombres: ser feliz sin ser envidiado" (# XI.15). La felicidad, como extremo de lo personal, le es dado a quien se convierte hacia lo público, y le es dado de un modo que supera la felicidad privada porque escapa a la envidia en tanto arrastra en su felicidad la producción de felicidad para otros.

La respuesta a la pregunta inicial del diálogo respecto de la calidad de la felicidad que alcanzan gobernante y súbdito queda entonces respondida de dos modos: en la versión hieroniana, el gobernante instalado en lo privado queda despedazado por una maquinaria que lo excede y lo destroza; el la versión simonidiana, el gobernante instalado en lo público se convierte en el eje de transformación social y supera con ello cualquier proyección del ámbito de lo privado. El político persigue el poder para mejorar la vida de sus conciudadanos y, en este mismo movimiento, mejorar también su propia existencia con la potenciación de todas sus relaciones humanas, de un modo que justifica los esfuerzos y sinsabores de la gestión del poder.

Cabe notar, al mismo tiempo, que en esta segunda modalidad queda habilitada una relación entre poder y política que, en línea con la dinámica virtuosa general, queda definida por el mejoramiento mutuo. A diferencia del encuentro con emergentes intelectuales sospechosos que se acercan sólo por interés mientras los más valiosos son parte de la oposición, según la queja de los # 5-6, en la redefinición del gobernante orientado al bienestar general sucede que se propicia el encuentro entre intelectuales y políticos, donde los primeros encuentran ámbitos más amigables para su desarrollo. Los que entre ellos se vuelvan a la reflexión política se ven tentados a interactuar con los gobernantes ofreciéndoles sus consejos sabiendo que serán tenidos en cuenta.

Filosofía y política se vinculan exitosamente y con beneficio para ambas cuando están instaladas en el suelo de un proyecto político de bienestar general. De otro modo, cualquier diálogo queda teñido del destino de despeñamiento en el fracaso que espera al gobernante. En algún sentido, Simónides alcanza a entrever una salida que, sabemos nosotros, como los lectores contemporáneos de Jenofonte, Hierón no llegó a adoptar. El gobernante volvió a sus penas y la filosofía encarnada en Simónides sólo destelló por un momento ante oídos que no estaban preparados para comprender los alcances de la transformación propuesta. Contra la lectura de Strauss, que ve en la intervención de Simónides una sugerencia inútil por utópica que Hierón desdeña con razón, cabe notar que la lógica de intercambio entre gobernante e intelectual no está mediada por una elección de Hierón sino por una transformación de su perspectiva que implica la trasposición de lo privado por lo público. Los tres niveles del "manual de conducción política" de Simónides tienen sentido solamente en la práctica de un gobernante dispuesto a priorizar el bienestar general y pensar su existencia en el entrelazamiento de lo universal y lo particular.

Estrictamente, el planteo de Jenofonte constituye una de las variantes socráticas que pensaron sobre las condiciones de la felicidad subjetiva y el bienestar general. En algún sentido, esta transformación que se requiere en el gobernante no dista radicalmente de los rasgos que Platón considera necesarios para la instauración de Kalípolis en *República*. Evidentemente no hay en el breve Hierón un *curriculum* de estudios ni la recomendación explícita de que el gobernante se vuelva él mismo filósofo, pero claramente requiere un posicionamiento estructural que lo separe de la búsqueda solipsista de satisfacción personal en que el poder es solamente un adorno privado. Estamos cerca de las exhortaciones a Alcibíades testimoniadas en las obras de Esquines y Platón,[16] donde se plantea la necesidad de una virtud que acompañe la peculiar situación del hombre en situación de hacerse cargo del destino de otros hombres.

II. Kojève y el destino del *Hierón*

La reflexión sobre la relación entre filosofía y política está presente en todas las líneas de la antigüedad, desde los testimonios sobre los demás socráticos hasta los opúsculos de Plutarco dedicados a justificar la participación en política de los intelectuales[17]. El *Hierón* de Jenofonte se mantuvo vigente y atravesó la selección del Medievo para convertirse en un texto especialmente bienvenido en el Renacimiento, muestra de lo cual es la influyente traducción de Leonardo Bruni[18]. Constituye una fuente a la que acude Maquiavelo, en quien Strauss vio al responsable del abandono de la noción de tiranía en favor de términos supuestamente desprovistos de elementos valorativos. Su éxito siguió vivo por mucho tiempo, como sugiere el hecho de la tradición que atribuye a Isabel I de Inglaterra una traducción del *Hierón* hacia fines del s. XVI o principios del XVII[19]. En tiempos recientes la recepción más conocida parte del trabajo de L. Strauss, *On tyranny*, publicado en 1948, que lleva adelante una exégesis general de la obra con la idea directriz de que el enfoque antiguo ofrece parámetros útiles para pensar la política, la relación entre política y filosofía y la noción de tiranía. Las claves hermenéuticas utilizadas siguen los patrones de rastreo de intenciones del autor en cuestión en un marco que suele ser caracterizado como analítico y ahistórico. Se trata del enfoque que ha llevado a considerar la epistemología straussiana como ingenua y distorsiva[20].
  En efecto, la pretensión de desentrañar estrategias ocultas de los autores en cuestión puede constituir un ejercicio sugerente pero altamente antojadizo.

---

[16] No son estos los únicos filósofos del círculo socrático que dedicaron obras a la figura de Alcibíades También Euclides de Mégara y Antístenes escribieron diálogos que circularon con este título –véase *infra*-. Alcibíades fue de fundamental importancia para la evaluación que en la época se hizo sobre el tipo de influjo que la enseñanza socrática tenía en los jóvenes, aspecto por el cual actuó como un presupuesto de las acusaciones de corrupción de la juventud en el momento de la condena y también más tarde, cuando tras una década los socráticos retornaron al círculo ateniense y fueron resistidos, como sugiere la redacción del Panfleto de Polícrates. Véase Gribble (1999:214-59), Janko (2009:55-9).
[17] Nos referimos a las obras de Plutarco *Sobre la necesidad de que el filósofo converse con el gobernante* y *A un gobernante falto de instrucción*. Hay traducción de ambos trabajos en *Obras morales y de costumbres*, X, traducción, introducción y notas de H. Rodríguez Somolinos, Madrid, Gredos, 2003.
[18] Véase Maxson (2010:188-206).
[19] Véase Bradner (1964:324-6).
[20] Véase, en esta línea, las críticas de Blau (en prensa), que tilda las interpretaciones de Strauss de "epistemológicamente ingenuas" y sostiene que sus principios metodológicos se apoyan en falsas dicotomías y errores lógicos y sus aproximaciones son sesgadas.

En esta ocasión no nos interesa, sin embargo, este trabajo de Strauss más que por el hecho de haber sido ocasión para la lectura de Alexandre Kojève. Estos autores se conocieron en la convulsionada París de principios del '30 en momentos en que Strauss se alejaba de Alemania, antes de que en 1934 emigrara primero a Inglaterra y finalmente a Estados Unidos. Los contactos epistolares posteriores se mantuvieron y la diferencia de sus enfoques no opacan las declaraciones de entendimiento. Por esta vía el *Hierón* de Jenofonte llega a manos de Kojève, que ofició en Francia de gran portavoz de la filosofía hegeliana, especialmente a través del seminario que impartió en la École Practique des Hautes Études entre 1933 y 1939, al cual acudió la plana mayor de los que serían en pocos años los intelectuales más importantes de Francia. Las ideas directrices de su lectura constan en su influyente *Introducción a la lectura de Hegel*.

Como Jenofonte muchos siglos antes, Kojève vivenció los distintos tipos de vida, dado que después de mucho tiempo dedicado a la práctica filosófica encaminó su actividad hacia la política y a partir de su intervención en el Ministerio de Economía de Francia se convirtió en un partícipe activo del GATT y la Comunidad Económica Europea.[21] En este sentido, la interpretación del *Hierón* y la lectura crítica de la lectura straussiana se produjeron precisamente en el momento en que Kojève se internaba en los terrenos de la política. Kojève es, en este sentido, no un gobernante en condiciones de ser comparado con un rey o tirano, pero sí con un consejero. De algún modo podría decirse, *mutatis mutandis*, que la función que cumple Simónides en la obra de Jenofonte, como consejero del gobernante, tiene algún punto de contacto con el modo de participación política que encarnó Kojève a mediados del complejo siglo XX. No debe extrañar, desde esta perspectiva, que su texto preste atención a la función de los asesores o cuadros técnicos como variante de la conexión entre filosofía y política.

Las condiciones de acceso al texto de Jenofonte en juego intertextual con el texto de Strauss condiciona ciertos elementos de la exégesis de Kojève. Este vínculo es claro en el punto de partida que adopta, según el cual Simónides aconseja y Hierón no escucha,[22] porque no explica cómo anular las medidas impopulares que lo llevaron al poder sin poner en peligro al gobernante y al Estado. Por esto Simónides habría actuado como un intelectual que sugiere una utopía, que es lo contrario de una "idea activa" (revolucionaria).[23] Estrictamente, nada dice el *Hierón* del efecto de las palabras de Simónides en el gobernante y si de explicar el silencio de éste se trata, cabe notar que existen restricciones ficcionales que bastan para dar cuenta de esta vía enunciativa: se sabía que Hierón de Siracusa no produjo un viraje radical de sus políticas públicas coincidente con las

---

[21] Sobre la biografía de Kojève, véase Devlin (2004: X ss.) y Nichols (2007:1-10).
[22] Kojève (2005:173).
[23] Kojève (2005:174).

recomendaciones de Simónides, de modo que cerrar el diálogo con una declaración de Hierón sobre la conveniencia de aplicar estas medidas hubiese sonado contrario a los hechos.

Al contrario, un final abrupto donde Hierón guarda silencio deja abierta la cuestión y sentada la superioridad de la posición de Simónides. Si las ideas no se aplican, la cuestión podrá atribuirse a la deficiencia de Hierón, como sucede en el caso de Alcibíades y Sócrates, que a todas luces es un caso paralelo de encuentro ya no entre un sabio y un rey, sino más ampliamente entre un filósofo y un político. También en el *Alcibíades* de Esquines y en el *Alcibíades Mayor* de Platón, así como en el *Banquete*, y probablemente también en los *Alcibíades* de Antístenes y Euclides Sócrates aparecía proponiendo un modo de vida que no fue el que sabemos que finalmente fue elegido. El punto relevante es que las propuestas estuvieron y en todo caso fueron desoídas. Del mismo modo, Hierón pudo no haber puesto en práctica los consejos de Simónides, pero sus efectos están fuera del foco de la obra y es excesivo proyectar el sentido de la obra en lo que no está en ella.

En términos de Strauss, la tiranía ilustrada y popular de Simónides es impracticable y merece sólo el silencio del hombre de Estado que conoce los verdaderos resortes y límites del poder y ese es el rasgo que Jenofonte quiere advertir, pretendiendo que la "moraleja" del diálogo sea que más vale evitar todo modelo de tiranía. Frente a esto, Kojève llama la atención sobre dos problemas asociados con este enfoque: por un lado, la renuncia a la "tiranía" implicaría una renuncia al gobierno en general; por otro, no es tan claro que el planteo de Simónides deba reducirse a mero utopismo. Respecto del primer punto, es cierto que el término tiranía no debe entenderse con el sentido negativo actual. Mirando apenas en el siglo VI a.C., vemos que Arquíloco muestra su desdén respecto del poder y el dinero diciendo que no busca la riqueza de Giges, ni los regalos de los dioses, ni ser tirano –*ouk eréo tyrannídos*, dice-, lo cual muestra que esto último está en comparación con elementos que en sí mismos no son negativos.[24] Lo mismo sucede en el caso de Solón, donde para retratar una situación de poder deseable se refiere a ser tirano (*tyranneúsas*), con sentido equivalente a detentar el poder, sin rastros de aspectos negativos[25]. Durante la época clásica, y en ámbitos en que la democracia y la aristocracia son las alternativas de gobierno, la noción de tiranía cobra sentidos despectivos, que sin embargo no son lo marcados que serán luego.

Basta considerar la definición de Aristóteles, según la cual la forma desviada de la monarquía (*basileía*) es la tiranía (*tyrannís*) y se diferencian porque el *túrannos* se interesa en su propio beneficio (*tò hautôi symphéron skopeî*), mientras el rey busca el de sus súbditos (*tò tôn arkhoménon*)[26].

---

[24] Arquíloco, 19W.
[25] Solón, 33.5-7W.
[26] *Ética Nicomaquea*, 1160a35-b2. Véase también 1134a-b y *Política* 1267a, 1279b y 1295a.

Incluso en autores tradicionalmente asociados con las versiones más negativas de la tiranía, como es el caso de Platón, se encuentran rastros de versiones neutras. Es el caso, por ejemplo, de la afirmación de *Leyes*, 710d, donde Platón establece que la tiranía, especialmente si hay un buen consejero o un tirano ordenado es una buena plataforma para el surgimiento del mejor tipo de gobierno. Esto no dista de las revisiones historiográficas que asocian el surgimiento de las tiranías de mediados del s. IV a.C. con procesos de desarrollo de poder popular, dado que los individuos que tomaban el poder surgían de movimientos antiaristocráticos que habían abusado de su posición de poder, en el conflictivo escenario de emergencia de lucha de clases de fines de la época arcaica. En este sentido, los tiranos expresaban la voluntad popular de las clases desposeídas de ser gobernadas por sus líderes y no por reductos de la oligarquía[27].

Volviendo a Kojève, puede afirmarse que el proceso político de la antigua Grecia ofrece elementos para evitar los rechazos *in limine* de determinados tipos de gobierno por los que apuesta Strauss. Al contrario, el trabajo de Jenofonte apunta precisamente a señalar, no lejos de la sugerencia platónica que mencionamos, que la plataforma de liderazgo de la que parte un gobernante que ya está en el poder constituye una oportunidad inmejorable para avanzar en el bien común a través de mejoramientos sociales que redunden además en la solidificación del poder del propio gobernante.

En cuanto al segundo punto, Kojève nota bien que las medidas supuestamente utópicas asociadas con el incentivo a la productividad, los cambios en la política de seguridad y de bien público que constituyen el núcleo del programa de Simónides fueron luego "una realidad casi banal"[28]. Es por esa perspectiva histórica que Kojève se opone a la lectura de Strauss que se atiene a la utopicidad del planteo. Nótese que aquí radica un punto de malentendido central en toda esta discusión, ya que si se toma el término tiranía en su sentido más negativo, pierde sentido el trabajo de consejo político que Simónides desarrolla sobre el final de la obra y queda reducido, efectivamente, a una pérdida de tiempo un tanto ridícula y fuera de lugar. En efecto, recomendar a un tirano despótico y cruel que privilegie el bienestar de sus súbditos parece un ejercicio de ingenuidad lindante con la estupidez. Al contrario, si restituamos el término en ámbito resbaladizo en que se mueve, más cercano al puro ejercicio del poder, que puede ser orientado a uno u otro fin, la utopicidad se desvanece y emerge potenciado el problema de la relación entre política y potencia del consejo filosófico.

Sobre esta caracterización véase Connor (1977:98-9).
[27] Sobre los usos tempranos de *túrannos*, véase Parker (1998), y sobre la relación entre tiranía y poder popular, véase Murray (1993:144ss.) y Raaflaub - Ober - Wallace (2008: 41ss. y Cap. 5), que enfatizan la función de cohesión social de las capas populares en las tiranías como condición de posibilidad del desarrollo de las clases medias, tomando como base el ejemplo ateniense. En el mismo sentido, véase Stahl (1987) y Eder (1992).
[28] Kojève (2005:175).

Esto da lugar a dos nuevas cuestiones: por un lado, si el hecho de que "tiranías" modernas hayan cumplido con los parámetros jenofonteos las justifica y legitima; por otro, si estas realizaciones se dan con el concurso de los consejos filosóficos. Para encarar el primer punto, Kojève echa mano del marco hegeliano y asocia a Hierón con la moral del Amo, movido por la búsqueda de honores. En la exploración de las motivaciones se considera que el deseo y gozo de los honores es un móvil importante, aunque se nota que convive con la justificación burguesa, judeo-cristiana, que hace del gobierno un trabajo. En el ejemplo de Kojève, el niño puede hacer castillos cuando está solo en la playa, pero también puede hacerlos ante los ojos de los adultos buscando reconocimiento. Precisamente la noción de reconocimiento, que sustituye en el entorno hegeliano los conceptos de amor, afecto y felicidad que atraviesan el texto antiguo, queda en el centro, porque en el momento de mostrar la desdicha del gobernante Hierón acepta la cosmovisión del Amo de una vida dedicada a la búsqueda de honores, pero inmediatamente afirma que el gobernante no los consigue. En efecto, en la traducción kojèviana en términos hegelianos, la conquista del poder se da por el combate a muerte en el que el Amo no ceja, mientras el súbdito se somete para salvaguardar su seguridad. La situación trágica que adviene al Amo es que tras la victoria no alcanza el reconocimiento, porque los súbditos no son a sus ojos lo suficientemente valiosos como para que su perspectiva cuente. Sin reconocimiento no hay satisfacción.

Simónides ofrece al gobernante una solución que apunta a cimentar su autoridad, de manera que sus súbditos obedezcan sin ser coaccionados, que es una salida a la encerrona de Hierón, ya que tener autoridad es "hacerse 'reconocer' por alguien sin inspirarle miedo (en último término: miedo a la muerte violenta) ni amor". En este enfoque todo político actúa buscando instalar su autoridad[29]. Hierón sugiere que no tiene ninguna satisfacción, de modo que habría que inferir, en esta línea argumental, que no tiene ninguna autoridad, punto que se descarta por la improbabilidad de que un gobierno se mantenga por pura fuerza.

Esto lleva a la definición moderna de tiranía, que en términos de Kojève implica que "una fracción de ciudadanos (poco importa que sea minoritaria o mayoritaria) imponen al resto de los ciudadanos sus ideas y sus actos, que son determinados por una autoridad que ellos mismos reconocen espontáneamente, pero que no han logrado hacer reconocer a los otros, y lo hacen sin 'negociar' con estos otros, sin buscar 'arreglos' con ellos, sin tener en cuenta sus ideas y deseos (determinados por una autoridad distinta, espontáneamente reconocida por esos otros)".[30] Sobre esta caracterización Kojève avanza para sostener que la angustia de Hierón constituye una prueba de la plausibilidad del análisis hegeliano: no es cierto que gobierne sólo por fuerza, en el sentido de que no tenga ninguna

---

[29] Kojève (2005:180).
[30] Kojève (2005:181-2).

autoridad, sino que lo aqueja el ilimitado deseo de reconocimiento que lo lleva a asociar la satisfacción con el reconocimiento de todos los ciudadanos. Por su dinámica intrínseca, en última instancia, el deseo de reconocimiento implica que "el jefe del Estado no estará plenamente 'satisfecho' hasta que su Estado englobe a la humanidad entera".[31]

La bisagra llamativa de este planteo está dada por el modo en que se perfila la posibilidad de acrecentar autoridad. En efecto, se sugiere que el mecanismo implica reducir la cantidad de casos que sólo obedecen por motivos serviles, de modo que el político, en su afán de multiplicar el reconocimiento, "tenderá a 'liberar' a los esclavos, a 'emancipar' a las mujeres, a reducir la autoridad de las familias sobre los niños haciendo a éstos 'mayores' lo más rápidamente posible, a reducir el número de los criminales y de los 'desequilibrados' de todas clases, a elevar al máximo el nivel 'cultural' (que depende evidentemente del nivel económico) de todas las clases sociales".[32] Se trata de buscar los medios para gestar un estado "política y socialmente homogéneo", "un Estado que sea el fin y el resultado del trabajo colectivo de todos y cada uno"[33]. En este sentido, la satisfacción del gobernante justifica su accionar subjetiva y objetivamente, en tanto propende al ideal político supremo de la humanidad y la legitimidad queda asegurada.

En esta tesitura el político está ávido de consejos para avanzar en esta vía, de modo que lo esperable es que escuche al sabio o intelectual que le proporcione ideas para acercarse a su meta. La condición que plantea Kojève es que no se trate de desarrollos utópicos, frente a los cuales el político tiene toda la razón en no considerarse interpelado. Al contrario, si se trata de ideas encarnadas y comprometidas con lo efectivamente existente, no hay justificación para que no preste oídos. Sobre esta base se monta el problema de la utopicidad intrínseca del intelectual, es decir si está en condiciones y entra en su esfera de objetivos ofrecer consejos realistas. Esta cuestión, que conforma el segundo apartado del texto de Kojève, opera sobre una reducción: la figura del Sabio que venía sirviendo para retratar a Simónides se troca por la de filósofo, en la línea tradicional que se remonta al mecanismo del s. IV a.C. por el cual la sabiduría se considera un parámetro suprahumano y el programa de búsqueda de conocimiento resulta un continuo sin final. La pregunta resulta entonces si el filósofo puede y quiere intervenir en cuestiones políticas a través de consejos realistas.

Para resolver la primera cuestión Kojève se apresura a señalar que existe efectivamente una diferencia cualitativa entre el profano y el filósofo en este terreno, que se funda en tres rasgos que definen a este último. El primero está asociado con su dominio de la argumentación, que lo coloca en mejor lugar que al profano en la detección de debilidades del argumento

---

[31] Kojève (2005:182).
[32] Kojève (2005:183).
[33] Kojève (2005:183).

ajeno y en el manejo de los medios para posicionar mejor el propio discurso.

El segundo apunta al horizonte o campo eidético que maneja en intelectual asociado con la filosofía y su poder para liberarse de prejuicios y por tanto sopesar mejor lo real. En este punto, importa que la experiencia de contacto con distintas posiciones filosóficas contextualiza el propio pensamiento de tal modo que sin quitarle determinación permita que se comprenda a sí mismo como una opción entre otras en la difícil tarea de acceder a la comprensión de la lógica del mundo circundante.

El tercer rasgo parte de este "estar abierto a lo real", es decir a la conciencia de la problematicidad intrínseca de la captación de lo real, e infiere de ello que la concreticidad es patrimonio del filósofo, mientras que el profano se pierde en abstracciones. En esta oposición concreto-abstracto pesan, obviamente, las coordenadas hegelianas, de modo que concreto es aquello que comprende un fenómeno en el plexo de sus implicancias y relaciones, mientras que el particular aislado no resulta más que una abstracción improcedente para la comprensión y la acción en el campo de lo real. Por esta vía retornamos a la asociación virtuosa entre gobierno y filosofía, ya que por estas dotes este tipo de intelectual resulta el mejor pertrechado para ejercer el gobierno y, sobre todo, para implementar mejoras estructurales que requieran el rediseño de los parámetros tradicionales de organización social[34].

El filósofo comprende el entramado de lo real y puede tratar los particulares como elementos integrantes de un todo más complejo, y esta comprensión lo pone en mejores condiciones que el individuo que se pierde, se abstrae, absolutizando casos que no puede conectar con la lógica que los rige. El filósofo ve más, dirá Kojève, tanto en el espacio como en el tiempo[35].

Con esto queda saldado el tema de la capacidad de acción política y es preciso develar si existe algún déficit volitivo que restrinja los logros del filósofo en el plano político. Este aspecto se enfoca desde la dimensión temporal finita del hombre que limita sus posibilidades obligándolo a optar por determinados cursos vitales. Esta escasez de tiempo vital es la que sustenta lo que Kojève llama "actitud 'epicùrea'", según la cual en la alternativa entre vida activa y vida contemplativa, el breve tiempo disponible de la existencia humana del filósofo se vuelca a la última, básicamente porque colma mejor la búsqueda de saber que define a este

---

[34] Kojève (2005:186). Inmediatamente se plantea: "Esta realidad es, sin duda, extremadamente ardua y compleja. Por eso, para comprenderla con vistas a dominarla, el hombre de acción está obligado (puesto que piensa y actúa *en el tiempo*) a simplificarla mediante *abstracciones*: recorta, aísla ciertas partes o ciertos aspectos "haciendo abstracción" del resto y considerándolos "en sí mismos". Pero nada impide que el filósofo pueda hacer otro tanto. No se le podrá reprochar, como se hace generalmente, su predilección por las "ideas generales" más que si estas le impiden ver las particulares abstracciones que el "profano" llama erróneamente "casos *concretos*" (186-7).
[35] Kojève (2005:187).

tipo humano. Esta clase de filósofo no tiene interés en la vida pública. La variante pagana o aristocrática es la del Jardín como espacio cerrado que da la espalda al mundo; la variante cristiana o burguesa muestra un intelectual con necesidades materiales que debe cubrir avanzando sobre espacios culturales que se despliegan en el seno de la vida pública, pero sobre un acuerdo tácito donde el intelectual no produce ideas o acciones con implicancias políticas directas. Este movimiento incluye y acusa al mismo tiempo al sistema académico moderno, reducido así a una especie de "jardín burgués" donde un gueto con pretensiones intelectuales logra vivir aislado del mundanal ruido, produciendo material supuestamente importante, pero sin impacto ninguno en su mundo circundante.

Esta actitud, avanza Kojève, no es imprescindible, sino sólo el resultado de la visión teísta en el terreno alético y ontológico: si verdad y ser son proyecciones eternas que el filósofo alcanza sustrayéndose de la apariencia de su mundo circundante, la oposición entre vida activa y vida contemplativa impuesta por la finitud humana tiene sentido. Al contrario, si se toma la vía hegeliana comprometida con un ser anclado en la temporalidad y desplegado en la Historia, la verdad se busca participando en la historia. Sin embargo, incluso desde esta perspectiva surgen razones para el modelo de sabio aislado, ya que estaría asociado a una variante gnoseológica que cifra el reconocimiento de verdad en la certeza subjetiva, que, estrictamente, desvinculado de la dimensión intersubjetiva, no tiene criterio para diferenciarla de la locura. Al contrario, al apelar a la intersubjetividad se introduce la variante de los Otros y la dinámica del mundo intelectual que conforma la élite que otorga reconocimiento en los límites de su entorno. Kojève compara este ámbito con el "espíritu de capilla", que cultiva y refuerza prejuicios incompatibles con la actitud filosófica.[36] Para evitar prejuicios el filósofo debe recurrir al mundo, transido de un dinamismo que no acompaña a los grupos de las luces. Es por eso que Kojève acota con tono lúdico que "lo que era 'verdadero' en una época determinada puede volverse 'falso' más tarde, transformarse en 'prejuicio' y la 'capilla' será la única en no enterarse".[37]

Esto nos reconduce, de nuevo, al problema del reconocimiento, que resulta una base que iguala al filósofo y al político, en tanto ambos obran para merecer reconocimiento y no puede diferenciárselos sin más en este punto sugiriendo que uno busca reconocimiento masivo mientras el otro sólo el de sus pares. En efecto, el hombre en general queda satisfecho si es reconocido por quienes él mismo reconoce, se trate de un político o un filósofo, y trata de ampliar su número. En este punto Kojève contrasta su posición con la de Strauss, que en su *Sobre la tiranía* supone una distancia

---

[36] Así afirma: (…) los habitantes de la "capilla", aislados del resto del mundo y sin tomar parte de verdad en la vida pública en su evolución histórica, es forzoso que tarde o temprano sean "superados por los acontecimientos" (2005:193).
[37] Kojève (2005:193).

entre la opinión de Jenofonte y la del personaje Simónides, sugiriendo que Jenofonte debía ser fiel a un modelo "socrático" en el cual el filósofo no busca la admiración de los otros. Al contrario, la búsqueda de saber va asociada con un tipo de placer cimentado en la autoadmiración.

Se trata de un ejemplo interesante de construcción de un andamiaje teórico basado en el supuesto conocimiento de los parámetros que guiaban la práctica socrática, cuando la realidad es muy otra y estrictamente no sólo no es posible determinar taxativamente en qué consistía una práctica socrática que nos ha llegado a través de relatos diferentes y contradictorios entre sí, sino que mucho menos existen razones que habiliten la interpretación de que Jenofonte no sostiene la opinión de Simónides. En relación directa con el problema del reconocimiento, cuesta no apelar a las *Apologías* de Platón y Jenofonte, donde la tragedia que culmina con la muerte de Sócrates se vincula precisamente con la imposibilidad de materializar un reconocimiento que permita cancelar las acusaciones de Ánito y Meleto. La destrucción de Sócrates es producto de una carencia en este punto que se puede comparar, salvando las distancias, con las situaciones de desamparo y muerte que desvelan al Hierón de Jenofonte. Los textos de todas las filosofías socráticas están transidas de elementos que condenan a las mayorías irreflexivas que se dejan arrastrar hasta acciones criminales como lo fue la condena de Sócrates, pero a la vez es usual que avancen en programas de rediseño político que implican la modificación de las creencias generales, de un modo que evitaría que se reediten nuevos casos como el de Sócrates. Ya sea el gobierno de filósofos de Platón, la comunidad de cíclopes de Antístenes o el protocosmopolitismo de los cirenaicos, en última instancia se trata de lograr que las mayorías reconozcan el modelo "político-filosófico"[38]. Claramente el *Hierón* puede sumarse a esta lista. En cualquier caso, si el reconocimiento no puede descartarse como móvil de la acción filosófica la actitud de intelectual solipsista se vuelve arbitraria.

Para Kojève, contra cierta opinión extendida, la mayoría de los filósofos han intentado acciones políticas, ya sea a través de sus obras o de sus acciones. Aquí reingresa, sin embargo, el problema inicial de la finitud humana, en tanto elemento que subyace a la oposición entre vida activa y vida contemplativa: la filosofía y la política piden ambas todo el tiempo de vida. Todas las soluciones de compromiso para compatibilizar estas opciones han fallado. No se puede, especialmente, apelar a la trampa de delegar en otros la acción: los libros y los consejos otorgados para que otros gobiernen resultan ineficaces. Por esta vía es que piensa Kojève que el

---

[38] Sobre el gobierno de filósofos de Platón, véase el conocido pasaje de República, V.473c-474b. Sobre la comunidad de cíclopes de Antístenes, el testimonio de Porfirio, *Escolio a Odisea*, IX.106 (SSR, V.A.189 = FS, 1014) y el análisis de R. Illarraga (2012:59-65) y C. Mársico (2013b). Sobre el cosmopolitismo cirenaico, el testimonio de Jenofonte, Memorabilia, 2.1-17 (SSR, IV.A.163 = FS, 570) y el análisis de Zayas (2013:124-147).

filósofo tiene pocos elementos para criticar a la tiranía, dado que constitutivamente congenia con gobiernos que tienen fuerza suficiente para operar cambios radicales y rápidos, y no con gobiernos democráticos, suponiendo que estos dependen en su funcionamiento de las opiniones variables de masas populares y militantes que no se prestan de buen grado a las modificaciones que tiene en mente el filósofo. La ineficacia de su acción está condicionada por el hecho de que no quiere dedicar todo el tiempo requerido para que sus consejos no estén teñidos de utopicidad y de que no puede hacerlo, porque en ese caso, perdido en el día a día, deja de ser un filósofo, que es precisamente lo que le da autoridad para aconsejar. En última instancia "confrontado con la imposibilidad de obrar políticamente sin renunciar a la filosofía, el filósofo renuncia a la acción política"[39].

Sobre la justificación para este tipo de actitud, Kojève sanciona que ha sido la actividad de los filósofos por la vía dialéctica desde siempre y es aquello que une el *Hierón* de Jenofonte con su propio texto y con el nuestro. La alternativa que presenta en el apartado final retoma la verificación histórica hegeliana, según la cual la cuestión no es insoluble sino en el plano individual que no alcanza a comprender la totalidad. La meta política está identificada con el logro de un Estado universal y socialmente homogéneo. En ambos rasgos se verifica la impronta filosófica sobre la ejecución concreta de los gobernantes. En cuanto a la universalidad, el repaso de la historia muestra a la enseñanza del grupo socrático como el núcleo del cual emergió el proyecto de superación de la ciudad antigua, fallido en el caso de Alcibíades, pero exitoso en el de Alejandro, modelo para todas las experiencias expansivas posteriores, de César a Napoleón. Alcibíades y Alejandro resultan precursores del Estado universal sin límites geográficos o étnicos, "ni capital preestablecida, ni siquiera un punto geográfica y étnicamente fijo, destinado a dominar políticamente su periferia"[40]. En Egipto Akhenatón encarnó un modelo de integración teísta con asiáticos, nubios, libios y egipcios adorando juntos a un mismo dios. Cristianismo e Islam encarnaron luego una línea similar, abriendo la posibilidad de que la idea de un Estado políticamente universal conviva con la de un Estado socialmente homogéneo, básicamente porque anula la oposición antigua entre amo y esclavo. Sin embargo, nota Kojève, es con el advenimiento de la modernidad y entrada la época contemporánea que se completa el proceso de secularización y la idea religiosa cristiana de homogeneidad cobra un alcance político real.

La síntesis de la relación entre filosofía y política parte de la diferencia entre la mera comprensión de la realidad política dada y el rebasamiento que implica la acción negadora que crea una nueva realidad y un progreso filosófico dictado por la comprensión en el marco de una nueva filosofía. Cuando se realicen todas las negaciones activas posibles se alcanzará el

---

[39] Kojève (2005:205).
[40] Kojève (2005:209).

saber absoluto. Ahora bien, la acción política es posibilitada por las nuevas ideas filosóficas y estas progresan porque la acción política se lleva efectivamente a cabo. En la ruptura política supuesta en el abandono de lo antiguo cobra fuerza la figura del tirano. Por tanto, cuando plantea la racionalidad del comportamiento del filósofo, el gobernante y los intelectuales o cuadros técnicos que oficial de mediadores, aparece una tensión dictada por el hecho de que el tirano –entendido, de nuevo, como el gobernante que rompe el anterior estado de cosas- no aplica ideas utópicas, así como el filósofo no expide ideas aplicables directamente a la coyuntura. De la mediación se ocupan los intelectuales.

En este punto, y para enmarcar las lecturas muchas veces superficiales que se han hecho sobre este planteo de Kojève, cabe recordar lo que hemos dicho sobre la figura del *týrannos* de la Grecia preclásica y su perfil no asociado todavía con el gobierno despótico, sino precisamente con la instauración de gobiernos surgidos de revueltas populares que quebraron el estado de cosas. Esto explica que en las fuentes más antiguas se borre por momentos toda diferencia entre *basileús* y *týrannos*, entre rey y tirano, y en otros emerja como rasgo opositivo el origen del gobierno, que en el primer caso llega por herencia, mientras en el segundo es fruto de una revolución política[41]. En este marco tiene sentido que a propósito de una discusión sobre Hierón, claramente un tirano en esta acepción, Kojève sostenga que hay una relación entre la acción política y el rebasamiento de lo dado y que "sería poco razonable asimismo que el filósofo condenara 'por razones de principio' la Tiranía, pues una 'tiranía' no puede ser 'condenada' o 'justificada' más que en el marco de una situación política concreta"[42].

El punto a remarcar es que en un contexto de cambio signado por el desarrollo de nuevos parámetros de intelección, no hay "razón de principio" que permita objetar la legitimidad de una encarnación política. Apelando a estos supuestos intemporales el resultado es el bloqueo teórico de nuevas experiencias históricas, en lo que posiblemente sea un movimiento conservador que impida el avance del proceso de homogeneización social entendido como ampliación de derechos. El *caveat* que resuena en esta condena "por principio" es el riesgo de excesos despóticos, punto por el cual Kojève agrega que "es la historia misma la que se encarga de 'juzgar' (por el 'triunfo' o el 'éxito') los actos de los hombres de Estado o de los tiranos, actos que ellos ejecutan (concientemente o no) en función de ideas de los filósofos, adaptadas para su aplicación práctica por los intelectuales"[43].
La enumeración de actores no es casual. Apunta a notar que no se trata de una ruleta política donde frente al signo de la nueva experiencia política sólo quede esperar qué dictamina el azar. Por el contrario, en el marco hegeliano en que se mueve el pensamiento de Kojève, cada nueva

---

[41] Véase *supra*.
[42] Kojève (2005:216).
[43] Kojève (2005:217).

plasmación de modelos políticos constituye un eslabón en el que opera la racionalidad histórica, de modo que los gobernantes no se hacen sin más con el poder en medio de movimientos sociales que expresan una ruptura de lo previo, sino que expresan las ideas políticas que estructuran el campo eidético de una época.

No en vano es usual que la acusación de "tiránico" y "despótico" se aplique desde distintas posiciones a modelos de gobierno de todo signo, no sólo a aquellos que toman el poder por vías violentas, sino muchas veces a gobiernos que cumplen con los todos los ítems de legitimidad esperables, y sin embargo no pueden escapar del rechazo de grupos determinados. La cuestión es entendible si la noción de tiranía que ronda estas discusiones es la que propone el mismo Kojève, como ya mencionamos, según la cual una fracción de ciudadanos minoritaria o mayoritaria se impone al resto sin lograr que todos reconozcan espontáneamente la autoridad, dado que es regla que en toda sociedad haya sectores refractarios que a veces esgrimen razones atendibles y otras recurren a complicadas alquimias que justifiquen un rechazo antojadizo. Frente a esta situación la solución de Kojève es la toma de distancia y la apelación a la evaluación histórica como único horizonte donde puede considerarse, con pretensiones de menor compromiso subjetivo, el signo de un proceso político. Cabe notar que esta evaluación es, de nuevo, una tarea asociada con la reflexión teórica, en lo que constituye un vínculo adicional entre filosofía y política.

III. Corolarios

Se dice en el prólogo a este libro dedicado a los diálogos interepocales que se trata de un terreno sinuoso signado a veces por la búsqueda de orden y a veces por la confusiones caóticas con origen de todo tipo. No es inusual, paradójicamente, que la historiografía, munida de declarados objetivos de acercamiento a los fenómenos con la menor cantidad de distorsiones posibles, se vuelva ella misma una justificación de premisas antojadizas que arrojan resultados por momentos desopilantes. No se trata, claro está, de actuar ingenuamente como si la cuestión misma de los parámetros para juzgar una aproximación historiográfica fueran menores, sino de sopesar los elementos de complejidad puestos en juego en los diálogos interepocales que interfieren con cualquier meta simplista de asepsia filológica. Cuando esta asepsia filológica es un instrumento para blindar interpretaciones sobre los orígenes que responden a concepciones ideológicas claras en la discusión contemporánea, la centralidad de este problema queda al descubierto. Si nos remitimos a nuestro caso, precisamente, cabe notar que Strauss pretende ser fiel al texto de Jenofonte, pero introduce supuestos discutibles que se deben más a sus propios puntos de partida y su propósito de condenar todo tipo de sistema de gobierno juzgado como tiránico que a un acercamiento plausible a los planteos de Jenofonte. Como hemos notado, la noción misma de *týrannos* que está en juego en el *Hierón* está lejos de prestarse sin más a la simplificación straussiana, así como tampoco es evidente que Jenofonte estuviera comprometido con una supuesta utopicidad e ineptitud de la posición filosófica. Se trata de un diálogo que busca ser respetuoso y sin embargo traiciona este objetivo proyectando condicionamientos de interpretación de origen dudoso para potenciar su propósito de denuncia de un determinado régimen político, comprensible dentro de las coordenadas contemporáneas en que se mueve el pensamiento straussiano.

La actitud de Kojève resulta la opuesta. El acceso al texto de Jenofonte está mediado por la intención primaria de ofrecer una réplica al trabajo de Strauss y se refiere al *Hierón* sin mayores cuidados y agregando incluso la mediación del horizonte hegeliano. Igualmente comprometido con la justificación teórica de las derivas políticas asociadas con el fin de la historia, el texto de Jenofonte reverbera en el diálogo con este nuevo horizonte. Curiosamente y aunque sea casi por casualidad, en algunos puntos hace más justicia al entorno eidético jenofonteo que el supuesto preciosismo literal de Strauss, en un juicio que en todo caso agrega una nueva capa al diálogo interepocal, mirando desde los inicios del siglo XXI los ecos de las voces que desde el pasado nos ayudan a construir miradas prospectivas. Las apropiaciones del s. XX constituyen, en ese sentido, un aliciente para ahondar en nuevos intercambios interepocales con el material antiguo, tanto como con el más reciente, signados de nuevo por un posicionamiento dialógico, que nos coloque en el lugar de interlocutores en busca de nuevos derroteros teóricos.

En efecto, los inicios de la filosofía se entremezclan con el fin de la historia, noción atravesada ella misma también de malentendidos y vueltas irónicas, donde esta categoría de indudable desarrollo por parte de Kojève, rechazada explícitamente por Strauss, fue luego adaptada por F. Fukuyama, que sanciona el fin del comunismo como indicio del fin de las ideologías. Fue utilizada por los gobiernos republicanos de Bush padre e hijo, que a su vez reclamaron a Strauss como inspirador y respaldo teórico de enormes tropelías a nivel mundial en una especie de Estado universal que renunció a la homogeneidad social y se conformó con la administración de la desigualdad. La crisis política y económica que afectó especialmente a los centros de poder tradicionales, tanto estadounidenses como europeos, en una especia de símbolo del hundimiento de los proyectos straussiano y kojèviano, puso de manifiesto una nueva serie de escenarios para los países en desarrollo, lo cual implica la renovación de las coordenadas para dialogar con los textos del pasado a propósito de la relación entre filosofía y política en contextos de emancipación y decolonización cultural y epistémica.

Bibliografía

Barker, E. (2013) *Greek Political Theory*, London, Roudlege.
Blaus, A. (en prensa) "Anti-Strauss", en *Journal of Politics* (en prensa).
Bos, A. (1989) *Cosmic and meta-cosmic theology in Aristotle's Lost Dialogues*, Leiden, Brill.
Bos, A. (2003) *The Soul and Its Instrumental Body: A reinterpretation of Aristotle's philosophy of living nature*, Leiden, Brill.
Bradner, L. (1964) "The Xenophon Translation Attributed to Queen Elizabeth I", en *Journal of the Warburg and Courtauld Institutes*, 27, pp. 324-326.
Clay, D. (1994) "The Origins of the Platonic Dialogue", en P. Vander Waerdt (ed.), *The Socratic Movement*, Ithaca-New York, Cornell University Press.
Devlin, F. (2004) *Alexandre Kojève and the outcome of modern thought*, Maryland, University Press of America.
Eder, W. (1992) "Polis und Politai: Die Auflösung des Adelsstaates und die Entwicklung des Polisbürgers", en Heilmeyer, W.-D., Wehgartner, I. (eds) *Euphronios und seine Zeit,* Berlin, Staatliche Museen, pp. 24-38.
Ehlers, B. (1966) *Eine vorplatonische Deutung des sokratischen Eros: der Dialog Aspasia des Sokratiker Aischines*, Munich, Beck.
Gray, J. (1968) *Hegel and Greek Thought*, Pennsylvania, Harper & Row.
Gray, V. (2007) Xenophon, *On Government*, Cambridge, CUP.
Gray, V. (2010) *Xenophon*, Oxford, OUP.
Gribble, D. (1999) "Plato and the socratics", en *Alcibiades and Athens: a study in literary presentation*, Oxford, OUP, 1999, pp. 214-59.
Illarraga, R. (2012) "Utopía ciclópea, utopía de cerdos. Una reconstrucción del pensamiento político de Antístenes a la luz de la sociedad de los cíclopes (FS, 1014=SSR,V.A.189) y la ciudad de los cerdos de República, II", en L. Miseri (ed.), *Estado, cultura y desarrollo: entre la utopía y la crítica*, Mar del Plata, UNMdP.
Inverso, H. (2012) "Las *epochaí* escéptica y cirenaica consideradas desde la tradición fenomenológica", *La lámpara de Diógenes*, 24-25, pp. 29-42.
Irwin, T. (1991) "Aristippus against happiness", *The Monist* 74.1, pp. 55-82.
Janko, R. (2009) "Socrates the freethinker", en S. Rape et al., *A Companion to Socrates*, New York, John Wiley and Sons, 2009, esp. 57-9.
Kahn, C. (1994) "Aeschines on Socratic Eros", in P. Wander Waerdt (ed.) *The Socratic Movement,* Ithaca, Cornell University Press.
Kojève, A. (2005) "Tiranía y sabiduría", en L. Strauss, *Sobre la tiranía*, Madrid, Encuentro.
Mársico, C. (2010) *Zonas de tensión dialógica. Perspectivas para la didáctica de la filosofía antigua*, Buenos Aires, Ediciones del Zorzal.
Mársico, C. (2011) "Ejes para pensar lo griego", en C. Mársico (ed.), *Polythrýleta. Sistemas explicativos y mutación conceptual en el pensamiento griego*, Buenos Aires, Rhesis, pp. 13-41.
Mársico, C. (2013a) "Zonas de tensión dialógica. Los socráticos y el pensar situado", en N. Cordero (ed.) *El filósofo griego frente a la sociedad de su tiempo*, Buenos Aires, Rhesis, pp. 191-213.
Mársico, C. (2013b) "Sobre los cerdos. Aspectos de la phúsis en Antístenes", en E. Bieda – C. Mársico (eds.), *Expresar la* phúsis*. Conceptualizaciones antiguas sobre la naturaleza*, Buenos Aires, UNSAMEdita.

Mársico, C. (en prensa) "Shock, erotics, plagiarism and fraud: Aspects of Aeschines of Sphettus' philosophy", en F. De Luise - A. Stavru - C. Moore (eds.), *Socrates and the Socratic Dialogue*, Milano, Limina Mentis,

Malamoud, C. (1987) "Parole à voir et à entendre", *Cahiers de littérature orale* 21.

Maxson, B. (2010) "Kings and tyrants: Leonardo Bruni's translation of Xenophon's Hiero", *Renaissance Studies*, 24.2, pp. 188-206.

Molyneux, J. (1992) *Simonides: A Historical Study*, Illinois, Bolchazy-Carducci.

Murray, O. (1993) *Early Greece: the bronze and archaic ages*, Cambridge, MA, Harvard University Press.

Nichols, J. (2007) *Alexandre Kojève: Wisdom at the End of History*, Plymouth, Rowman & Littlefield.

O'Keefe, T. (2002) "The Cyrenaics on Pleasure, Happiness, and Future-Concern", *Phronesis* 47.4, pp. 395-416.

Pájaro, C. (2012) "Simónides de Ceos y la poesía como téchne", *Co-herencia* (Medellín), 9.17.

Pájaro, C. (2013) "De Platón para los poetas: crítica, censura y destierro", *Eidos*, 20.

Parker, V. (1998) 'Turannos: the semantics of a political concept from Archilochus to Aristotle', *Hermes*, 126, pp. 145-72.

Pinault, G. (1989a) "Travaux à partir du corpus védique", en S. Auroux, *Histoire des idées linguistiques*, Tome 1, Margada, Liege-Bruxelles.

Pinault, G. (1989b) "Panini et l'enseignement grammatical", en S. Auroux, *Histoire des idées linguistiques*, Tome 1, Margada, Liege-Bruxelles.

Raaflaub, K – Ober, J. - Wallace, R. (2008) *Origins of Democracy in Ancient Greece, Berkeley*, University of California Press.

Rossetti, L. (2003) "Le dialogue socratique *in statu nascendi*", *Philosophie Antique* 1, pp. 11-35.

Stahl, M. (1987) *Aristokraten und Tyrannen im archaischen Athen. Untersuchungen zur Überlieferung, zur Sozialstruktur und zur Entstehung des Staates*, Steiner, Stuttgart.

Strauss, L. (2005) *Sobre la tiranía*, Madrid, Encuentro.

Tsouna, V. (1998) *The Epistemology of the Cyrenaic School*, Cambridge, CUP.

Wolff Hirsch, I. (2005) "Caperucita Roja y su relación con la modernidad", *AlterTexto*, 6.3, pp. 47-56.

Wrathall, M. (1999) "Heidegger and truth as correspondence", *International Journal of Philosophical Studies* 7, pp. 69-88.

Zayas, M. (2013) "Un extranjero en su propia tierra. Aristipo como modelo del ápolis aristotélico", *Eidos*, 18, pp. 124-147.

Zilioli, U. (2012) *The Cyrenaics*, London, Acumen.

La corrección platónica de la filosofía socrática

Oscar Mauricio Donato

"El que se le sentenciase a muerte, y no a destierro únicamente, eso parece haberlo impuesto el mismo Sócrates...según la descripción de Platón".
F.W. Nietzsche *El nacimiento de la tragedia*, XIII

¿Por qué el Sócrates de Aristófanes vive encerrado en el *Pensadero* hablando de astros, mientras que el Sócrates de Platón es casado, tiene hijos y habla en la polis sobre la excelencia?¿Qué opero tan drástico cambio? ¿Por qué Platón presenta así el encuentro entre Sócrates y Atenas? ¿Por qué el Sócrates de Platón desea la muerte en Atenas?

El tema de nuestro escrito es la interpretación Straussiana de dos textos de Platón (*Apología* y *Critón*). El objetivo: elucidar algunos aspectos extraños, complejos y sutiles de la lectura que hace Strauss de tales Diálogos. La hipótesis que articula nuestra lectura de Strauss conduce sostener que éste lee el nacimiento de la filosofía política de Platón en relación a las acusaciones realizadas por la crítica aristofánica. Nuestra hipótesis propone además que la lectura realizada por Strauss es un revelamiento de la propia intención Straussiana, tanto en su qué hacer político, como en su *páthos* erótico. Para dilucidar la respuesta de las preguntas arriba planteadas debemos hacer algunas aclaraciones sobre las particularidades de los modos de Strauss.

En efecto, la interpretación Straussiana de Platón está atravesada por su exo-esotérica teoría del *Arte de escribir*. El objetivo de tal arte es mantener la independencia y la libertad filosófica por medio de pliegues exo-esotéricos, que permitan filosofar sin ser objeto de persecución por parte de la polis, esto es, hacer filosofía bajo las leyes de la filosofía y no bajo las leyes de la polis, y sin embargo, salir "indemne" de la persecución política.[1]

Para poder seguir la pista de estas sutiles variaciones exo-esotéricas hemos creado una serie de herramientas que permitirán seguir de mejor modo el rastro del pensamiento oculto de Strauss, y en este caso, también de Platón. Iniciemos por el teatro escénico.

¿Cómo saber qué pensaba Platón si éste escribió diálogos pero no habla en ninguno? En el mejor de los casos, podemos decir que X personaje

---

[1] Véase Strauss (1996: p76).

de un dialogo platónico sostiene esto o aquello. ¿Podemos decir sin más que fue Sócrates su porta voz? No. Sócrates tiene muchos cambios al interior de toda la obra platónica y por ello no lo podemos asumirlo como porta voz. Además, Sócrates es conocido por su ironía. ¿Cómo saber entonces qué pensaba Platón? ¿Qué rastros hay de su pensamiento?

Tenemos certeza de la intervención de Platón en la elección de los personajes, el narrador, el escenario, y las circunstancias para cada Diálogo. Es decir, tenemos evidencia de la intervención de Platón en el "teatro escénico". Entonces, la filosofía platónica no debe buscarse tanto en los discursos que realizan los personajes de los diálogos sino ante todo en sus "acciones" y "hechos", esto es, si entendemos con Strauss por "hechos", "los detalles no temáticos y en parte observaciones al parecer casuales", y si entendemos con él que "Acto significa entender cómo el tratamiento filosófico del tema filosófico se modifica por lo particular o individual, o cómo se recupera el tratamiento filosófico en el tratamiento poético o retórico explícito".[2]

Anotemos algunas herramientas que nos servirán para seguir el rastro de tal lectura. Llamaremos *Esquematización* a las maniobras straussianas dedicadas a contar y ordenar las partes del texto y sus personajes, deduciendo de este aspecto formal del *teatro escénico* los elementos de importancia sustancial. Otro elemento sutil de las lecturas que hace Strauss radica en su capacidad auditiva. Strauss aplica un *"delicatesen"* intelectual que consiste oír los silencios que pueden llegar a ser escandalosos y trata de desenmudecerlo. Por otro lado, llamaremos *Edición Straussiana* a aquellas maniobras en las que Strauss agrega, quita, desplaza o sugiere contenidos que al ser confrontados no se encuentran el texto original que colaboran en la comprensión Straussiana del texto. Finalmente, hay un elemento que llamaremos "literalidad". Hacer lectura literal de algo que se dice en el contexto. Strauss dice que se debe leer literalmente, en consecuencia, Strauss suele hacer de pasajes contextuales deducciones literales.[3]

I. La lectura Straussiana de Aristófanes y su acusación a la filosofía

Leído por Strauss, la imagen que en Aristófanes se ofrece de Sócrates y de la filosofía es sumamente problemática: el filósofo es un "aeroemabaucador" que por medio de esfuerzos y sacrificios significativos está ocupado en asuntos privados y triviales (cuando no ridículos); habita un mundo de sombras y es incapaz de proporcionar ayuda a la polis, entre otras cosas porque no es capaz del propio autoabastecimiento ni de las cosas prácticas. ¿Qué importancia tiene esta imagen negativa? La respuesta tiene dos caras sumamente relacionadas. Por un lado, vista así, la filosofía, es

---

[2] Strauss (2006:92).
[3] Strauss (2007:370).

objeto de persecución política; por otro, la visión poco atractiva dificulta la propagación de su enseñanza. Veamos.

Strauss lee la relación Sócrates – Aristófanes como parte de la persecución que vive la filosofía en la polis (Recordemos Platón, *Gorgias*, 486a) La incapacidad del filósofo de persuadir a la polis evidentemente está relacionada con el juico a Sócrates en el tribunal de Atenas, y esto se muestra ya en *Nubes* (1070). A la filosofía le es urgente hacerse amigo de la polis. Le urge un elemento político de comunicación, cuando no de persuasión con la polis. Un Pestetero que interceda por ella. Recordemos, leído por Strauss, *Aves* presenta dos acciones: La primera de ellas, la acción impía y el golpe de estado olímpico; la segunda acción de *Aves* es la enseñanza de hacerse amigo de los enemigos.

En el análisis de Strauss sobre la relación Sócrates y Aristófanes hay otra crítica que subyace a la relación Filosofía-Polis y que resulta determinante: el papel del Eros. Desde la polis, Fidípides observa a la filosofía como algo desagradable e inútil. Strauss indica que esta es una de las mayores críticas que hace Aristófanes a la filosofía y a Sócrates como su representante. En efecto, la puesta en escena que hay del Pensadero indica que tal comunidad es una micro polis inserta en Atenas. Fidípides reconoce a esos *"charlatanes, cara pálidas"* (*Nubes* 100); Estrepsiídes dirá que el tipo de vida que se tiene en el Pensadero es de un "muerto viviente" (*Nubes* 500). La imagen de seres que deambulan entre la vida y la muerte, en un mundo paralelo y de sombras la repite Aristófanes en *Aves* al hacer de Sócrates un habitante de Esciápodos (*Aves* 1550). Otra característica que hace a la filosofía y al Pensadero indeseables para los jóvenes es la ausencia de la propiedad y vida privada. Strauss considera que Aristófanes cree que los requisitos para un joven en el Pensadero son demasiados y que esto favorece la mala fama de los filósofos en la Polis.[4]

Leído por Strauss, la antigüedad de los dioses olímpicos es cuestionable. La pretendida antigüedad de las Aves les otorgaría a éstas un derecho legítimo sobre los dioses olímpicos. Esta disputa teológica entre aves y olímpicos tiene un dios con un carácter especial: Eros. Aunque no hace parte del panteón olímpico Eros es insuprimible y es causa de todo. Esta resulta ser la soterrada o esotérica adoración Aristofánica. Leído por Strauss, el culto a Eros es parte de la enseñanza aristofánica. No es la filosofía, sino la comunicación a-erótica y sin cautela lo que el Aristófanes de Strauss critica a la enseñanza filosófica.

Nuestra hipótesis indica que la adecuada comprensión de la filosofía platónica está marcada por la comprensión de las "Zonas de Tensión Dialógica" que Platón enfrentó[5]. Esto es, el enfrentamiento con la poesía de Aristófanes. Si queremos comprender por qué el Sócrates de Platón tiene un escenario tan distinto al de Aristófanes debemos tener presente la

---

[4] Véase Strauss (1966: p. 20).
[5] Véase Mársico (2010).

disposición teatral de los textos (tanto de Aristófanes como de Platón) y analizar la influencia de tal cosa en el contenido de la obra. Esto guiados por la compleja escritura y lectura de Strauss. Según lo anterior, y de ser correcta nuestras hipótesis, lo que debemos encontrar en la lectura Straussiana de los *Diálogos* es la corrección platónica de aquellos elementos de la filosofía socrática rechazados por Aristófanes. Elementos como el cambio de escenario para Sócrates y el cambio temático que va de la filosofía de la naturaleza a la filosofía moral y política.

II. El teatro de *Apología*: Sócrates, un ateniense casado y con hijos

> "También yo tengo parientes, y por cierto atenienses, tres hijos".
> Platón, *Apología de Sócrates* 34d

Si nuestra lectura es la correcta, la interpretación Straussiana de *Apología* contiene un dictamen caro a la filosofía: el nacimiento de la filosofía política de Platón. Si la obra platónica es un cosmos que imita el cosmos, la *Apología* es para Strauss la entrada a dicho cosmos.

En su estudio del *Teatro escénico* Strauss advierte que "la 'Apología de Sócrates' es la única obra platónica en cuyo título aparece el nombre de Sócrates";[6] dirá también que "es la conversación pública de Sócrates, desarrollada a pleno día con la ciudad de Atenas –en contraste con el *Critón* que presenta "una conversación ..en la más estricta privacidad con su más viejo amigo"[7]. Aunque en este caso, curiosamente, Strauss no hace mención al tema del narrador, podemos deducir que leemos un texto cuyo *Teatro escénico* es interpretado por Sócrates y Atenas como personajes. Dado que se trata de su acusación ente el tribunal de Atenas, ¿podríamos decir por ello que se trata de una interpretación forzosa? Acaso ¿Sócrates fue llevado allí contra su voluntad? Pero, ¿qué significa el silencio de Strauss ante este elemento clave del *Teatro escénico?* Aun no lo sabemos. Por ahora solo mencionamos que en otra ocasión Strauss ha dicho sobre *República* que "se trata del único Diálogo narrado por Sócrates y forzoso"[8]. Lo cual implica que por alguna razón- que aún no conocemos-, Strauss ha callado el hecho de que el Sócrates de Platón es representado como alguien que se presenta ante el tribunal de la polis voluntariamente y "a plena luz del día". La inusual negrilla de Strauss en el artículo de "la conversación" pareciera insinuar que fue "la conversación" deseada. Provocada por el filósofo. ¿Por qué desea este encuentro y en tales circunstancia?

---

[6] Strauss (2008:63).
[7] Strauss (2008:84).
[8] Strauss (2005:107).

Iniciemos por la forma. El diseño teatral presentado por Platón permite ver ya cambios importantes respecto a la locación que fue presentada para Sócrates de Aristófanes; en efecto pasamos de la privacidad del Pensadero de *Nubes* a un Diálogo entre el filósofo y la ciudad. De entrada la disposición del teatro y el lenguaje dispuesto para Sócrates son distintos respecto del aristofánico. El Sócrates platónico hablará "con las mismas palabras que acostumbro a usar, bien en el ágora, bien encima de la mesa de los cambistas" y así en muchas partes "donde muchos de vosotros me habéis oído" (*Apología* 17c). Por otro lado, si bien no los menciona por su nombre, al finalizar su discurso Sócrates encarga a la polis la educación de sus hijos y parafraseando a Homero precisa que son tres[9]. Por tanto, juzgado por el teatro escénico y contrastando la postura que hay para el Sócrates de Aristófanes, el Sócrates platónico es ahora uno más de la polis, conocido por todos, y además ha cambiado su estado civil. Sócrates ahora es casado y con hijos. Platón pone al filósofo en la polis. Traslada al filósofo desde el espacio cerrado y privado hacia la polis.

III. Apología exhaustiva: tres cargos contra Sócrates

Analicemos ahora el esquema que Strauss traza de *Apología*. A su parecer, el texto platónico está dividido en dos partes: la primera o "exhaustiva" está compuesta por tres partes señaladas por las digresiones que hay en su interior.[10] La segunda -'Apología no exhaustiva'-, abraca desde el momento de la decisión de la condena a Sócrates (36 a) hasta el momento en que Sócrates afirma que nadie sabe a quién le corresponde mejor destino (42 a). Esto supone un intermedio entre las dos partes: el pasaje en que Sócrates invoca como testigos a algunos de los presentes, entre ellos Platón (33a -34c).

Strauss inicia su lectura de *Apología* siguiendo el texto al pie de la letra: Sócrates nos dice que no realizara un discurso artificioso. Esto, por supuesto, no implica que Sócrates no quiera o que Sócrates no pueda hacer tales discursos. De hecho, no supone para Strauss que Sócrates efectivamente no haga tal discurso artificioso. La *Apología* inicia con la defensa y distinción cronológica de los acusadores. Sócrates distingue dos tipos de personas que hacen "acusaciones falsas". Unos son "los primeros acusadores", de los cuales dice Sócrates "ni siquiera me es posible decir sus nombres" pero que habla de "cierto comediógrafo" (18b-d), del cual más adelante nos dirá por nombre propio: Aristófanes (19c). Éste acostumbró o familiarizó a Atenas a ciertos prejuicios, los cuales son tomados por los

---

[9] Véase *Apología* 42a y 34d, respectivamente.
[10] Las tres digresiones son: a) Cuál es el que hacer socrático (20c), b) el riesgo de la ocupación socrática (28b), c) la pregunta por el silencio de Sócrates (38a). Véase Strauss (2008:76).

segundos acusadores. Los segundos acusadores son quienes le llevan formalmente a juicio (Ánito, Meleto, Licón).

Sócrates se ve ante el estrado bajo tres cargos, a saber: "Sócrates, sabio, que se ocupa de las cosas celestes, que investiga todo lo que hay bajo tierra y que hace más fuerte el argumento más débil" (18b). Sin embargo, Sócrates reformula los cargos del siguiente modo: "Sócrates comete delito y se mete en lo que no debe al investigar las cosas subterráneas y celestes, al hacer fuerte el argumento más débil y enseñar estas mismas a otros" (19b). Como se puede observar, en la reformulación borra la palabra sabio y une en uno solo el cargo de investigador de lo alto y de lo bajo, y se da así espacio a un nuevo cargo, el de enseñar esto a otros. Acá inician las "Acciones" que se desencadenaran en el *Diálogo,* esto es, "al hacer este agregado, sienta por así decirlo, las bases de la bipartición hecha en la acusación oficial (impiedad y corrupción de los jóvenes): la acusación oficial deriva de la primera acusación".[11] Analizaremos las respuestas socráticas que hay a estos cargos ya formulados en *Nubes*.

IV. El problema de los dioses socráticos

Sobre el cargo de ser un pensador de las cosas de arriba, un "aeroembaucador", el Sócrates de la pública *Apología* niega que se dedicara a estos temas, más bien fue el comediante que afirmó que Sócrates pasaba el tiempo "volando y diciendo otras muchas necedades", pero insiste, "yo no tengo que ver nada con tales cosas, atenienses" así pues, "si me habéis oído hablar alguna vez-insiste Sócrates- os informéis" (19b-c). Esto contrasta, por supuesto, con *Fedón* (96a), donde Sócrates en la intimidad y solemnidad de la última charla con sus amigos reconoce que estos temas fueron de su interés en la juventud.

La maniobra de refutación es un *Acto* en el sentido Straussiano. Sócrates se pregunta entonces "de dónde han nacido esas tergiversaciones" y estos es lo que dice él, "voy a intentar dar a conocer". Con esto ocurre una modificación temática de importancia: Sócrates no refutara las acusaciones sino que, como señala Strauss, pasará a explicar el origen de tales prejuicios sin que sea- refutar los prejuicios y explicar su origen- cosas exactamente iguales. La maniobra de distracción tiene varias fases.

Sócrates narra una anécdota según la cual Querofonte preguntó al oráculo si acaso existía alguien más sabio que Sócrates. La anécdota es una novedad para el público de Atenas y "presupone que [Querofonte] consideraba sabio a Sócrates, singularmente, antes de la consulta"[12]. Así mismo es ambigua: Querofonte ¿hace la pregunta pía o impíamente? ¿Es intencionalmente ambiguo? Recordemos, Querofonte era amigo de Sócrates y se le menciona como habitante del Pensadero (*Nubes* 100). Además, la

---

[11] Strauss (2008:65).
[12] Strauss (2008:67).

pregunta supone que Sócrates era tenido por sabio ya antes de la pregunta y no después de dicha pregunta, de hecho, según Strauss, existía ya una cierta animadversión pre délfica contra Sócrates.

Otro elemento problemático que se observa en la respuesta Socrática ofrece es la de la validez de su testigo. En efecto, Sócrates intentará mostrar que su proceder es pio por cuanto obedece al dios Apolo; sin embargo, (amén de que su sabiduría era reconocida pre-délficamente) su defensa es problemática porque su testigo es problemático. Sócrates tiene como testigo a Querofonte, conocido demócrata que figura como garante del dictamen de Apolo. Fue él quien realizo la pregunta ambigua. Pero Querofonte está ausente y Sócrates remite a su hermano de quien no nos dice su nombre. Por tanto, el argumento según el cual Sócrates es pio porque sigue el dictamen del oráculo es cuando menos dudoso. No tenemos testigos fiables de una pregunta que es, por demás, ambigua.

Por otro lado, la respuesta del oráculo es tan problemática como la pregunta. Querofonte preguntó si acaso existe alguien más sabio que Sócrates y su respuesta fue "No". Sin embargo, Sócrates reconoce ser ignorante. Lo cual suponen que, o bien el oráculo está errado,- cosa impía- o bien, el oráculo está en lo correcto, pero Sócrates desconoce el dictamen del dios. Cosa impía. El problema es entonces mostrar que Sócrates no es sabio sin que por ello sea impío.

La primera digresión entonces está abocada a un discurso que intenta defender la actividad socrática y borrar el cargo de impiedad. La respuesta al problemático designio de Apolo tiene el siguiente contenido: La sabiduría de Sócrates consistente en saber que nada sabe. Esto podría suponer que el saber humano es insignificante, o bien, que para Sócrates el saber humano es insignificante. Para resolver el acertijo Sócrates se entrevistó con poetas, políticos y sofistas. Sócrates entrevisto a las autoridades. (Strauss insiste en señalar que el Sócrates de Platón habla de zapateros y agricultores, pero no habla con ellos) Tal examen a las autoridades de la polis devela que éstos se creen sabios pero no lo son. De allí nació una animadversión que creció cuando los jóvenes imitaron el comportamiento de Sócrates[13]. Después de su examen con los políticos, sofistas y poetas, Sócrates resuelve que él es sabio por ser sabedor de su propia ignorancia.

Llegamos así a una segunda instancia de la acusación primera. Sócrates hace una nueva reformulación de los cargos según la cual "Sócrates delinque corrompiendo a los jóvenes y no creyendo en los dioses en los que la ciudad cree, sino en otras divinidades nuevas" (*Apología* 24c). Entonces Sócrates interroga a Meleteo: "háblanos más claramente –le dice Sócrates a Meleto- yo no puedo llegar a saber si dices que enseño a creer que existen algunos dioses –y entonces yo mismo creo que hay dioses y no soy enteramente ateo ni delinco –pero no en los que creen en la ciudad, sino en otros, y esto es más bien lo que me inculpas". Meleto responde: "digo

---

[13] Véase Strauss (2008:68).

eso, que no crees en los dioses en absoluto" (*Apología* 26c). Con esto Sócrates ha tendido un anzuelo que fue mordido por Meleto: no es lo mismo decir que no se cree en los dioses "en absoluto", a decir que no se cree en los dioses "en los que creen en la ciudad, sino en otros". El Sócrates de *Apología* refutará la premisa inicial del ateísmo absoluto por medio del discurso sobre la misión inspiradora del designio del Apolo délfico.

Sócrates será pio si cree y obedece a los dioses. La prueba que muestra es que tras "la misión inspiradora de Apolo" y el ejercicio filosófico llegó al reconocimiento de su propia ignorancia, entonces, Sócrates dedicó su vida a ser servidor del oráculo y por ende es pio. Así, Sócrates da un "giro de una concepción puramente negativa de la sabiduría humana –el saber humano es de poco valor- a una concepción más positiva, indicada por el termino filosofía"[14]. Por tanto, Sócrates es pío porque filosofar es obedecer al dios. Su tarea en la polis es exhortar a los atenienses a ocuparse del cuidado del alma y de la excelencia.

Sin embargo, esta rápida demostración de la piedad socrática se pone bajo tensión. Por un lado, Sócrates es un servidor del dios en la polis. Por otro lado, el conocido *daímon* socrático le impidió toda su vida hacer activa pública. Uno de los argumentos en los que más insiste Sócrates es en que de haber hecho actividades públicas su muerte habría llegado mucho antes. De esto deduce Strauss que "si un hombre lucha por la justicia desea conservar la vida siquiera por un breve lapso, debe llevar una vida privada y no pública"[15]. Con esto vemos una escondida contradicción en el actuar de Sócrates pues, "la digresión empieza con la proclamación de un absoluto desprecio por la preocupación por la auto-conservación y culmina en una justificación de la misma auto-preservación"[16]. Dicho brevemente: inicialmente la acusación de impiedad se borró con la apelación al dios Apolo y la misión que éste le encarga a Sócrates; sin embargo, este argumento se pone en duda toda vez que es reconfigurado por la misión y protección que el *daímon* divino tiene para Sócrates.

Entre el *daímon* privado y el dios Apolo Sócrates prefiere el Daimon. Lo podemos corroborar al ver la predilección socrática por la vida privada sobre la pública. En efecto, la elección por el *daímon* sobre el dictamen délfico se basa en las diferencias importantes que hay entre estos: mientras que el *daímon* lo interviene en privado desde la infancia y sin premura, el dictamen apolíneo le llegó a avanzada edad, cuando ya tenía fama de sabio. Mientras que el *daímon* lo resguarda de la muerte (justamente porque lo lleva a la vida privada) el dictamen de Apolo lo lleva a la muerte pues lo pone en público peligro. Por tanto, en su acción Sócrates ha preferido otros dioses por encima de los dioses de la polis. Podemos decir hasta ahora que

---

[14] Strauss (2008:73).
[15] Strauss (2008:73).
[16] Strauss (2008:73).

Sócrates sí cree en dioses, pero no en los de la polis. Nos preguntamos, ¿cree efectivamente Sócrates en tal *daímon*?

Strauss muestra que Sócrates descree tanto de la misión délfica como del *daímon* socrático. Así como no hay pruebas fidedignas de la misión oracular para Sócrates tampoco hay pruebas de la veracidad del *daímon*. En efecto, Strauss opina que de aquello que Sócrates "dice del *daímon* no puede derivarse argumentación alguna para refutar tal acusación de impiedad".

Para mostrar el uso ilícito del *daímon* por parte de Sócrates Strauss recurre al *Teages,* allí vemos "la versión más inteligible del *daímon*". Strauss hace entonces un resumen del diálogo[17]. En *Teages* Sócrates se niega a ser instructor político de Teages argumentando que él de política no sabe nada; en cambio, si dice ser sobresaliente en términos de "las cosas eróticas". Teages y su padre tienen la sensación de que Sócrates utiliza el *daímon* y sus prohibiciones como una excusa (*Teages* 128d). Esto parece ser aceptado por Strauss pues opina que "el recurso del daimon es sólo necesario para justificar sus negativa (a actuar)"[18]. Y que "el *daímon* remplaza su carácter de *erotikós* porque cumple la misma función: porque es lo mismo". Sócrates, insiste Strauss, "no puede sacar provecho de estar junto a personas que no son prometedoras, que no le resultan atractivas"[19]. Con su negativa a instruir a Teages, Sócrates niega lo que dijo en su discurso respecto a vincularse con todos en la polis. Por otro lado, Strauss se pregunta: ¿si el *daímon* le impide acciones peligrosas por qué no lo abstuvo de ciertas acciones, por ejemplo en su participación en batallas? A esto responde que "quizás al *daímon* no resulte indiferente al bien y al mal, o quizá, "más sencillamente, Sócrates no habría podido evitar las dos acciones"[20]. El *daímon* socrático parece entonces una excusa para actuar según su propio *éros*. Finalmente, llama la atención que Strauss diga que Sócrates no se vincula con quienes no son prometedores, pero no nos dice prometedores ni atractivos para qué y respecto a qué.

V. La corrupción de los jóvenes

Sócrates responderá el cargo de corrupción de jóvenes imputado por Ánito. Esto es, acaso Sócrates ignora el peligro que corre con su actividad (*Apología* 28b). ¿En qué consiste este cargo y cuál es su relación con la impiedad?

Según Strauss, cuando Sócrates trató de resolver el problema del acertijo délfico se vio llevado a interrogar a las autoridades intelectuales,

---

[17] Recordemos, Strauss eliminó la distinción entre diálogos espurios y los que no: tal distinción supone un acuerdo total sobre aquello que enseñó Platón; cf. Strauss (2008:74).
[18] Strauss (2008:75).
[19] Strauss (2008:74).
[20] Strauss (2008:75).

morales y políticas de la polis (poetas, sofistas, políticos) "su examen de los hombres considerados sabios- dice Strauss- y en especial de los políticos, lleva a estos a odiarlo intensamente"[21]. La enemistad contra el filósofo se aumenta por cuanto que los jóvenes, -principalmente los más adinerados- disfrutaban ver el examen que Sócrates hacia a los presuntos sabios, y aún más, porque durante su ausencia estos le imitaban. Así las cosas, del cargo según el cual Sócrates es impío porque examina "las cosas del cielo" se pasó al cargo según el cual Sócrates enseña a no creer en los dioses. De este modo, el problema teológico de la piedad devino en cargo político de corrupción de jóvenes. Empero, advertimos, este desvanecimiento de los segundos acusadores guarda una diferencia fundamental con el cargo de Aristófanes: el comediante había mostrado a Sócrates como un filósofo que hacia cosas ridículas respecto al cielo, pero Aristófanes no había dicho que Sócrates fuese ateo. Es el pueblo ateniense quien esto deduce de la actividad filosófica.

La impiedad del filósofo se agrava por cuanto los exámenes socráticos ponen en cuestión la sabiduría de Atenas y las bases de dicha polis. En efecto, la sabiduría socrática (sólo sé que nada sé) supone: o bien que la sabiduría humana (por ejemplo la noción de bueno y malo) tiene poca importancia, o bien, Atenas no sabe qué es bueno y qué no lo es. Esto por supuesto no es algo que le agrade a la mayoría de los atenienses. Ellos creen conocer la verdad acerca de tales cosas tanto como las autoridades examinadas por Sócrates, razón por la cual, "la distinción entre los acusadores y los oyentes se desvanece"[22]. De este modo, el deseo por la sabiduría del filósofo y la necesidad de saberes establecidos por la polis entran en una tensión irresoluta: la tensión filosofía –polis es aquella en la que el filósofo por su eros no puede dejar de indagar por el todo, el todo incluye la polis; por su parte, la polis requiere de estabilidad en su comprensión de aquello que entiende es bueno y malo, justo e injusto.

La respuesta de Sócrates debe ser analizada de dos modos: primero en su discurso y luego en sus acciones. Observaremos que los discursos serán negados por las acciones, con lo cual, Sócrates no solo las acepta los cargos, también las profundiza y desplaza. Veamos.

Sócrates responderá de cuatro modos la acusación de corrupción de jóvenes. 1) En primer lugar, dijo que la formulación de los cargos son una calumnia que simplemente esconde la envidia de los examinados (*Apología* 28a). Sócrates cumplía con la el designio de Apolo. Por lo cual, además es pío. 2) En segunda instancia, ante la pregunta por el peligro que corre por su actividad responde que al igual que "el hijo de Tetis", Sócrates es un ejemplo de valor. No se avergüenza de embarcarse en una búsqueda que pueda llevarlo a la muerte; piensa que es mucho más terrible aceptar la deshonra y que "el hijo de Tetis" no pensó en la muerte ni en el peligro.

---

[21] Strauss (2008:68-69).
[22] Strauss (2008:69).

Esto "para que sepáis que no cedería ante nada contra lo justo por temor a la muerte, y al no ceder, al punto estaría dispuesto a morir"[23].

3) En tercer lugar, Sócrates niega tener discípulos "yo no he sido jamás maestro de nadie" asegura que tampoco impidió a nadie "joven o viejo" ni tampoco "rico o pobre" escuchar lo que él decía (*Apología* 32a).

4) Finalmente, Sócrates dice que no hay testigos de su supuesta corrupción de jóvenes: "si alguien afirma que en alguna ocasión aprendió u oyó de mí en privado algo que no oyeran también en público todos los demás, sabed bien que no dice la verdad" (*Apología* 33a-c). Llama entonces acá a sus testigos: Ciertamente- dice Sócrates- si yo corrompo a unos jóvenes y a los otros los he corrompido ya, algunos de ellos, creo yo, al hacerse mayores, se darían cuenta que, en alguna ocasión, yo les aconseje mal, y sería necesario que subieran ahora a la tribuna y se vengaran" (*Apología* 33c- d). Es este el pasaje donde Sócrates nombra a algunos de sus seguidores o familiares de estos, incluyendo a Platón. Por tanto, en el discurso, Sócrates negó el cargo de corrupción de jóvenes.

Pero aquello que Sócrates dice y refuta en su discurso es contrarrestado sus acciones[24]. Nos centraremos en la respuesta a la segunda digresión, según la cual Sócrates no teme a la muerte por su actividad y hace una analogía con "el hijo de Tetis". Analogía que para Strauss es insuficiente y una "incongruencia".

Si bien entre las acciones de Sócrates y Aquiles hay en común el hecho de permanecen en su lugar pese al riesgo, sin embargo, diferencias enormes impiden tal símil: Aquiles es el joven hijo de una diosa mientras que Sócrates es viejo e hijo de una mujer humana. Sus muertes no significan lo mismo.

Strauss añade que la maniobra de Aquiles no fue ordenada por dios u hombre alguno (no es así de claro en el caso de Sócrates). Strauss se pregunta: ¿la comparación con éste no sugiere que el modo de vida socrático no le fue impuesto por ninguna orden sino que se originó por entero en su idea de que era lo mejor? Para después continuar hablando de la valentía de Sócrates al permanecer en su puesto en las fallidas batallas de Potidea, Anfíapolis y Delio[25].

Esto último parece ser una *Edición Straussiana*. En efecto, en este pasaje del diálogo (28a) Sócrates está hablando de su actuar valiente en dichas batallas, pero no hay una mención directa y diáfana sobre la relación entre la valentía de permanecer en la batalla y la valentía de ejercer la labor filosófica a pesar del riesgo de muerte, porque este tipo de vida sea "el

---

[23] *Apología* 28c. Véase *Ilíada* XVIII.96.
[24] Dejaremos fuera la pregunta por qué Platón no usa el nombre de Aquiles ni el de Agamenón en la *Apología* ni en *Critón*. Mencionemos que Strauss fija su atención en este hecho y resalta que al hablar del Hades "en cambio si da los nombres de los doce que habitan allí" (Strauss, 2008:83). Si seguimos la lógica del arte de escribir esto no es azaroso pero Strauss calla su sentido. Véase *infra* nota 28.
[25] Véase Strauss (2008:71).

mejor", como afirma Strauss. La explicación según la cual Sócrates se queda porque es valiente y defiende la filosofía como el mejor tipo de vida parece un añadido Straussiano. A esto se suman dos citas particulares que son otro diálogo de juventud platónico (*Laques* 181b-2) y el *Económico* de Jenofonte (11.8). Al confrontar las citas se ve claramente que Strauss deja abierta la bisagra entre dos alternativas: o bien la defensa férrea de la idea o bien una retirada honrosa. El tema finaliza acá y nos preguntamos ¿Por qué Sócrates no prefiere una retirada honrosa? Volveremos sobre esto.

El argumento tres y cuatro se resuelven simultáneamente. Sócrates aseguró en su discurso no ser maestro de nadie. Ni viejo ni joven, ni rico ni pobre. Empero, cita como testigos más de diez nombres de seguidores constantes o de sus familiares. Tanto en *Apología* como en *Critón* nos enteramos que éstos están dispuestos a pagar la multa por la libertad de Sócrates. Por tanto, este círculo de seguidores próximos sí tienen en su mayoría la particularidad de ser ricos y jóvenes.[26] Por otro lado, no deja de ser curioso este llamado a los testigos. Sócrates solicita testigos apropósito de su correcto actuar en política. Pero no presenta testigos cuando se habla del contenido de su enseñanza apropósito de los dioses.[27]

Hemos llegado al final de la llamada "Apología exhaustiva" (34b), como vimos, dicha sección se ocupa especialmente del cargo de corrupción. La *Acción* de la *Apología* consiste en la modificación cautelosa de tal cargo. Sócrates acusado de tres cargos los modificó. Desplazó el cargo de impiedad y de la corrupción de jóvenes respondiéndolos retóricamente. El tercer cargo referido a "su habilidad para hablar", (y hacer del discurso débil el discurso fuerte) fue descartado por Sócrates ya desde el inicio de *Apología* sin clarificar si se abstenía de ello porque no quería, porque no debía, o bien, porque dicha exclamación era ya el inicio de tal uso.[28]

VI. Apología no exhaustiva: la alternativa socrática a la pena de muerte

Sócrates terminó su defensa y llega ahora el momento de la votación de los jurados y de la tercera digresión. Sobre lo primero, Sócrates dice que se negará a usar elementos retóricos para persuadirlos y lograr la absolución. Sobre lo segundo, sabe que de quedar absuelto debe renunciar a la filosofía y callar. Para él resulta imposible permanecer callado. Sócrates además de

---

[26] Véase *Critón* 45b.
[27] Véase *Apología* 19d.
[28] El paso entre las dos mitades de *Apología* está marcado por la apelación a los testigos, entre ellos Platón. No podemos detenernos acá en el muy interesante gesto de Strauss, éste dice que Sócrates menciona por su nombre a diez y siete personas, en realidad, en *Apología* solo aparecen quince nombres. El sentido de un error tan básico deviene en una pista Straussiana que conduce a un pasaje esotérico. Lamentablemente no tenemos el espacio para tratarlo acá.

renunciar a hacer filosofía debe hacer una contra propuesta a la pena de muerte.[29]

¿Hay alguna duda de que propondré lo que merezco?, dice Sócrates, ¿qué es eso, entonces? Entiende que él en su búsqueda por la excelencia fue un servidor público y merece la manutención como héroe en el Pritaneo. Entendemos con Zuckert que la propuesta de Sócrates es escandalosa para quienes lo acusan y proponen su muerte.[30] Por otro lado, Sócrates advierte que "no es tan fácil librase de grandes calumnias en poco tiempo" (*Apología* 37b). Sin embargo esto también resulta difícil de comprender puesto que Sócrates ha dicho varias veces que permaneció en Atenas hablando con los atenienses,[31] y además vivió en Atenas toda su vida que llega ya a la séptima década, razón por la cual es falso que no tuvo tiempo para salirse de tales injurias.

La siguiente alternativa que propone Sócrates es la del pagó de la multa. Esta opción es rápidamente descartada por él mismo pese a que antes había mencionado que tenía amigos dispuestos a pagar su fianza. La tercera alternativa es la del destierro. "Respecto al exilio en particular - dice Strauss- en cualquier otra ciudad a la que pudiera ir tendría los mismos problemas que en Atenas". Recordemos que Sócrates reconoce que no puede permanecer callado y entonces los jóvenes lo escucharían y los mayores "lo expulsarían en bien de los jóvenes".[32] Esta alternativa tiene el componente adicional de la avanzada edad de Sócrates. Strauss insiste en que, de tener una edad menor, Sócrates habría podido ir a la distante Creta, donde su fama no sería conocida y él no sería (aparentemente) problemático. El diálogo finaliza con dos elementos más: la predicción psicofántica y la condena de muerte para Sócrates tras la votación final del jurado (*Apología* 42a).

VII. Sócrates psicofantico y la escuela de tábanos

"Siendo posible evitar el proceso como sucedió, el desarrollo del juicio tal como sucedió, y finalmente esto, como desenlace ridículo del asunto.. .no te

---

[29] Véase *Apología* 34c-36a.
[30] Véase Zuckert (2011:176). Si bien entendemos con Zuckert que tal propuesta es deliberadamente "escandalosa" y esto es así porque Sócrates desea su muerte. Nos separamos de la profesora de Notre-Dame en su idea de que Sócrates se ve como Héroe olímpico. Consideramos que Sócrates se ve como servidor público, como educador y agente de la polis. De hecho, lo que Strauss dice al respecto es que en su intento por hacer mejor a los ciudadanos fracaso tanto como algunos políticos (Pericles, Milciades, Temistocles) de tal modo era tan poco merecedor del premio "como los atletas que no han obtenido triunfos en los juegos olímpicos" , Strauss (2008:78).
[31] Véase *Apología* 17c8, 36c, 37b-c, 38a3.
[32] Strauss (2008: p. 78).

> *hemos salvado, ni tú has salvado tú mismo, cuando era realizable y posible."*
>
> Platón *Critón* 44a-e

En nuestra lectura hemos venido recogiendo elementos que entendemos son parte de la silenciosa hipótesis con las que Strauss lee la *Apología* y *Critón*, a saber: en reacción a la crítica aristofánica, el Sócrates de Platón deliberadamente empleó su muerte para la fundación de la filosofía política.

Strauss plantea que si "siempre hubo, por tanto, una alternativa a la pena de muerte" ¿Por qué, entonces, Sócrates hizo de todos modos su escandalosa propuesta que solo lograría aumentar la hostilidad del jurado? ¿Deseaba entonces que lo mataran?[33] Decimos, es una hipótesis silenciosa porque Strauss no menciona nada más al respecto y a modo de pregunta este es su único comentario explícito. Sin embargo creemos que tal es su interpretación.

En efecto, tras la votación que lo condenó a muerte y siguiendo la tradición de la Grecia antigua, Sócrates hace una advertencia psicofántica[34]: "Yo os aseguro, hombres que me habéis condenado, que inmediatamente después de mi muerte os va venir un castigo mucho más duro, por Zeus, que el de mi condena a muerte" En efecto, lo que ahora habéis hecho creyendo que os ibais a librar de dar cuenta de vuestro modo de vida, pero como digo, os va a salir muy al contrario" (*Apología* 39c-d).

La hipótesis con la cual Strauss leyó *Apología y Critón* es que Sócrates desea su muerte. Pero ¿por qué no prefiere una retirada honrosa? Recordemos, cuando Strauss analiza el símil Sócrates- Aquiles, se pregunta si ¿la comparación con éste no sugiere que el modo de vida socrático no le fue impuesto por ninguna orden sino que se originó por entero en su idea de que era lo mejor? Tenemos sobre el particular dos pistas: Strauss lee pensando que Sócrates desea su muerte y piensa que tanto Aquiles como Sócrates entienden que lo mejor es permanecer en su puesto, esto, para Sócrates es permanecer en Atenas. ¿Tiene esto relación con la idea no expresada por la *Apología* - editada por Strauss-, según la cual la decisión de permanecer en Atenas está unida a la idea según la cual el modo de vida filosófico es el mejor modo de vida? Analicemos la lectura Straussiana del *Critón*.

Strauss *esquematiza* y divide el texto en tres partes:1) introducción (Critón despierta de un sueño a Sócrates) 2) El dialogó Sócrates – Critón: la posibilidad de la fuga. 3) Una *prosopopoiía*. Consiste en un estado de frenesí coribántico que afecta a Sócrates. A diferencia de lo que ocurre en *Apología*, el *Critón* es un diálogo que se da en privado. Sócrates habla con su más viejo amigo, Critón. El diálogo, dice Strauss, "tal vez se desarrolló

---

[33] Véase Strauss (2008:80).
[34] Recordemos, la tradición griega considera que quienes están próximos a la muerte tienen una cierta capacidad predictiva. Ejemplar es el caso de la muerte de Héctor y su predicción ante Aquiles; cf. *Ilíada* XXII, 355.

en su totalidad antes del alba". Strauss hace de esto una *literación* y concluye que nadie puede dudar que Platón dejó en claro que el sol y "Sócrates se habían levantado".[35]

Inmediatamente después Strauss dice que "el *Critón* se inicia con seis o siete preguntas socráticas cuyas respuestas completas posee Critón". Empero, la revisión de esto conduce a observar que Strauss edita la parte final de la introducción (preguntas 8 y 9) en las que Sócrates advierte que a su edad ya debe morir, pero que no será el día "que está empezando sino el siguiente". Sócrates se funda no en los mensajeros humanos que advierte la llegada del barco que señala su muerte, sino en la mujer de vestido blanco que le habla en su sueños, - parafraseando a Homero- ella manifiesta que "al tercer día llegará a la fértil Ftía" (*Critón* 44b).

El verso parafraseado corresponde a *Ilíada* (IX, 363). Con objeto de convencerle que regrese a las batallas, Ulises hace una embajada a la tienda de Aquiles, pero éste amenaza con dejar Troya y regresar a su patria Ftia (pese al deshonor). Pero al decir de Strauss, Sócrates, aun algo dormido, interpreta el sueño en una combinación de Aquiles como modelo de comportamiento, y el Hades (no Ftía) como su patria, a la cual regresa movido por una iniciativa más que humana.[36]

Critón entonces le dice que escape y salve su vida viajando a Tesalia (es decir a Ftia). Critón le da diferentes razones para salir de la cárcel: "aparte de verme privado de un amigo como jamás encontraré otro, muchos que no nos conocen bien a ti y a mí creerán que habiendo podido yo salvarte, si hubiera querido gastar dinero, te he abandonado". Critón le pide entonces que piense en las siguientes cuestiones: sus amigos serán mal reputados por la mayoría, pues pensaran que no quisieron invertir el dinero en su salvación "porque la mayoría no llegará a convencerse de que tú mismo no quisiste salir de aquí, aunque nosotros nos esforzábamos en ello". Le pide también que piense en la familia que deja (*Critón* 44c). En su insistencia lleva un plan para escapar en la noche. Finalmente concluye "te es posible salvarte, –le dice Critón a Sócrates, pero– te esfuerzas en que te suceda aquello por lo que trabajan con afán y han trabajado tus enemigos" (*Critón* 44c).

Es evidente ahora que Sócrates desea su muerte. Esto lo refleja tanto su actitud en privado con su mejor amigo como su actitud en el juicio público ante toda Atenas. No insistiremos en los argumentos y modos que emplea el Sócrates de la *Apología*. Observemos esto: acertadamente Strauss señala que Critón pasa de argumentar el escape con razón de sus riquezas para insistir en el deber que Sócrates tiene sobre sus hijos (su vida privada), sin embargo en esta parte del diálogo, Critón calla la responsabilidad que tendría Sócrates para con la polis (su vida pública) por ser encontrado culpable. En su tercer intento por convencer a su amigo de huir, Critón

---

[35] Strauss (2008:84-85).
[36] Véase Strauss (2008:86).

argumenta que la justicia es auto-preservación. La maniobra que llama la atención: Critón, que conoce bien a Sócrates (es su más viejo amigo) no repara en el sueño del que habla Sócrates y éste a su vez no dice nada sobre el *daímon*. Tampoco habla del dictamen apolíneo[37]. De hecho, observa Strauss, este es un diálogo en el que Sócrates sólo jura dos veces (por Zeus) y nunca hablan de los dioses. Otro silencio desenmudecido por Strauss es el de la ausencia de la palabra "filosofía" y la palabra "alma". El *Critón* es un diálogo que no menciona estas dos palabras. La respuesta de Sócrates a su amigo no tiene que ver pues, ni con el alma, ni con los dioses, ni con el *daímon* de Sócrates, quien dice que: "no solo ahora, sino siempre, soy de condición de no prestar atención a ninguna otra cosa que al razonamiento" (*Critón* 46b). Y le pide a su amigo que no haga caso de lo que diga la mayoría.

¿Por qué ninguno habla ni del *daímon* socrático, ni de dioses, ni de filosofía? ¿Creyó Critón el sueño de Sócrates? Sobre esto Strauss aparentemente plantea dos alternativas: Critón es "sobrio", o Critón es "pedestre", "corto de miras, por lo cual le aburren las cosas que trascienden su esfera, su experiencia"[38]. Decimos "aparentes" porque la respuesta de Strauss rápida y simple suena sospechosa para el lector atento. Nada en Strauss es rápido ni simple.

Critón sería un pedestre y por ello el Sócrates platónico emplearía un lenguaje excesivamente simple para evitar la palabra "alma". Sócrates le dice "consideramos que es de menos valor el cuerpo que la parte de nosotros, sea cual fuere, en cuyo entorno está la justicia" (*Critón* 48a). Ahora bien, también es posible pensar que el Sócrates de Platón no dice "alma" porque está ante un buen interlocutor que le cuestionaría.

La sospecha sobre la respuesta aumenta si recordamos que Strauss ha dicho previamente que Sócrates no se vincula con quienes no son prometedores y que Critón es de Sócrates "su más viejo amigo"[39]. Se yuxtaponen entonces las dos ideas: por un lado, la idea según la cual Critón (el mejor y más viejo amigo de Sócrates) es pedestre y corto de miras, por otro lado, Sócrates no se reúne con quienes no son prometedores ni atractivos. Entonces, deducimos que Sócrates se dirige a su más viejo amigo de manera sobria. Strauss no puede creer seriamente que Critón sea un "pedestre" y "corto de miras". Dicho de otro modo, la respuesta socrática carece de discusiones metafísicas o divinas. No habla de dioses, ni del alma, ni de metafísica porque el *Critón* habla no del cielo sino de la tierra, de la polis. El *Critón* es un diálogo político.

Retornamos a la vida pública pero desde un ángulo distinto: observamos la defensa política de la filosofía. Sabemos que *Critón* es un diálogo estrictamente político (que desprecia las mayorías) y que por la

---

[37] Véase Strauss (2008:87-88).
[38] Strauss (2008:88).
[39] Strauss (2008:84).

edición de Strauss, Sócrates decidió (como Aquiles) permanecer en su puesto, Atenas. Esto está relacionado con el mejor tipo de vida: la filosofía. Tenemos con esto el tema del diálogo y la respuesta a la primera pregunta. Sócrates deliberadamente deseaba su muerte en Atenas con objeto de defender su posición política que no es la de las mayorías, sino la de los pocos, a saber: el mejor tipo de vida o la vida filosófica.

VIII. Nosotros los filósofos: el "único conocedor", "si lo hay"

Para convencer a su amigo de que su muerte es acorde a lo justo y que debe desinteresarse por la opinión de la mayoría, Sócrates no le hablará a Critón ni de dioses ni de demonios. Hablará de política. Sócrates hará su ejercicio dialéctico buscando convencer a Critón de que "las opiniones, no sólo de la mayoría sino de cualquier mayoría han de ser desechadas en favor de la opinión de un único conocedor"[40]. Así pues, Sócrates pregunta respecto al cuidado del cuerpo si un atleta debe atender la opinión de la mayoría o la del entrenador. Critón responde - como es de esperar- que en tal caso se debe atender la opinión del entrenador. Y así "lo mismo pasa con otras cosas, Critón –concluye Sócrates– a fin de no pasarlas todas. También respecto a lo justo y lo injusto, lo feo y lo bello, lo bueno y lo malo sobre lo que ahora trata nuestra deliberación, ¿acaso debemos nosotros seguir la opinión de mayoría y temerla, o la de uno que entienda, si lo hay, al cual respetar y temer más que a todos los otros juntos?" (*Critón* 47c-d).

La respuesta de Sócrates no deja de asombrar. En efecto, como dice Strauss, "Sócrates nos obliga a preguntarnos qué se debe hacer si no se dispone de un experto acerca de lo justo y lo injusto, lo noble y lo bueno"; por otro lado, dado que el más sabio de los hombres es Sócrates y éste es sabio por reconocer su ignorancia, el experto o sabio condicional de la respuesta Socrática obliga a preguntar: ¿y si no hay tal experto, cuales son las cosas que se deben obedecer? ¿A qué o quién se obedece? Strauss añade otras dos preguntas: "¿las leyes no serían de este modo, sólo 'la forma' más cercana a lo mejor? ¿Qué se debe hacer si hay un experto en esas cuestiones y su *lógos* difiere de los *lógos* de las leyes?"[41]. De este modo, concluye Sócrates que no debemos preocuparnos mucho por lo que nos vaya a decir la mayoría, sino de lo que diga el que entiende sobre las cosas justas e injustas, aunque sea uno solo, y de lo que la verdad misma diga.

La problemática aumenta al percatarnos que Sócrates añade que la preocupación por la mayoría no se debe a sus opiniones, sino que "podría decir que los más son capaces de condenarnos a muerte" (*Critón* 48a). Por otro lado, Sócrates calla la cláusula condicional que aplica sobre el "único experto" –"si hay"– sugiere que el Sócrates de Platón advierte que su existencia no debe darse por segura; esto produce a un cambio en el

---

[40] Strauss (2008:89).
[41] Strauss (2008:89).

lenguaje y lleva a Strauss a decir que lo cierto es que ya no se habla del único experto respecto a las cosas justas -y añade-: ¿no podría decir ese experto que en determinadas circunstancias uno debe ceder ante el poder de los muchos o tratar de eludirlos[42]?

¿Cuál es ese cambio en el lenguaje para que ya no se hable del "único experto"? Strauss dice que la transición del primer argumento (actuar justamente) al segundo argumento (no atender la opinión de las mayorías) está marcado por "la inusual densidad de vocativos con valor adjetivo"[43]. Sin embargo, este cambio está atado a otro cambio más importante que Strauss calla. Desenmudeceremos a Strauss. El cambio en el lenguaje de Strauss es caro a su propia visión de la filosofía[44]: cuando Sócrates interroga a Critón y silencia el tema del experto condicional, las coincidencias entre los dos (Sócrates y Critón) ocupan el lugar de los veredictos del experto único. Sócrates le pide a su amigo que examine si los argumentos expuestos "permanecen firmes aún para nosotros". Este argumento que revisarán es un argumento según el cual "no hay que considerar lo más importante el vivir sino el vivir bien" (*Critón* 48b).

De tal modo se silenció el tema del "experto condicional" y se remplazó por el "nosotros", esto es, por Sócrates y Critón. Tal cambio implica dos cosas: por un lado es una prueba más contra la idea según la cual Sócrates prescinde de ciertas explicaciones para Critón no porque éste sea "pedestre", sino porque es sobrio. Sócrates y su amigo Critón conforman un "nosotros", los sabios. La idea según la cual Critón es un pedestre es una pista falsa dada por Strauss. Estamos justo en la mitad del ensayo de Strauss sobre el Critón y observamos la escisión entre un "ellos", la ciudad, y un "nosotros", los filósofos. De los 29 párrafos que ocupan el texto, los párrafos 13 y 14 ocupan un tema central: Strauss, practicante del arte de escribir que él mismo descubrió ha puesto en el centro de su investigación la escisión entre la ciudad y el filósofo, es decir entre los pocos que sostienen y los muchos que no sostienen que la vida sin examen no es digna de ser vivida. Tal escisión entre los muchos y los pocos que incluye a Sócrates y a Critón, incluyen ahora también a Strauss. Él muta su lenguaje y no escribe que los filósofos pueden defenderse cuando padecen el mal. Él dice que "Sócrates ahora admite, como al pasar, que podemos defendernos cuando padecemos un mal, pero pone el acento en el hecho de que, al hacerlo así, no debemos causar mal en represalia"[45]. Más adelante

---

[42] La referencia en cuestión corresponde al libro VI. Trata de las cualidades del alma filosófica y las dificultades de su ejercicio. Una de estas estriba en que la mayoría, la polis, es el más grande de los sofistas. Para el filósofo es peligroso el trato con esta y prefiere retirase de la política. "De tal modo que quien reflexiona sobre estas cosas se queda quieto y se ocupa tan solo de sus propias cosas, como cuando alguien se coloca junto a un muro en medio de la tormenta para protegerse" (*República* 496d)

[43] Cf. *Critón* 48a 5, b3, d 8, e2

[44] Cf. Hilb (2011).

Strauss dirá que "las coincidencias previas entre Sócrates y Critón no se extienden a las cosas políticas ni en particular a las leyes"[46], entonces la unión entre ellos no está en las cosas de la polis sino que está en la filosofía. Es la filosofía lo que une al "nosotros".

Vamos descubriendo poco a poco el pensamiento tejido y secreto con el que Strauss lee en conjunto los dos diálogos acá tratados: la idea no expresada por la *Apología y* la decisión de permanecer en Atenas está unida a la idea de que el modo de vida de "nosotros" los filosófico es el mejor modo: El *Critón* es un diálogo político en el que Sócrates le dice de manera sobria a su amigo Critón que tiene interés de morir en Atenas puesto que esta es una forma también sobria de defender una posición política, donde, el mejor tipo de vida es la vida filosófica. La defensa política de la filosofía abre una brecha entre el filósofo y la polis, pero a diferencia del estilo de vida filosófica mostrado por el Sócrates de Aristófanes, observamos un cambio significativo en la actitud del filósofos que Platón diseña en su Sócrates. Acá hay una defensa política de la filosofía a través de la maniobra exotérica de señalar que la filosofía no es perjudicial para la polis, mientras que, esotéricamente, el ejercicio filosófico cuestiona las premisas morales, políticas y estéticas de la sociedad.

IX. La prudente desobediencia del filósofo

Iniciamos la tercera y última parte del texto. Continúa el diálogo entre Sócrates y Critón en torno a la justicia y la posibilidad de huir.

Tenemos ahora un pasaje particular. Sócrates propone imaginar que en el momento de la fuga llegan las leyes preguntando "dime Sócrates ¿qué intención tienes de hacer?" (*Critón* 50a). La particularidad está en que, por un lado, la diferencia entre Sócrates y Critón son ahora irrelevantes. Esto obedece a que ellos conforman ahora el "nosotros", los filósofos, si bien, la superioridad filosófica de Sócrates parece evidente. Por otro lado, Strauss señala que hay en el pasaje un cambio de lenguaje: "Sócrates reemplaza la expresión los atenienses por 'la ciudad', los 'muchos' o la 'mayoría'. Dice Strauss que "en lo que sigue, el lugar de 'los atenienses' en el sentido que tiene la expresión en los dos pasajes indicados aparece ocupado particularmente por 'la patria' (...) Sócrates habla de 'la patria', y con mucha más frecuencia de 'la ciudad' (y sus derivados), de 'las leyes' (y sus derivados), esto es, usa expresiones que nunca aparecieron antes, al mismo tiempo (indica) que ya no hay ninguna referencia a 'la mayoría'"[47]. Todo esto después de la sutil pero radical escisión Straussiana entre el filósofo y la ciudad ¿qué implica este cambio de lenguaje en el texto de Platón? Strauss mismo no lo explica, sin embargo creemos que podemos rastrearlo.

---

[45] Strauss (2008:91-92).
[46] Strauss (2008:92).
[47] Strauss (2008:92).

El tema sin duda es la obediencia a la ley por parte del filósofo. ¿En qué se basa la obediencia? Tenemos dos vías.

a) *La alternativa de la obediencia por la divinidad de las leyes*
La obediencia puede estar atada al hecho de que las leyes sean infalibles, quizá de origen divino. Empero, Strauss señala que tan solo se trata de un sueño de Sócrates. Las leyes podrían estar equivocadas. Además, a diferencia del *Timeo* (24d) el *Critón* no presenta a los ciudadanos como engendrados y educados por los dioses. En este momento Strauss pone entre paréntesis y sin comentarlas dos citas a *Leyes* (624a1-6 y 634e1-2). La primera cita confirmaría el enunciado según el cual la obediencia a la ley sería irrestricta por la inefabilidad de una ley de origen divino. La segunda cita a *Leyes* aparentemente reafirmaría lo anterior. La ley no es objetable por su origen divino; sin embargo, todo el contexto del pasaje y el comentario de Strauss sobre las acciones y los hechos de *Leyes* indica que se sabe que las leyes no son de origen divino, y que su desobediencia debe estar enmarcada por una prudente acción del filósofo, que una vez se midió ante los ancianos de la polis –sin que otros le escucharan– pudo criticar las leyes de la ciudad.

Después de las citas y recordando que Sócrates ha dicho que no puede dejar de filosofar aunque se lo prohíban también que fue educado por las leyes de Atenas[48]. El pasaje resulta problemático. Si bien se argumenta en contra de la desobediencia, la ley platea alternativas (el destierro o la persuasión) a Strauss no le pasan en vano varias cosas: por un lado, el hecho de que las leyes pueden estar equivocadas, de manera que el rango de obediencia irrestricta casi se desvanece. Por otro lado, si las leyes no se equivocan –tienen origen divino– resulta inexplicable que estén dispuestas a ser persuadidas. Dicho de otro modo, las leyes guardan silencio sobre el hecho de que Sócrates sabe que ellas fallan en un aspecto importante: el mal uso de la pena de muerte[49], y ellas callan esto porque "explicar qué significa persuadirlas no sería compatible con la hipótesis de su condición sobre humana"[50].

b) *La ley apodíctica*
Se debe obedecer puesto que las leyes no fallan. No hay que persuadirlas puesto que son divinas. Pero de este modo el problema de la divinidad de las leyes se incrementa si recordamos que Sócrates fue acusado de impiedad. Sócrates no cree en las leyes ni en los dioses de la ciudad.

Estos dos aspectos de las leyes ponen de manifiesto la tensión entre *la* ciudad (Atenas) y *el* hombre (Sócrates). Strauss lee el pasaje que indica que las leyes criaron y educaron a Sócrates y se permite hacer con esto un símil

---

[48] Véase *Apología* 29c y *Critón*: 51c-52a.
[49] Véase *Apología* 37a-b.
[50] Véase Strauss (2008:97).

entre el padre (Leyes) y el hijo (Sócrates) remitiendo a *República*, a saber: el padre se encuentra satisfecho "como lo habría estado ese otro padre, Céfalo" y sin embargo señala que "basta con pensar en el caso de un padre insensato contra quien se puede usar el engaño e incluso la fuerza en su propio interés"[51]. ¿Cómo entender esta maniobra?

Sin duda, el episodio recordaría más a Estrepsíades que recibe castigo de Fidípides, que a Céfalo y a su hijo Adimanto. El propio Strauss en su ensayo sobre *Eutifrón* (que sigue inmediatamente al ensayo sobre *Apología* y *Critón*) sostiene que "Los temas 'apaleo del padre' y 'continencia' nos recuerdan las *Nubes*, donde se presenta a Sócrates como un maestro en apalear al padre"[52].

Sostenemos entonces que Strauss pasa deliberadamente y en silencio del Sócrates platónico culpable de hacer discursos con artificio y regresa al mal orador de Aristófanes. Acá Sócrates no es un hábil político como Pestetero, ni tampoco un sofista hábil y experto, por ejemplo, Trasímaco. El falso movimiento de Strauss no debe engañarnos. Debemos preguntarnos: ¿por qué, sabiendo las diferencias, Strauss está interesado en remitirnos a *República* de Platón y no a las *Nubes* o alguna otra obra de Aristófanes que muestra a hijos golpeando padres o a superiores golpeados por inferiores?

Pocas líneas más adelante Strauss sostiene que "el hecho de que ninguna ciudad sin leyes pueda agradar no prueba, como es obvio, que una ciudad agradable deba tener leyes agradables: una ciudad puede tener otros atractivos, al margen de sus leyes; esto es lo que quería decir Sócrates al hacer que las Leyes insistieran en que ninguna ley le impide mudarse a otra ciudad. (Se puede hallar una larga exposición de la opinión de Sócrates sobre los atractivos de Atenas y sus leyes en su descripción de la democracia en el libro octavo de la *República*)"[53].

Para descubrir el falso movimiento de Strauss tenemos que "una ciudad puede tener otros atractivos, al margen de sus leyes" y "esto es lo que quería decir Sócrates"(..) sobre los atractivos de Atenas y sus leyes en su descripción de la democracia en el libro octavo de la República". No podemos extendernos en la interpretación que Strauss hace de este pasaje en *La ciudad y el hombre;* nos limitamos a señalar que para Strauss es clave este pasaje de *República* puesto que Sócrates ha domado a Trasímaco, quien representa a la ciudad. Dice Sócrates que Trasímaco ahora es su amigo "sin haber sido antes su enemigo" y la participación de Trasímaco es importante en la fundación de la tercera y última ciudad[54]. Una cosa más, la democracia es acá un régimen cardinal para la filosofía puesto que puede ser que éste sea el más bellos de todos los regímenes. Tal como un manto multicolor con todas las flores bordadas, también este régimen con todos los caracteres

---

[51] Strauss (2008:95).
[52] Strauss (2008:125).
[53] Strauss (2008:97).
[54] Véase *República* 498d.

bordados podría parecer el más bellos. Si nos preguntaos por qué Sócrates piensa así de la democracia entenderemos que no lo especula a razón de ser un demócrata sino porque este régimen es muy apropiado para indagar dentro de él una organización política. Es decir, comparado con los otros regímenes o sistemas políticos, la democracia es menos desfavorable para la filosofía puesto que su eros es la libertad y permite entonces de mejor modo, (o de modo menos peor), el ejercicio de la filosofía, si se le compara, por ejemplo, con una tiranía. Así pues, no existe obligación alguna de gobernar ni aun cuando seas capaz de hacerlo, ni de obedecer si no quieres, sino que se puede pasar el tiempo con ciertas precauciones pero filosofando libremente, y entonces, concluye Sócrates: "no es este un modo de pasar el tiempo divino y delicioso, aunque sea un momento"[55].

Por tanto, y si hemos seguido bien los sutiles rastros y movimientos del autor de *Persecución y arte de escribir*, concluimos que la intención de Strauss –desplazarnos sutilmente no a Aristófanes y las *Nubes*, sino a Platón y la *República*– tiene por objeto mostrar que la filosofía de Platón es en gran medida un paso hacia la actitud política como respuesta a Aristófanes. Platón aprendió la lección de la prudente transmisión de la enseñanza filosófica. Comprendemos que huir no es una opción porque el interés del Sócrates platónico por morir en Atenas estriba en la oportunidad hacer su discurso fúnebre y señalar exotéricamente o con palabras, que la filosofía no es problemática para la polis; mientras la filosofía política de Platón que se mueve no en los discursos sino en las acciones, enseña que irremediablemente el filósofo cuestionará las leyes y dioses de la polis que habita. Sócrates no prefiere una retirada honrosa porque la actividad de Sócrates era la de ser una tábano para la polis. Platón entendió que filosofar era más factible en una democracia (Atenas) y allí sería más factible crear la Academia... de tábanos.

Bibliografía

Aristófanes, *Comedias*, Madrid, Gredos. Trad. de L. Gil Fernández.
Drury, S. (1998), *The Political Ideas of L. Strauss*, New York, Mc Millan Press.
Hilb, C. (2005), *Leo Strauss: El arte de leer*, Buenos Aires, Fondo de Cultura Económica.
Hilb, C. (2011), "*Vosotros – Las personas del verbo (filosófico)*", en Birules, F. *Las personas del verbo (filosófico)*, Universidad de Barcelona, Barcelona
Mársico, C. (2010), *Zonas de tensión dialógica*, Buenos Aires, Del Zorzal.
Nietzsche, F. (1973), *El nacimiento de la Tragedia*, Madrid, Alianza.
Pangle, T. (1985), "The Platonism of L. Strauss", en *Claremont Review* v. 4, n°. 1, pp. 18-20.
Pangle, T. (2006), *An introduction to his thought and intellectual legacy*, Baltimore, J. Hopkins University Press. Baltimore.

---

[55] Véase *Republica* 557c-558a.

Plato (1970), *Laws*, Oxford, OUP.
Plato (2008), *Crito*, New York, Penguin.
Plato (2008), *Republic*, Oxford, OUP.
Platón (1982-1998), *Diálogos*, Madrid, Gredos.
Strauss, L. (2007): "*El liberalismo de la filosofía política clásica*", en *El renacimiento del racionalismo político clásico*, Buenos Aires, Katz.
Strauss, L. (1952), *Persecution and art of Writing*, Chicago, University of Chicago Press.
Strauss, L. (1968), *Socrates and Aristophanes*, New York, Basic Bocks.
Strauss, L. (1972), *Xenophons Socrates*, Ithaca, Cornell University Press.
Strauss, L. (1975), *The argument and the action of Plato's Laws*, Chicago, University of Chicago Press.
Strauss, L. (2004), *¿Progreso o retorno?*, Barcelona, Paidós.
Strauss, L. (2006), *La Ciudad y el Hombre*, Buenos Aires, Katz.
Strauss, L. (2008), *Estudios sobre filosofía política platónica*, Buenos Aires. Amorrortu.
Zuckert, C. (1996) *Postmodern Plato's*, Chicago, Chicago University Press.
Zuckert, C. (2011) *Leo Strauss, una nueva lectura de Platón*, en Hilb, C. (2011), *L. Strauss: la ciudad y el hombre*, Buenos Aires, Prometeo, pp. 159-199.

Platón contemporáneo en el debate sobre el liberalismo: entreguerras, Karl Popper y Slavoj Žižek

Rodrigo Illarraga

Decir que somos herederos del fenómeno grecoclásico parece haberse convertido en un lugar común saturado de trivialidad: teatro, democracia, filosofía y una potencialmente enorme lista de técnicas y desarrollos nos unen a la Atenas del siglo V y IV a.C. Expresada así, de forma que el reduccionismo se toca con lo desiderativo, esta conexión no tiene mayor relevancia. Está vinculada más a nuestras pretensiones contemporáneas de vincularnos al pasado remoto imaginado desde un romanticismo ingenuo e idealizador. A decir verdad, la Atenas de Pericles, y en general la *pólis* griega, no tiene similitudes directas, inmediatas, con el mundo del siglo XXI, y en todo caso sus ecos en nuestra cultura tienen más de dos milenios de deformaciones y cambios.

No obstante, si reconocemos las distancias es posible dinamizar nuestra mirada sobre las semejanzas entre nuestro tiempo y la Grecia Clásica poniendo en primer plano su potencia para pensar el mundo contemporáneo. La tarea no es entonces simplemente anotar referencias que solo parecen estar en el significante y que rozan la erudición etimológica, sino encontrar conexiones de sentido, problemas inter-epocales que pertenezcan a una misma zona de tensión teorética en donde se articulen, a lo largo del tiempo, mismos plexos reflexivos.[1] Dentro de esa metodología la riqueza está en detectar advenimientos tempranos y recurrentes de núcleos de discusión que permitan doblegar esfuerzos y ampliar nuestros horizontes interpretativos.

Parados desde esta propuesta, hay una clave que con certeza suena en el siglo de oro ateniense y resuena en el momento en que vivimos: lo que de algún modo podemos llamar "la angustia griega por la política", una duda urgente e ineludible alrededor de cómo organizar una sociedad y cuáles son los mejores principios para ordenarla. En el siglo IV y V a.C. existe un extenso número de reflexiones sobre problemas ético-políticos que, superando la delimitación precisa que hoy realizamos al demarcar la filosofía, alcanzan el territorio de la sofística, historiografía, comedia y tragedia. Es algo aceptado que esta cuestión de época aparece como

---

1 Una reflexión más extensa sobre esto puede ser hallada en la sección "Intermedio clásico, ¿peras y helicópteros?", en Illarraga (2014).

respuesta a una crisis: en primer momento, del proyecto democrático radical y el fracaso de la organización imperial ateniense y, posteriormente, de la pérdida de relevancia de la *polis* como unidad de la vida política ciudadana tras el surgimiento de los reinos helenísticos. Hoy, podemos arriesgar sin aventurarnos, vivimos en un momento similar. No tanto por la crisis de un sistema de organización política y sus modos de articulación social – fenómeno que podemos anotar desde 1917 en adelante–, sino por la sonada caída de los grandes relatos políticos, la fragmentación discursiva posmoderna y la afluencia reciente de un coro de propuestas que se extienden desde el marxismo más ortodoxo al neoconservadurismo. La disrupción contundente de un universo simbólico más o menos estable –la existencia de un vacío, la política como acontecimiento, en términos de Badiou– y la aparición de discursos alternativos en torno al complejo política-ética-sociedad es lo que nos une con los atenienses de la época clásica con una especificidad que nos separa de las continuidades tan fáciles como poco relevantes.

Pero este nexo no es solo una cuestión de modo: la red teórica que nos ata al fenómeno político griego tiene un entramado común a nuestros días, una *zona de tensión dialógica* organizada sobre una serie de *leitmotivs* cuyas variaciones no nos son ajenas.[2] Uno de los temas principales es la definición de la instancia que sirve de razón para la organización de la sociedad (*i.e.*, el individuo o el colectivo), de mano de las preguntas que supone esta elección ("¿Cómo la sustentamos? ¿Cuáles son sus límites?"). *Mutatis mutandis*, este compacto de interrogantes es tan grecoclásico como contemporáneo: la opción entre ubicar el sentido de la política en el sujeto o en el conjunto que está testimoniada, principal pero no exclusivamente, en las críticas platónicas a la sofística, pervive hasta nuestros días en el debate entre las diferentes formas de liberalismo y sus alternativas.

Por supuesto, el anclaje del principio ético y epistemológico en el sujeto típicamente sofístico, propio del *homo mensura* protagórico, no equivale inmediatamente a las formulaciones liberales en sus formas clásicas. La tensión dialógica tiene que ser pensada más bien entre las construcciones antagónicas al hombre-medida –propuestas como las platónicas, no relativistas, comunalizadoras, etc.– y el liberalismo; desde esa fricción sí es posible extender similitudes entre lo lábil de la construcción discursiva ética de la erística y gran parte del sentido común (neo)liberal posmoderno.

En este trabajo nos proponemos presentar un esquema reducido de las lecturas contemporáneas del pensamiento político platónico desde el mundo intelectual no relacionado directa o exclusivamente con los estudios clásicos. Para ello emprenderemos el siguiente recorrido: en primer lugar reseñaremos el impacto del pensamiento platónico en la gran crisis del capitalismo/ liberalismo de la década del 30; en segundo lugar,

---
[2] Para el concepto de zonas de tensión dialógica, ver Mársico (2010).

presentaremos críticamente la postura de Karl Popper sobre la filosofía de Platón, en tercer lugar, propondremos una lectura de algunos puntos del pensamiento político de Slavoj Žižek. Finalmente, expondremos algunas reflexiones sobre cómo abordar hoy la política en Platón.

Las décadas del 30' y el 40': Platón en boca de todos

Uno de los capítulos más interesantes y desconocidos en la historia de la recepción de Platón es el que se abre entre la década del 30 y del 40: una plétora de académicos, muchos reivindicando su lugar como intelectuales – esa palabra reciente en las primeras décadas del siglo XX, surgida en el candor del caso Dreyfus–, inicia una revisión de la filosofía platónica a la luz de los acontecimientos de su tiempo. Platón, durante la tercera y cuarta década del siglo pasado, se convierte fugazmente en una figura que traspasa el campo erudito para volverse un interlocutor contemporáneo, directamente implicado en los acontecimientos actuales: comunismo soviético, fascismo y después nazismo son interpelados desde el pensamiento del filósofo ateniense.

La ignorancia respecto a este intenso y fugaz *revival* platónico tiene razones fuertes: es la suma entre la poca importancia que tienen los textos académicos especializados como fuente historiográfica para analizar el contexto político y el necesario olvido, en medio del vertiginoso y constante aumento de bibliografía secundaria, de autores "menores" o poco relevantes para el trabajo de especialista. En otras palabras, los intelectuales que formaron parte de esta inconexa moda no fueron figuras de peso y, en muchos casos, eran ajenos al campo particular de estudios clásicos o platónicos. Karl Popper (o Hans Kelsen[3]) es una buena figura antonomástica si le quitamos la idea de excepcionalidad y lo ubicamos dentro de una corriente mayor: su especialidad no era la filosofía antigua, su reflexión pasa por una cuestión claramente política y la relevancia de su texto fue producto de su notoriedad en otro ámbito.[4]

Como señala Bambrough, uno de los más eruditos de los pocos académicos en revisar este período detalladamente, la polémica se caracterizó por no estar confinada a los cuadros académicos de helenistas, sino por sumar a un espectro de intelectuales que incluyó figuras del mundo de la historia, la crítica literaria y las ciencias políticas, entre otras: desde *The Platonic Legend* de Warner Fite,[5] a *Plato To-day* de R.H.S Crossman,[6] pasando por Bertrand Russell en *The History of Western Philosophy*,[7] [8] el debate supo englobar nombres célebres en su tiempo.

---

[3] En, por ejemplo, Kelsen (1957).
[4] Ver Bambrought (1962). Con respecto a la recepción popperiana de Platón, ver *infra* y Lane (1999).
[5] Fite (1934).
[6] Crossman (1937).

Parece tener sentido que una de las expresiones más acabadas del clima de época en donde se enmarca este tópico se encuentre a finales de la década del 30', cuando el crescendo intelectual acompañaba las tensiones inmediatamente previas al comienzo de la guerra (marcadas por los avances alemanes y el inocente *"peace for our time"* de Neville Chamberlain) de manos de un académico canadiense en la introducción de su libro *No compromise. The Conflict Between Two Worlds*:

> Si algún lector de este libro se pregunta por qué un profesor de filosofía debe dejar de lado los temas tradicionales para escribir un trabajo sobre el fascismo, la respuesta puede ser buscada en una afirmación hecha por una de las más distinguidas revistas académicas de Europa, el *Philosophische Hefte*, publicada en la ex-Checoslovaquia: 'Hoy el problema no es entre esta o aquella escuela de filosofía, sino la posibilidad de supervivencia de cualquier filosofía en absoluto. Las bases de nuestra cultura se encuentran tambaleando'. Todas las cosas dependen de la recomposición de las bases espirituales y materiales de la vida. Bajo estas circunstancias, la filosofía no se puede permitir abstraerse en ella misma alejándose de los conflictos políticos y económicos de nuestra época. Ninguna de estas luchas es más crucial que la que se desarrolla entre democracia y fascismo.[9]

Para Rader el análisis sobre Platón supone también un compromiso político: habría allí un terreno de tensión que preanunciaría el conflicto entre modos de sociedades. Pese a esto, el peso e influencia de la filosofía clásica en el Tercer Reich (y la Italia fascista) parece ser mínimo. Esto no se debe a un olvido por parte del estado nazi, que consideró a toda la cultura greco-romana como uno de sus baluartes,[10] sino a las políticas universitarias impulsadas desde el nazismo, que comprendieron la persecución de profesores opositores y judíos y la entrega de sus puestos a adictos al régimen, marginales dentro del mundo académico y tradicionalmente rechazados por sus lecturas conservadoras y/o racistas.[11]

Ya en 1938. H.B. Acton, en su *"The Alleged Fascism of Plato"*, detectó el uso ideológico que realizó el Tercer Reich de la imagen de Platón y propuso lecturas que vayan en contra de esa clave: sostener coincidencias

---

[7] Russell (1945).
[8] Además del trabajo de Bambrought, *op.cit.*, hay que contar los artículos de Lakin (1962–63), Hallowell (1965), Versenyi (1981) y Fernandez Galiano (1972). Recientemente, los capitulos finales del extenso *The Platonic Experience en Nineteenth Century England* (Cruzalegui, 2006), han explayado el panorama crítico inglés, detallando el caso de Rusell y Crossman.
[9] Rader (1939, foreword).
[10] Bialas y Rabinach (2007), y en particular el capítulo de Losermann en ese volumen, "Classics in the Second World War" (pp. 306–340).
[11] Ritter, en su artículo "The German Professor in the Third Reich" (1946) analiza el cuadro ni bien terminada la Segunda Guerra Mundial. Para un testimonio directo de la situación en filosofía antigua, véase Hoernlé (1938a, 1938b).

y continuidades entre la política platónica y el nazismo era en todo punto contraproducente, más allá de las falencias teóricas que supondría esa línea argumentativa.[12] A decir verdad, la recuperación nazi de Platón fue marginal, y nunca como referencia en la batalla teórica liberalismo/totalitarismo. Por lejos la referencia de más impacto está presente en la obra del "nordicista" favorito de Hitler, Hans F.K. Günther, en donde se lee a Platón como un antecedente de las políticas eugenésicas.[13] En tanto Platón solo recupera un tópico griego, hacer caso de esta referencia a la autoridad parecería ser, efectivamente y tal como señala Acton, dar lugar y contundencia a una línea argumental en extremo mellada.

Recuperemos el armazón cronológico del debate. Como ya mencionamos, el punto inicial se encuentra en la publicación de Warner Fite, *The Platonic Legend*. Fite, profesor de ética de la Universidad de Princeton y discípulo de Grote,[14] planta su texto frente a la idealización de Platón,[15] seguramente identificada con el extenso campo de estudios filológicos y filosóficos de contemporáneos como Burnet,[16] pero también de otros alumnos de Grote fuertemente platónicos en sus lecturas, como Shorey[17] y Taylor.[18] La crítica se centra en la política y ética platónica, pero también en los aspectos biográficos de Platón y en su estilo literario: el texto es una gran suma de lugares comunes en donde el primer puesto lo ocupa la posición *a priori* antidemocrática de Platón y la supuesta fundación del comunismo en *República*–tópico caro en las primeras décadas del siglo XX desde la Revolución del 1917.

El otro gran hito de la recepción platónica en la década del 30' es la obra de R.H.S Crossman: *Plato To-day*,[19] la adaptación literaria de una presentación radial emitida por la B.B.C., *"If Plato Lived Again"*. A diferencia del texto de Fite, el de Crossman es uno de difusión, sin ninguna

---

[12] Acton (1938).

[13] Günther escribió uno de los best-sellers básicos del aparato nazi, pilar de la teorización racial, que fue *Ressenkunde des deutschen Volkes*, además de un libro dedicado exclusivamente a la eugenesia en Platón: *Platon als Hueter des Lebens*. Ver Spiro (2009: 360 y ss).

[14] Excluimos de este análisis la crítica de Grote, más profunda y erudita que la de Fite y sus contemporáneos, presente principalmente en *Plato and the Other Companions of Sokrates* (1865): nos encontramos aquí con temas decididamente decimonónicos, ajenos a la discución del liberalismo del siglo XX. No obstante, es digno de mención que gran parte de las críticas de Fite ya se hallan presentes de algún modo en el pensamiento de su maestro.

[15] Fite (1934, p.6).

[16] Cruzalegui (2006, p. 393).

[17] *The Unity of Plato Thought* (1903) y *What Plato Said* (1933) dan buena cuenta de esta lectura.

[18] Taylor (1926).

[19] Crossman (1937). Cabe tener en cuenta que en la Inglaterra podemos encontrar una cierta tendencia a referir a ejemplos o casos clásicos, tal como nota Hodkinson para Esparta en "Sparta and Nazi Germany in mid–20th Century British Liberal and Left-Wing Thought" (2013).

pretensión academicista. *Plato To-day* es una serie de diálogos y cartas ficcionales que habría escrito Platón al ver el mundo de 1937. Así, el filósofo reflexiona sobre el rol del partido Laborista Inglés y de los *tories*, sobre la relación entre la Alemania Nazi y la Italia de Mussolini, sobre el estado soviético en el ex-Imperio Ruso. La lectura de Crossman es menos ácida que la que encontramos en *The Platonic Legend*: si bien encuentra en su filosofía el germen de los regímenes totalitarios de entreguerras, su crítica apunta a los intelectuales que han adoptado un modo de vida "platónico", recluyéndose de la vida práctica para dedicarse al mundo académico.

Entre el 1938 y el 1944 el debate se intensifica pero se vuelve menos público. Profesores e investigadores, por medio de artículos en revistas especializadas, serán ahora quienes porten la antorcha. En orden cronológico: "Would Plato Have Approved of the National–Socialist State" de Hoernlé:[20] el ya citado "The Alleged Fascism of Plato" de Acton;[21] "Plato's political thought and it's value today" de Field;[22] "Plato's Republic, Totalitarian or Democratic?" de Murley,[23] "Was Plato a Fascist?" de Demos,[24] y otro articulo de Field, "On Misunderstanding Plato"[25] nuevamente de Field. Lo interesante de este grupo de textos es que aquí encontramos la respuesta a las críticas de años anteriores: son obras que van a referir directamente a la política platónica y a la situación europea buscando comprender si efectivamente existen elementos de continuidad.

El articulador de esta gran zona de tensión argumental es el liberalismo: la crítica a Platón se hace desde el armado ético que pone en primer plano la autonomía del sujeto frente a la sociedad, la estructura de libertades negativas que aseguran la preeminencia del individuo. Al revisar fechas, es evidente que no hay en un primer momento, como podría ser tentador pensar, una crítica al totalitarismo genocida. El gran reclamo a Platón es su "proto-comunismo", ser la más antigua referencia teórica de algo similar a la experiencia de la URSS, y es en ese sentido que hay que leer las referencias al régimen soviético. En 1934, año de *The Platonic Legend*, Stalin aún no había iniciado sus purgas, y en 1937, cuando Crossman edita *Plato To-day*, aún no son conocidas en Occidente. De los artículos escritos entre 1938 y 1944, solo el de Hoernlé dedica espacio a referir la discriminación a judíos de la Alemania Nazi.[26] Es importante resaltar esto, para no caer en lecturas anacrónicas en donde esté en juego la

---

[20] Hoerlé (1938a).
[21] Acton, *op.cit.*
[22] Field (1941).
[23] Murley (1941).
[24] Demos (1942).
[25] Field (1944).
[26] La existencia de la Shoá solo sale a la luz pública con el avance soviético y norteamericano sobre el territorio alemán y del Gobierno General.

declamación de un régimen inhumano: en la década del 30', la crítica que se le hace a estas formas políticas está casi exclusivamente ligada a su antiliberalismo declarado. Consecuentemente, el rescate de Platón que realicen algunos de estos autores vendrá de recuperar esos elementos. "Platón también es en parte liberal", pareciese que es la proposición deseada. ¿Hay lecturas que salven a Platón en su lectura más textual? Como veremos más adelante, solo recientemente se han perfilado claves que recuperen los elementos claves de su entramado metafísico y político. No obstante, antes de llegar a ellos, tendremos que detenernos en el último gran exponente de esta serie iniciada en los años 30: Karl Popper.

Karl Popper: hacia un Platón totalitario

De la multitud de producciones que entre las décadas del 30 y el 40 vieron en Platón uno de los fundamentos del pensamiento político occidental con vigencia contemporánea, destaca con fuerza el libro de Karl Popper *La sociedad abierta y sus enemigos*. Su impacto se tiene que pensar atado tanto a la relevancia de Popper como filósofo, como a la extensión y profundidad de la obra. En este sentido, es importante recordar que, como hemos anotado, si bien figuras de peso escribieron libros sobre el tema (recordemos a Crossman, o Kelsen), ninguna de ellas tuvo la intención de proponer un análisis crítico exhaustivo tal y como Popper en su libro.

La sociedad abierta y sus enemigos es, en todo, un libro llamativo. Si bien mucho del material había sido redactado anteriormente, el texto propiamente dicho fue escrito entre 1938 y 1943 como una mirada de crítica de los antecedentes y fundamentos de los totalitarismos que marcaban la década. Nazismo, fascismo y marxismo están encuadrados dentro de un mismo conjunto, fenómenos que atentan contra la "lucha por construir un mundo mejor y más libre".[27] La alusión a "marxismo" como sistema político, a la luz del "Prefacio a la edición revisada", completa la extrañeza de encontrarlo ubicado al lado de proyectos (nazismo, fascismo) que se constituyeron como prácticas antes que como *corpus* teórico: para Popper (¡ya en los años 50!), estalinismo, maoísmo y democracias populares son unidades en el fondo intercambiables que no comprenden diferencias sustanciales de modo ni ideológicas.

El libro está organizado en dos volúmenes: uno dedicado principalmente a Platón, el otro a Marx. Desde la perspectiva liberal de Popper, los dos constituyen los hitos principales de un decurso filosófico que ataca lo que él llama las sociedades abiertas: Platón y Marx, por su peso y alcance intelectual, son los mayores y más influyentes filósofos que han sostenido la "autoridad absoluta de lo establecido por la mera fuerza del hábito y la tradición",[28] en contra de una perspectiva que "por el contrario,

---

[27] Popper (2006, p.11).

[trate] de preservar, desarrollar y establecer aquellas tradiciones, viejas o nuevas, que sean compatibles con las normas de la libertad, del sentimiento de humanidad y de la crítica racional".[29]

Una de las características más distintivas de la obra es que, si bien tiene un fuerte componente militante, el libro no es un simple libelo. En la mayoría de los llamados "textos de trincheras" es más que habitual encontrar usos o referencias a filosofía o historia tratadas muy tenuemente o con imprecisiones para aportar a la argumentación, en un proceso que termina teniendo visos de cita de autoridad o de referencia al sentido común de manual. *La sociedad abierta y sus enemigos* demuestra un trabajo intelectual que supera con creces este tipo de literatura. No obstante, desde nuestra perspectiva, su profundidad no tiene que ser leída en clave de especialista, sino como un desarrollo puntual del pensamiento popperiano (*i.e.*, las aristas políticas de su filosofía) que encuentra en Platón (y en Marx) momentos agónicos clave.

En este trabajo vamos a detenernos en el primer volumen del libro de Popper, destinado en su mayor parte a Platón: nos interesa detectar cuáles son los principales argumentos en donde reposa su crítica, para poder entender de forma más acabada la revitalización platónica de manos de Žižek. Prescindiremos ahora, por lo tanto, de referencias a la segunda parte, destinada a Hegel y a Marx. No obstante, no es ocioso aclarar que la vindicación contemporánea de Platón tiene sus raíces en las relecturas que el posmarxismo y posestructuralismo han realizado sobre Hegel y Marx.

Volviendo a Popper, ¿cuál es el punto inicial de su crítica aguzada a esta línea de pensadores que, comenzando por Platón, dan inicio a los totalitarismos? Popper encuentra el asiento teórico de los movimientos que dan lugar a las "sociedades cerradas" en lo que él llama filosofías historicistas, o historicismo: la creencia en un curso fijo del desarrollo histórico y, por lo tanto, la capacidad para medir y predecir el devenir de la historia.[30] Así planteado, el historicismo popperiano aparece con pocas características específicas: su impacto estaría movido –y esta es la opinión personal de Popper– por la profunda insatisfacción de grandes grupos de intelectuales y por la necesidad de alimentar esperanzas sin reparar en que ellas podrían empoderar aquello mismo que supuestamente se combate.[31]

---

[28] *Ibidem*, p. 11.
[29] *Ibidem*, p. 12.
[30] *Ibidem*, pp. 15-17.
[31] *Ibidem*, pp. 18-19. Las deficiencias de esta propuesta inicial son evidentes y su falta de precisión no desaparecerá por entero durante el primer volumen de *La sociedad abierta y sus enemigos* en el intento de establecer una continuidad entre platonismo-historicismo-totalitarismo. Una plétora de interrogantes se abre antes de poder aceptar que Platón (o Marx) sostiene lo que Popper entiende por historicismo, y que el surgimiento de regímenes autoritarios está asociado necesariamente a él. Con respecto a la primera cuestión, que abordaremos sintéticamente más adelante, solo aclararemos que, aún con los matices que Popper imprimirá más adelante en el libro, se trata de una lectura deflacionada y

Pasemos entonces a delimitar mejor cual es la crítica política de Popper a partir de su lectura de Platón. Para el filósofo toda la política platónica se desprende de dos fórmulas, una idealista y otra naturalista; mientras la primera clama por la inmovilidad social ("¡Detened todo cambio político!"), la segunda se asienta en un tiempo originario natural al que hay que regresar ("¡De nuevo a la naturaleza!").[32] Estas dos premisas, que están fundadas en el ya mencionado "historicismo", diagramarían los principales elementos de la sociedad de Platón. Aquí está resumido el argumento crítico liberal.

> (A) La división estricta de clases; la gobernante, compuesta de pastores y perros avizores, debe hallarse estrictamente separada del rebaño humano
> (B) La identificación del destino del Estado con la clase gobernante; el interés exclusivo en tal clase y en su unidad, y subordinadas a esa unidad, las rígidas reglas para la selección y educación de esa clase, y la estricta supervisión y colectivización de los intereses de sus miembros
> [...]
> (C) La clase gobernante tiene el monopolio de una serie de cosas como, por ejemplo, las virtudes, el adiestramiento militar y el derecho de portar armas y recibir educación de esa índole, pero se halla excluida de participar en las actividades económicas, en particular, en toda actividad lucrativa.
> (D) Debe existir una severa censura de todas las actividades intelectuales de la clase gobernante y una continua propaganda tendiente a modelar y unificar sus mentes. Toda innovación en materia de educación, legislación y religión debe ser impedida o reprimida
> (E) El Estado debe bastarse a sí mismo. Debe apuntar hacia la autarquía económica, pues de otro modo, los magistrados, o bien pasarían a depender de los comerciantes, o bien terminarían convirtiéndose en comerciantes ellos mismos. La primera de las alternativas habría de minar su poder, la segunda su unidad y la estabilidad del Estado.[33]

Detengámonos en las dos fórmulas y en los puntos que Popper anota. En primer lugar, debemos contestar que el idealismo de Platón no tiende al inmovilismo, como se ha leído desde el pensamiento político liberal:[34] en tanto las Formas son inalcanzables –aún en la misma fundación teórica de la

---

simplificadora del texto platónico que, por otra parte, olvida el cuadro general del pensamiento griego antiguo. El segundo asunto despierta por lo menos dos problemáticas: ¿produce el historicismo necesariamente sociedades cerradas? ¿No hay totalitarismo fuera de sistemas historicistas? Intuimos respuestas negativas. En el límite, el problema aquí radica en que el concepto de "historicismo" entendido de la forma precaria que se requiere para enmarcar a Platón y Marx en el mismo esquema supone tal laxitud que es posible extenderlo a los mismos sistemas que Popper intenta defender –pensemos aquí en las declaraciones del liberalismo contemporáneo de "el fin de la historia" (Fukuyama, 1992) y "el fin del trabajo" (Rinkin, 1995) –.

[32] Popper, *op.cit.*, p.101.
[33] *Ibidem*, pp. 101–102.
[34] Otro ejemplo de esto está en Bobbio (2008, pp. 21 y ss.).

ciudad– pero constituyen un horizonte regulador, la tarea de la política (y del filósofo-político) no está en detener el cambio –¡eso sería una tarea inútil!– sino en lograr encauzar el cambio de la forma apropiada, actualizando los modos y formas sociales de manera que se ajusten a las Formas. Ahora bien, como la formación filosófica (*i.e.* la capacidad para acceder al plano eidético) depende directamente de la ciudad y de la sociedad en donde el filósofo surge,[35] es necesario pensar que en la sociedad platónica existe una retroalimentación o círculo virtuoso: una sociedad gobernada por filósofos organizará mejor la educación, y así una próxima generación tendrá la capacidad para acercarse más a las Formas y así mejorar aún más el sistema pedagógico. En segundo lugar, el supuesto naturalismo platónico es aún más oscuro. No solo porque, dentro del esquema tradicional no iría de la mano con el ya sostenido idealismo (ya que de la naturaleza solo podemos, en el mejor de los casos, predicar un *oikeîos lógos*, etc.), sino también porque es posible encontrar una crítica bastante directa al naturalismo, posiblemente sostenido por Antístenes, dentro de la misma *República*.[36] En *República*, II se describe punto por punto una ciudad de cuño naturalista: allí toda la sociedad está organizada por las necesidades más básicas y para satisfacerlas no existe ningún desarrollo que implique el surgimiento de nuevas carencias: hablamos, entonces, de una ciudad natural, mínima. Independientemente de la interpretación posible –estamos más inclinados a la ironía que a la añoranza–, lo cierto es que este modelo natural es irrecuperable: Platón nos sitúa en una instancia cero para marcar que ese es un punto de no retorno que ya hemos transitado. A partir de este paraíso perdido en su necesario devenir corrupto es que se abre el proyecto *Kallípolis* como forma política nueva y superadora.

En cuanto a los puntos centrales, Popper cae en una lectura anacrónica que fuerza el proyecto político platónico dentro del esquema totalitario contemporáneo para crear un espectro bipolar, maniqueo, en donde solo resta como alternativa la sociedad abierta identificada con el liberalismo.[37] (B) es quizás la afirmación más sorprendente, dado que Platón es especialmente insistente en decir que la sociedad no depende de "la clase gobernante". Por solo tomar uno de los muchos ejemplos en *República*, recuperemos el comienzo del Libro IV: allí se dice explícitamente que el interés de la ciudad nunca estará en el buen vivir de los guardianes, y que sus sacrificios –como los de los otros miembros de la *pólis*– son necesarios

---

[35] *Rep* II–V, VI, *passim*.
[36] Ver Mársico (1999) e Illarraga (2012).
[37] A tal punto lleva adelante este programa, que Popper llega a advertir que el mismo título del dialogo platónico (*Politeia*) encierra un trasfondo reaccionario–conservador (!) y que desde Occidente la traducción "República" ha sido puesta en virtud de una tradición que no encuentra posible que Platón forme parte de una línea política opresora. Esta suerte de genealogía olvida el hecho fundamental de que "República" deviene de la traducción típica latina del título griego del diálogo, iniciada por Cicerón, "*Res publica*".

ya que la sociedad se organiza siempre vista desde el correcto funcionamiento y relación entre clases (espejo de la organización psíquica) y nunca desde una en particular. (C) tiene una cuota de trivialidad ya que, en rigor de verdad, cada una de las clases platónicas "tiene el monopolio de una serie de cosas", dentro de las que se incluyen distintas habilidades y virtudes.

Los giros de Popper solo se explican bajo el presupuesto de que en Platón existe la fundación de un Estado, entendido bajo conceptos modernos. La justicia platónica es en términos popperianos "lo que interesa al Estado perfecto".[38] Irónicamente, la postura popperiana totaliza un esquema moderno para anular la potencia de alternativas radicales al liberalismo. En Platón, como en toda Grecia Antigua, no existe la teorización de algo así como el Estado: la *pólis* organiza la vida, y ella es un extenso y complejo entramado de relaciones sociales, territoriales, económicas y simbólicas. En Platón, gobierno y sociedad están inherentemente enlazados, y no existe la concepción moderna de Estado como una institución organizadora que no es en todo punto indivisible de la vida cotidiana. "Estado (totalitario)" explica la idea popperiana de una clase burocrática rectora, de un aparato autónomo y opresor. Pero, si deseamos mantener la definición de justicia platónica de Popper, tendríamos que reformularla diciendo que "es lo que interesa a la *pólis* perfecta", donde *pólis* siempre es un conjunto, heterogéneo pero unitario, donde preocupa el funcionamiento del conjunto y nunca de sus partes.[39]

Slavoj Žižek: hacia un Platón radical

Junto con Alain Badiou,[40] Slavoj Žižek es uno de los principales intelectuales contemporáneos en reivindicar a Platón. El filósofo ateniense no es el único personaje controvertido en ser rehabilitado por Žižek: Platón irá de la mano de una rama del pensamiento revolucionario que incluye a Trotsky[41] y a Mao Tse Tung.[42] Desglosar el aparato teórico del filósofo

---

[38] Popper, *op.cit*. p. 104.
[39] La trampa es la misma al tratar el pensamiento de Marx: se habla allí de un Estado opresor, totalitario. Como es sabido, el pensamiento marxista entiende el Estado como herramienta de opresión de las clases propietarias, y apunta a su disolución. Popper parece partir de la experiencia nazi y estalinista para entender la filosofía platónica y marxiana, solo para arribar a que la filosofía platónica y marxiana desemboca en la experiencia nazi y estalinista (!).
[40] No nos dedicaremos aquí, más allá de alguna mención, a las propuestas de Alain Badiou sobre Platón. En rigor, estas deberían tener un protagonismo prácticamente excluyente, ya que Badiou, además de muchas vindicaciones, ha emprendido la tarea de reescritura de la *República* platónica bajo su pluma (2013). La elección de Žižek aquí, controvertida quizás, tiene dos orígenes más que justificados: su protagonismo casi excluyente como figura intelectual mediática del posmodernismo anti-liberal y la amplitud de miras a la hora de mostrar el problema del (anti)liberalismo como una trama interepocal que supera las especificidades de la presentación individual.

esloveno es una tarea sin lugar a dudas compleja que excede por mucho este espacio: digamos aquí solo que, luego de su aparato metafísico hegeliano-marxista y su aproximación semántica lacaniana, nos encontramos con un pensamiento político democrático radical (de tipo marxiano, organizado en torno a la centralidad de la lucha de clases) que supone una crítica extrema al sistema republicano–burgués representativo imperante.

Žižek no es el único filósofo en presentar un esquema declaradamente antiliberal de manera directa, pero tiene la virtud de organizar su argumentación de manera desestructurada, lo que le ha valido ser una de las principales referencias massmediáticas contemporáneas. Además de sus libros –algunos de los cuales han sido reconocidos como aportes fundamentales para el posmarxismo de principios del siglo XXI[43]– Slavoj Žižek es conocido por sus entrevistas, apariciones mediáticas y películas en donde presenta su esquema teórico:[44] allí, en su producción de divulgación, es posible ver una versión de su crítica a la ideología de mercado, que también ocupa de forma descarnada algunos de sus escritos más académicos.

En *Less than Nothing*, Žižek parte de recuperar la división entre anti-platonismos diagramada por Badiou para el siglo XIX/XX. El cuadro es interesante porque le permite arribar a una conclusión también válida para la antigüedad,[45] a saber, que Platón es casi odiado por unanimidad.

> 1. Anti-Platonismo vitalista (Nietzsche, Bergson, Deleuze): la afirmación de lo real del devenir de la vida contra la esterilidad intelectualista de las Formas platónicas –como Nietzsche anotó, "Platón" es el nombre para una enfermedad–.
> 2. Anti-Platonismo empirista analítico: Platón creía en la existencia independiente de Ideas pero como Aristóteles ya sabía, las Ideas no existen independientemente de las cosas sensibles de las que formas. La principal tesis de los empiristas analíticos frente a Platón es que toda verdad es analítica o empírica.
> 3. Anti-Platonismo marxista (del cual Lenin no queda exento de culpa): el rechazo de Platón como el primer Idealista, opuesto a los pre-Socráticos materialistas como también a un Aristóteles más "progresista" y empírico. En esta mirada (que olvida convenientemente que, a diferencia de la noción aristotélica de esclavo como una "herramienta parlante", no hay lugar para esclavos en la *República* de Platón), Platón era el principal ideólogo de una clase de esclavistas.
> 4. Anti-platonismo existencialista: Platón niega lo único de la existencia singular y subordina lo singular a lo universal. Este anti–Platonismo tiene su

---

[41] Žižek (2009).
[42] Žižek (2010).
[43] Por ejemplo, *El sublime objeto de la ideología* (1992) o *Parallax View* (2006).
[44] El producto masivo más llamativo es la aún incompleta trilogía "The pervert's guide to...", dirigida por Sophie Fiennes.
[45] Ver Bambrought *op.cit.*

versión cristiana (Kierkegaard: Sócrates versus Cristo) y una atea (Sartre: "la existencia precede a la esencia").

5. Anti-platonismo heideggeriano: Platón como el fundador de la "metafísica occidental", el momento clave en el proceso histórico del "olvido del ser", el punto de partida de lo que termina hoy en un nihilismo tecnológico ("de Platón a NATO")

6. Anti–platonismo "democrático" en la filosofía política, de Popper a Arendt: Platón como el creador de la "sociedad cerrada", como el primer pensador que elaboró un detalle el proyecto de un totalitarismo. (Para Arendt, en un nivel mucho más refinado, el pecado original de Platón fue haber subordinado la política a la Verdad, no viendo que la política es el dominio de la *phronesis*, de juicios y decisiones hechas en situaciones impredecibles, únicas).[46]

La elección radical por Platón es un gesto que Žižek enmarca en el trasfondo de lo que llama revolución sofística: el giro autorreferencial y subjetivista hacia el "abismo del lenguaje". La tarea platónica está, allí, en establecer bases estables a partir de las cuales construir una verdad externa, independiente de la laxitud del lenguaje sofístico y sus consecuencias éticas. En esa línea, sostiene, hay que leer que la problemática central de los llamados diálogos tardíos o de vejez –y, con mayor precisión, en el *Sofista*– sea precisamente el trazar una línea divisoria que permita distinguir con claridad el filósofo del sofista.

Žižek elige, en *"Gorgias, not Plato, was the Arch–Stalinist!"*,[47] tratar esta diferencia antitética a partir de la *diaíresis*. Allí abre una reelaboración platónica de una estrategia en principio gorgiana. A diferencia de Platón, en Gorgias

> El truco es que no estamos efectivamente tratando meramente con *diaíresis* platónica, la subdivisión gradual de un *genus* en una especie y una especie en subespecies: la premisa subyacente es que este proceso "diagonal" de división es realmente vertical, *i.e.*, que estamos tratando con diferentes aspectos de la misma división.[48]

Este proceso es trasladado al mundo de la lógica política–ideológica de la transformación social: ese aparato teórico lleva a una concepción en donde existe cambio sin un choque entre opuestos, y en general, donde es posible un cambio sin saltos cualitativos en sentido fuerte. En otras palabras, para Žižek, rechazan cualquier tipo de cambio político, en tanto el *genus* coincide completamente con una de las especies.[49] Desde la ruptura

---

[46] Žižek (2012, p. 40). La traducción es nuestra.
[47] *Ibidem*, pp. 69 y ss. También ha sido publicado como artículo en repetidas ocasiones.
[48] *Ibidem*, p. 72.
[49] Como lo adelanta el título del capítulo/artículo, esta totalización de la especie como *genus* es presentada, además de con la sofística gorgiana, a través de la teoría estalinista.

sofística de una línea que diferencie verdad y falsedad, *mûthos* de *lógos*, la filosofía de Platón viene a encontrar asientos en donde marcar las bases para una nueva línea divisoria, para una nueva verdad: "un retorno al *mûthos*, pero ahora bajo las nuevas condiciones de la racionalidad [del *lógos*]".[50]

Esta relectura de Platón tiene un impacto visible en el pensamiento político žižekiano a partir, aproximadamente, del año 2000.[51] Quizás la consecuencia más sonada de este giro haya sido la ruptura con Ernesto Laclau, otrora apreciado interlocutor.[52] El punto cero del conflicto, en la sección escrita por Žižek titulada "¿Lucha de clases o posmodernismo? ¡Sí, por favor!" dentro de *Contingencia, hegemonía, universalidad*, puede dar buena cuenta de las nociones "platónicas" de fondo:

> ...mi primera observación es que mientras, por una parte, esta narrativa izquierdista posmoderna convencional del pasaje desde el marxismo "esencialista" –con el proletariado como único Sujeto Histórico–, el privilegio de la lucha económica de clase, etc.– hasta la irreductible pluralidad de luchas posmoderna describe sin dudas un proceso histórico real, sus partidarios –por regla general– omiten la resignación que conlleva: la aceptación del capitalismo como única alternativa posible, la renuncia a todo intento real de superar el régimen capitalista liberal existente.[53]

Esta perspectiva hay que entenderla a partir de la lectura sobre el fenómeno sofista, ya que aquí el desacuerdo está precisamente en la relativización extrema de un espectro de opciones abierto en lo que Žižek entiende una *diaíresis* totalizadora que oculta falsas opciones que se abren dentro del mismo capitalismo. Precisamente, como explica en "Mantener el lugar", el desacuerdo fundamental con Laclau es que él no acepta que todos los elementos que entran en juego en la lucha hegemónica tengan el mismo peso y valor: para Žižek, la lucha de clases sobredetermina el horizonte de la cadena equivalencial, organizando la lucha por la hegemonía.[54]

---

[50] *Ibidem*.
[51] Breckman (2013, pp. 216 y ss.).
[52] Si bien no nos interesa entrar aquí en el anecdotario de este conflicto recientemente cancelado por el fallecimiento de Laclau, digamos que la relación teórica se estableció a partir de la gran influencia de *Hegemonía y estrategia socialista*, escrito por el argentino y Chantal Mouffe (2004 [1985]). Una serie de intercambios y reseñas, impulsada además por la aparición de *El sublime objeto de la ideología* y la coincidencia de un análisis que incluya una articulación entre conceptos lacanianos y marxistas, desembocó en la colaboración directa entre Laclau, Žižek, además de Judith Butler, para la edición de Contigencia, hegemonía, universalidad (2011). A partir de aquí, de manos del clivaje cada vez más radicalizado de Žižek, la relación comenzó a decaer hasta llegar a acusaciones directas de incongruencia política y teórica, y finalmente, agresiones ad hominem muy claras. Ver Breckman (2013, pp. 219 y ss.) y Weber (2011).
[53] Butler, Laclau, Žižek, *op.cit*, p. 101.
[54] *Ibidem*, p. 321. Una respuesta de Laclau, sumamente interesante, se encuentra en el artículo "Ética del compromiso militante", aparecido posteriormente en la compilación

La vindicación de la violencia en *Slavoj Žižek presenta a Robespierre Virtud y Terror*, creemos, se enmarca en el mismo plan.[55] La defensa de la realidad del terror como herramienta necesaria frente a una situación que de otra manera sería inamovible se relaciona ahí con la propuesta de Maurice Merleau-Ponty en *Humanismo y Terror*.[56] [57] En medio de la victoria aliada en la Segunda Guerra Mundial, la estructuración del mundo bipolar y la incipiente crítica de los intelectuales comunistas europeos a la creciente burocratización soviética, Merleau–Ponty redacta un análisis y justificación del estalinismo, seguramente el más brillante que se ha hecho. ¿Cómo entender el terror? Reconociendo las evidentes miserias y la violencia constante que sostienen los regímenes liberal-capitalistas, el terror como instancia particular y circunscripta puede ser válido, si y solo si logra la instauración de un sistema más humano[58]. Un proyecto humanista, situados desde el marxismo, debe ser comprendido como uno que logre el cese de la lucha de clases, la dominación y explotación del hombre sobre el hombre.

Desde la interpretación jacobina de Žižek, ¿esta no es precisamente la postura platónica? La radicalidad del proyecto político de Platón se puede entender precisamente bajo la anulación, no de la lucha de clases que le es propia al capitalismo, sino desde el fin de la imposición de un sector de la sociedad sobre el otro, de los conflictos permanentes entendidos bajo la voz griega de *stásis*. El terror/coacción que precisa la fundación de *Kallípolis* es un elemento indispensable: recordemos la imposición de participación política al filósofo en última instancia forzosa, los sorteos matrimoniales arreglados, la constante vigilancia con visos policiales sobre la sociedad, la expulsión de los poetas y todo aquel que sostenga una pedagogía perniciosa, etc. Pese a las lecturas que Žižek adscribe dentro del anti-Platonismo marxista, lo cierto es que en *República* no existe ningún tipo de dominación de clase (entendida en sentido laxo, no marxiano) o estamento, ya que la sociedad está armada en vistas de un proyecto estrictamente holístico en donde cada grupo cumple una función imprescindible.

Por una lectura fiel a la irrupción platónica

Hasta aquí el esquema sinóptico del devenir del pensamiento político platónico durante el siglo XX desde el liberalismo y sus detractores a partir de las figuras emblemáticas de Karl Popper y Slavoj Žižek. A modo de cierre, algunas reflexiones sobre la relación entre Platón, liberalismo y sus alternativas.

Debates y combates (2011).
[55] Žižek (2010). Esta propuesta ya aparece en las oraciones finales de *Contigencia, hegemonía, universalidad*.
[56] *Ibidem*, p. 13.
[57] Merleau–Ponty (1968).
[58] *Ibidem*, pp. 8–9.

(i) Creo preciso, a costa de ser redundante, resaltar la actualidad del debate y la importancia de los argumentos que en él se manejan. La presencia de Platón en el pensamiento occidental está hoy tan viva como hace dos mil años. Esto no debe ser entendido bajo el precepto reduccionista de Whitehead que reza que "toda la filosofía occidental es una nota al pie de Platón", pero tampoco bajo la idea simplificadora de contactos omnipresentes –y por lo tanto, banales.[59] Es menester aproximarnos a estas continuidades bajo la noción de *zonas de tensión dialógica*: ella nos brinda el reparo de circunscribir algunos alcances temáticos poniendo en primer plano los modos originales en que se da esta articulación, prestando especial énfasis en los nexos y reapropiaciones que posibilitan construir el plexo argumental en sentido fuerte, no anecdótico. Bajo esa clave, es ineludible que la forma en que se estructura el pensamiento político de Platón como búsqueda de fundamentos estables frente al estallido subjetivista de la sofística encuentra sus ecos en formas argumentales contemporáneas. Tampoco es objetable que a partir de Platón –y aquí tenemos que reconocer algo del génesis platónico popperiano– comienza una línea de pensamiento que explícitamente propone y milita un armado y teoría social en donde la "sociedad buena/feliz/humana/deseable" se organiza desde (y en miras a) el colectivo y no frente a las necesidades del individuo como primer momento del deber-ser ético-político.

(ii) Como seguramente ya se ha visto, consideramos que las lecturas radicales que aquí hemos mostrado muy resumidamente a partir de Žižek son las más acertadas en el debate contemporáneo sobre Platón. Podemos decir que tienen la virtud de recuperar no solo la potencia drástica del texto platónico, su espíritu disruptivo y polémico, sino también las piezas esenciales del impacto último de su teoría. Desde esta misma óptica, el problema de la lectura de Popper no son solo sus elementos más básicos, sino también la imposibilidad de reconocer que el esquema presentado (sociedades abiertas/sociedades cerradas) es un límite falso si, como sostiene, el significante "sociedad abierta" debe ser completado con el significado "sociedad liberal". Esa precisamente es la declamación platónica que el análisis žižekiano recupera: detrás de un sistema regido por la relativización sofística –cuya promesa es, por ponerlo en términos contemporáneos, el desarrollo pleno del individuo– no hay un sistema ético-político que permita que el sujeto alcance su máximo potencial en sociedad.[60]

---

[59] Ver nota 1.

[60] El reconocimiento de esto es quizás una de las máximas virtudes de Aristipo, para quien su hedonismo somático –y por ende, subjetivista– podría establecer un orden de prioridades éticas que aplicadas a lo sociedad no serían productivas. El cirenaico admite que la relativización de aquello que es correcto en un momento dado en el campo político no hace posible la vida en sociedad, por lo que adhiere a la propuesta estabilizadora socrática (que con múltiples diferencias, será también la apuesta platónica y del circulo socrático en general), y se ubica a él mismo como una suerte de ciudadano del mundo, fuera de cualquier entramado social.

Esa, por así decirlo, es la misma trampa del liberalismo popperiano: proponer la existencia de garantías nominales liberales básicas (propiedad privada, organización familiar burguesa, etc.) como si fueran el seguro del progreso personal y social; pensar los derechos negativos del sistema capitalista como creadores de una sociedad abierta que supondría, en principio, la existencia plena de una situación positiva (igualdad de hecho, libertad de hecho, etc.) que desemboque en una mejor comunidad. Precisamente esa sería la *praxis* política del plan platónico de *República*, la creación de una situación que escape de un armado en torno a la inestabilidad subjetivista superando instancias particulares –recordemos el aviso, en los libros IV y V, de que no es importante la felicidad de un individuo o una clase, sino el correcto funcionamiento de la ciudad.

(iii) Si bien no aporta contundencia argumental definitoria al debate, es interesante tener en cuenta la biografía de Platón a la hora de abordar su pensamiento político. Si nos guiamos por la doxografía y por la producción epistolar platónica[61] podemos reparar en que Platón está lejos de ser un operador político de las familias patricias atenienses. Karl Popper, junto a muchos otros, ha resaltado que el filósofo era sobrino de Critias, miembro crucial del gobierno pro-lacedemonio de los Treinta Tiranos, y que su pensamiento político es funcional a la reproducción de una clase dominante ociosa. En principio, es preciso distinguir entre la posición pro-espartana pragmática como la de Critias y otros miembros de la aristocracia, que buscaban apoyo en Esparta para ocupar puestos de poder tradicionales de los que habían sido desplazados con la avenida de la democracia radical, y el laconismo filosófico de Platón y otros miembros del grupo de Sócrates, que no tiene puntos de contacto con los modelos oligárquicos tradicionales griegos. La propuesta de Platón ataca directamente el esquema de valores más caros a la elite ateniense: la propiedad de la tierra como signo definitorio de ciudadanía, la reclusión de la mujer a un ámbito cerrado, la estratificación social producto de la riqueza medida en términos agrarios en gran medida hereditaria, etc. Teniendo en cuenta esto, comprendemos el fuerte rechazo a Platón en el campo político de Atenas que se muestra en *Carta VII*, y la necesidad de buscar espacios en donde la innovación política sea posible –recordemos los pedidos de tierras para fundar una ciudad a Dionisio, tirano de Siracusa. No estamos entonces frente a un "intelectual orgánico" del conservadurismo, lectura sin lugar a dudas atractiva por su simpleza, sino frente a un Platón revolucionario, radical, que intenta fundar un sistema político de cuño propio. ¿Existe una crítica a la democracia? Sí, por supuesto. Pero, como hemos propuesto en (ii), esta crítica está en función de la concepción de un sistema basado en categorías estables que optimicen la vida social, y no en pos del establecimiento de un régimen controlado por las clases propietarias.

---

[61] No es aquí necesario entrar en el debate sobre la autenticidad de las cartas. Lo relevante, en cualquier caso, son los datos que aportan, aceptados desde la antigüedad como válidos.

Bibliografía

Acton (1938) "The Alleged Fascism of Plato", en *Philosophy*, Vol. 13, No. 51
Badiou (2013) *La República de Platón*, FCE, México.
Bambrough (1962) "Plato's Modern Friends and Enemies", en *Philosophy*, 37.140.
Bialas y Rabinach (eds) (2007), *Nazi Germany and the Humanities*, Oxford, OUP.
Crossman (1937) *Plato To-day*, Unwin, London.
Bobbio (2008), *La teoría de las formas de gobierno en la historia del pensamiento político*, México, FCE.
Breckman (2013) *Adventures of the Symbolic Postmarxism and Democratic Theory*, New York, Columbia University Press.
Butler, Laclau, Žižek (2004) *Contingencia, hegemonía, universalidad*, México, FCE.
Cruzalegui (2006) *The Platonic Experience in Nineteenth Century England*, Lima, FEPUCP,.
Demos (1942) "Was Plato a Fascist", *en The Classical Weekly*, Vol. 52, No. 21.
Fernández Galiano (1972), "Platón hoy", en *Estudios Clásicos*, Tomo 16, No. 66–7.
Field (1941) "Plato's political thought and it's value to-day", en *Philosophy*, 16.63.
Field (1944) "On Misunderstanding Plato", en *Philosophy*, Vol. 19, No. 72
Fite (1934) *The Platonic Legend*, New York - London, Scribner's Sons.
Fukuyama (1992) *The End of History and the Last Man*, New York, Free Press,
Hallowell (1965) "Plato and his Critics", *en The Journal of Politics*, Vol. 27, No. 2.
Hodkinson (2012) "Sparta and Nazi Germany in mid-20th Century British Liberal and Left-Wing Thought", en Powell y Hodkinson (eds.), *Sparta: The Body Politics*, Swansea, Classical Press of Wales.
Illarraga (2012) "Utopía ciclópea, utopía de cerdos. Una reconstrucción del pensamiento político de Antístenes a la luz de la sociedad de los cíclopes (*LFS* I, 1014 = *SSR*, V.A.189) y la ciudad de los cerdos de *República*, II", en Miseri (comp.) *Estado, cultura y desarrollo: entre la utopía y la crítica*, Mar del Plata, Universidad Nacional de Mar del Plata.
Illarraga (2014) "Apuntes sobre *House of Cards*. Política, narración, pensamiento grecoclásico" en *Luthor* 19.
Kelsen (1957) *What Is Justice?*, Berkeley, University of California Press.
Mársico (1999) "El status de la *pólis* sana en la *República* de Platón", *Dialogos* 34.
Mársico (2010) *Zonas de tensión dialógica. Perspectivas para la enseñanza de la filosofía griega*, Buenos Aires, Del Zorzal.
Merleau–Ponty (1968) *Humanismo y Terror*, Buenos Aires, La Pléyade.
Murley (1941) "Plato's *Republic*, Totalitarian or Democratic", *Classical Journal*, Vol. 36, No. 7.
Laclau y Mouffe (2004) *Hegemonía y estrategia socialista*, FCE, Buenos Aires.
Laclau (2008) *Debates y Combates*, Buenos Aires, FCE.
Lakin (1962-3) "Plato: His Defenders and Detractors", en *The Antioch Review*, 22.4.
Lane (1999), "Plato, Popper, Strauss, and Utopianism: Open Secrets?", en *History of Philosophy Quarterly*, vol. 16, No. 2.
Popper (2006) *La sociedad abierta y sus enemigos (I y II)*, Barcelona, Paidos.

Rader (1939) *No compromise. The Conflict between Two Worlds*, Toronto, MacMillan.

Rifkin (1995) *The End of Work: The Decline of the Global Labor Force and the Dawn of the Post-Market Era*, Putnam Publishing Group, New York.

Russell (1945) *A History of Western Philosophy. And It's Connection with Political and Social Circumstances from the Earliest Times to Present Day*, New York, Simon and Schuster.

Shorey (1903) *The Unity of Plato's Thought*, Chicago, University of Chicago Press,.

Shorey (1933) *What Plato Said*, The University of Chicago Press, Chicago.

Spiro (2009), *Defending the Master Race: Conservation, Eugenics, and the Legacy of Madison Grant*, University of Vermon Press, Vermont

Taylor (1926), *The Man and his Work*, Methuen, London.

Versenyi (1971) "Plato and his Liberal Opponents", en *Philosophy*, Vo. 46, No. 177.

Weber (2011), "Laclau and Žižek on Democracy and Populist Reason", en *IJZS*, 5.1.

Žižek (1992) *El sublime objeto de la ideología*, Siglo XXI, México.

Žižek (2006) *Parallax View*, MIT Press, Massachusetts.

Žižek (2009) *Slavoj Žižek presenta a Trotsky, Terrorismo y Comunismo*, Madrid, Akal.

Žižek (2010*) Slavok Žižek presenta a Mao, Sobre la práctica y la contradicción*, Madrid, Akal.

Žižek (2010) *Slavoj Žižek presenta a Robespierre, Virtud y Terror*, Madrid, Akal.

Žižek (2012) *Less than Nothing. Hegel and the Shadow of Dialectical Materialism*, New York, Verso.

Heidegger y los griegos.
Técnica, poder y politicidad en perspectiva

Esteban Bieda

La recurrencia de Heidegger a la filosofía griega para apuntalar, fundamentar e incluso fundar sus propias afirmaciones acerca del mundo y del hombre están suficientemente atestiguadas en la mayoría de sus escritos. En el presente trabajo nos proponemos analizar dos aspectos puntuales de dicha recurrencia. En primer lugar, intentaremos ver cómo la conferencia "Construir, habitar, pensar", del año 1951, puede vincularse estrechamente con la *Política* de Aristóteles a propósito de la interdependencia que se establece entre los conceptos de "humanidad" y "politicidad", en el marco, a su vez, de la "Cuaternidad" (*Geviert*). En segundo lugar, y directamente vinculado con esto último, avanzaremos con la pregunta por el "hombre" a propósito del concepto heideggeriano de "em-plazamiento" (*Ge-Stell*) y sus relaciones con la pregunta por la técnica y el arte.[1]

I. Construir, habitar, pensar en clave griega

> El habitar es el rasgo fundamental del ser según el cual son los mortales. (M. Heidegger, "Construir, habitar, pensar")

> El que no es capaz de ejercer la vida comunitaria o no necesita nada debido a su autosuficiencia, no constituye parte alguna de la *pólis*, de modo que es una bestia o un dios. (Aristóteles, *Política* 1253a27-29)[2]

a) *Construir, habitar, pensar*
En su conferencia "Construir, habitar, pensar" (1951), M. Heidegger propone una recuperación de las raíces semánticas del "habitar" y del "construir" en el marco de una marcada crisis habitacional sufrida por la Alemania de posguerra. Frente a la pretensión de solucionar el drama *habitacional* con la mera construcción de *viviendas* masivas –'espacios' matemáticos donde 'estar'–, el autor de *Ser y tiempo* se retrotrae a los rasgos semánticos originarios de términos como "habitar" y "construir" para mostrar que su alcance es mayor que el que podría satisfacer el

---

[1] Lo que sigue es una versión de dos conferencias dictadas en el marco del Seminario Central de la Fundación Centro Psicoanalítico Argentino en los años 2008 y 2012.
[2] Las traducciones de los textos griegos son nuestras.

emplazamiento de cuatro paredes y un techo. La impronta del análisis es, desde ya, profundamente ontológica:[3] al mostrar que el hombre es un ser que reside en la tierra, bajo el cielo, ante la divinidad y en comunidad con otros hombres (Cuaternidad), desentraña el alcance profundo del habitar, existencialmente penetrado, que trasciende lo que a simple vista puede ser un mero estar en el espacio. A continuación rastrearemos algunos aspectos de esta propuesta tal como aparecen en el pensamiento aristotélico, más precisamente en su filosofía práctica (ética y política). Según veremos, la propia etimología de algunos de los términos utilizados por Aristóteles para describir la inevitable yección del hombre en su mundo aporta elementos de peso en la misma dirección que la heideggeriana.

Comencemos por resaltar, antes que nada, algunos aspectos fundamentales de la conferencia de Heidegger. En principio podemos hablar de la preexistencia lógico-ontológica del habitar respecto del construir y del pensar, esto es: el hecho de habitar, es decir, de ser cabe las cosas en el cuidado de la Cuaternidad, es condición de posibilidad para que el construir y el pensar sean siquiera posibles. La consecuencia de esto es que *la esencia misma del hombre es su capacidad de habitar.*[4] El hombre es un ser que habita espacios a los cuales, al habitarlos, a su vez construye: no habitamos lo que hemos construido sino que hemos construido en la medida en que hemos habitado. La construcción de espacios es una de las formas del habitar, por lo cual dichos espacios tienen, de alguna manera, que preexistir al momento mismo de su construcción. El hombre habita espacios que aún no ha construido, cosa que le permite, precisamente, construirlos. El modo más patente de definir este modo especial del "habitar" es el siguiente: "el habitar es ya siempre más bien una estadía cabe las cosas", con lo cual la interacción entre el hombre y el mundo que lo rodea no es ni circunstancial ni contingente: "el espacio no es ningún 'enfrente de' para el hombre. El espacio no es ni un objeto exterior ni una vivencia interior. No hay hombres y además espacio, pues si digo 'hombre' y con esta palabra pienso en aquel que es de manera humana, es decir que habita, ya estoy mencionando con el nombre 'hombre' la estadía en la cuaternidad cabe las cosas".[5] Hombre y espacio se vinculan esencialmente en el habitar.

Sentados estos elementos mínimos de la exposición heideggeriana, vayamos a la propuesta aristotélica a propósito del hombre y su lugar en el mundo.

---

[3] "Este intento de reflexión no presenta en absoluto el construir a partir de la arquitectura o de la técnica, sino que intenta remontarse a los orígenes del construir, hasta aquel ámbito al cual pertenece todo lo que es", Heidegger (1997:11).
[4] De allí la relación etimológica establecida entre el verbo *Bauen* y distintas formas del verbo ser como *bin, bist*: "yo soy" sería equivalente a "yo habito".
[5] Heidegger (1992:29 y 43).

b) *La politicidad natural aristotélica*
El hombre griego siempre ha vivido y se ha pensado inserto en una realidad cósmica que lo trasciende; se trata de aquello que acabaría siendo designado, desde el siglo VI a.C., con la palabra *"kósmos"*, la totalidad universal, aquel todo ordenado en virtud del cual las partes adquieren sentido. Nada hay por fuera del *kósmos* porque la pregunta misma por el 'afuera' es irracional y contradictoria. De allí la imposibilidad, tan frecuentemente repetida, de hablar de "individuo" griego. El hombre de la Grecia clásica es narrado y conceptualizado por poetas y filósofos como una criatura que, si bien especial, se define en y por un entorno que en muchos casos resulta determinante para la construcción de su vida. Si tradicionalmente ese *kósmos* se identificaba con el entorno divino, el surgimiento de la *pólis* (siglos VI-V) y sus instituciones civiles transforma sustancialmente dicho entorno que, poco a poco, comienza a politizarse, esto es: el todo que otrora fue un 'mundo' sin más comienza a 'transformarse' en *pólis*. El punto cúlmine de este proceso lo hallamos, sin dudas, en Aristóteles.

El más famoso discípulo de Platón extrema la inevitable politicidad del hombre haciendo de ella algo natural y, por ello, necesario. La consabida fórmula "el hombre es por naturaleza un animal político (*ánthropos phýsei politikón zôion*)" (*Política*, 1253a2-3) debe ser pensada con cuidado para captar la profundidad que encierra. A primera vista parece querer decir que el hombre es el único entre los seres animados que se organiza en centros urbanos donde desarrolla la vida comunitaria y, como fin último, se realiza en su propio fin *qua* hombre: la felicidad. Pero para captar el verdadero alcance de la afirmación resulta necesario analizar cómo es que se llega a ella. Aristóteles detecta que la salida originaria del hombre de la soledad ocurre en la unión entre varón y mujer con vistas a la reproducción; la necesidad de satisfacer ciertas necesidades diarias –*i.e.* primarias e inmediatas– es lo que lleva a la creación de la casa (*oikía*); a su vez, la satisfacción de necesidades no cotidianas da como resultado la unión de varias casas en una aldea (*kóme*). Finalmente, el último eslabón de esta cadena lo constituye la *pólis*, definida como "la comunidad completa/acabada (*téleios*), de múltiples aldeas, que posee, por decirlo de algún modo, el límite de toda autosuficiencia; surgida, por cierto, con vistas al vivir pero que existe con vistas al vivir bien. Por lo cual toda *pólis* existe por naturaleza si precisamente también lo hacen las comunidades precedentes, pues ella misma es fin de aquellas y la naturaleza es fin" (*Pol.* 1252b27-32).

Resulta interesante, a propósito de esta presentación del origen natural de la *pólis*, notar los dos planos en los que trabaja Aristóteles: desde un punto de vista *cronológico*, la *pólis* es última dado que, materialmente, es producto de comunidades que la preceden en el tiempo –*i.e.* sin pareja, sin casa y sin aldea, la *pólis* es materialmente imposible–. Mas en un plano *lógico-metafísico*, la *pólis* es primera dado que, en tanto fin (*télos*) de las comunidades que la preceden en el tiempo, se constituye como su razón de ser, aquello 'para lo cual' (*hoû héneka*) existen las otras. En este sentido, si bien no materialmente, la *pólis* preexiste a la pareja, a la casa y a la aldea dado que es el fin natural de estas, lo que guía su desarrollo: sin el concepto de *pólis* no hay reunión de hombres posible. Nótese la similitud con la afirmación de Heidegger a propósito de la preexistencia lógico-ontológica del habitar respecto del construir: si bien puede no haber aún un espacio material que habitar, el hecho de construirlo presupone el habitar mismo en la medida en que lo realiza. Construir es habitar lo que se construye en la acción misma de construirlo; de modo similar, construir una casa es, para Aristóteles, ejercer la politicidad natural al poner en juego aquello que la casa tiene como fin último, la *pólis*: "la *pólis* es, por naturaleza, anterior a la casa y a cada uno de nosotros, pues es necesario que el todo sea anterior a la parte; en efecto, destruido el todo no habrá pie ni mano, a no ser por homonimia, como si alguien llamara mano a una piedra" (*Pol.* 1253a18-22). Llamar "casa" a una construcción con cuatro paredes y techo sólo será posible por mera homonimia si es que dicha construcción no forma parte del todo que le da sentido. Al igual que la mano muerta es llamada "mano" por compartir con la viva sólo el nombre, no el concepto, una casa por fuera de una ciudad es, podríamos decir, una casa muerta, pues no puede desempeñar su función propia. Pero Aristóteles va más allá. Lo que ocurre con las casas ocurre también con el hombre: "es evidente por lo tanto que la *pólis* existe por naturaleza y es anterior a cada uno de nosotros, pues si cada uno de nosotros, viviendo separado <de la *pólis*> no es autosuficiente, será similar a las otras partes en relación con el todo: el que no es capaz de ejercer la vida comunitaria o no necesita nada debido a su autosuficiencia no constituye parte alguna de la *pólis*, de modo que es una bestia o un dios" (*Pol.* 1253a25-29). Ese "todo orgánico" (*hólon*) que es la *pólis* no sólo da sentido a las construcciones que la componen, sino también a los hombres que la habitan dado que el hombre, una de sus partes, no tiene razón de ser sin el todo dador de sentido. Un hombre fuera de la *pólis* es como una mano recortada del cuerpo: deja de ser un hombre para volverse una bestia o un dios: "el apolítico (*ápolis*) por naturaleza y no por azar es o bien un <ser> inferior o bien mejor que un hombre" (*Pol.* 1253a3-4). Es decir, no es un hombre.

Ahora bien, ¿qué significa que el hombre es por naturaleza un animal político que, en tanto que hombre, halla en la *pólis* su todo dador de sentido? Fuera de la *pólis* no hay hombres porque, como cualquier griego hubiese aceptado, "la naturaleza no hace nada en vano" y fue ella quien dotó al hombre de lenguaje (*lógos*) y no de mera voz (*phoné*) como a los demás animales. La diferencia específica del *lógos* es su capacidad para dar cuenta de lo conveniente y de lo dañino, de lo justo y de lo injusto; de allí que lo propio del hombre, aquello que lo diferencia de las bestias, sea "el tener percepción, él solo, de lo bueno y de lo malo, de lo justo y de lo injusto y de las demás cosas por el estilo"; a lo cual se agrega que "la comunidad de estas cosas es lo que hace a la casa y a la *pólis*" (1253a16-18). Hallamos aquí, pues, una definición no sólo de aquello que Aristóteles entiende por "hombre" sino de aquello que entiende por "*pólis*", a saber: una comunidad de valores morales. La *pólis* es un conglomerado de normas convencionales que el hombre desarrolla por naturaleza. Si la *pólis* es el 'todo' que alberga y da sentido a las 'partes' (*sc.* sus ciudadanos), la ciencia política resulta, en consecuencia, la madre de todas las ciencias; dicho de otro modo: si los fines perseguidos por el hombre sólo tienen sentido en el marco del hábitat propiamente humano –la *pólis*–, entonces las disciplinas encargadas de analizar y proveer dichos bienes deben estar subordinadas a la ciencia de la *pólis*, la política, definida por Aristóteles como la ciencia "con más autoridad y más arquitectónica (*kyriótata kaì málista arkhitektoniké*)" (*Ética nicomaquea* [*EN*] 1094a26-27)[6]. Aquel reclamo heideggeriano en favor de que el producir que construye no se agote en el mero construir o en la ingeniería, aquel reclamo que pide por el carácter "tectónico" de la arquitectura[7] es lo que Aristóteles halla en la política (*tékhne politiké*), "arquitecta" de las demás ciencias humanas[8]. En este sentido, moralizar el medio en el que se vive, cargarlo de valores y normas, es lo que define el espacio propiamente humano, es lo que, evocando nuevamente ecos heideggerianos, Aristóteles también llamará "habitar".

c) *"Habitar"*
El análisis de la filosofía política aristotélica nos condujo a cuestiones éticas: el conglomerado de hombres que es la *pólis* se define como un cúmulo de vínculos interpersonales signados por determinados valores morales. Uno de los pilares de la ética aristotélica gira en torno a lo que el Estagirita llama "modo de ser", en griego "*héxis*": la virtud (*areté*), concepto motriz de su filosofía práctica, se define como un cierto "modo de ser (*héxis*) relativo a la elección" (*EN* 1106b36). La virtud consiste en cierto modo de accionar, de tomar decisiones ante determinados estímulos

---

[6] "Si, como se ha dicho, es necesario que el que ha de ser bueno sea bien instruido y se le inculquen correctamente los hábitos (*ethisthēnai*) de tal manera que pueda vivir en buenas ocupaciones y no hacer ni voluntaria ni involuntariamente cosas malvadas, estas cosas ocurrirán a quienes viven de acuerdo con cierta inteligencia y de acuerdo con una recta disposición que tenga fuerza [...] La ley tiene potencia coactiva al ser la expresión de cierta prudencia e inteligencia" (*EN* 1180a14-22).
[7] Heidegger (1997:53).
[8] El término griego "*arkhitékton*" se compone sobre la base de las raíces "*arkh-*" ("gobierno", "principio rector") y "*tek- / tekh-*" ("técnica", "arte"). Un "*arkhitékton*" es, pues, un jefe-de-construcción, un guía-de-la-producción. Cf. *EN* 1141b22 ss. donde se habla de una "prudencia arquitectónica" que se aboca a los asuntos de la *pólis*, particularmente de la legislación, y de una "prudencia política" abocada a lo particular y 1152b1-2 donde se dice que el filósofo es el "arquitecto del fin" mirando al cual las acciones serán catalogadas como buenas o malas.

externos que representan encrucijadas éticamente relevantes; la suma de los distintos modos de ser es lo que se denomina "carácter" (*êthos*), objeto de estudio último de la ética. Las *héxeis* son, pues, modos de conducirse en la vida, modos de interactuar frente a lo que nos afecta, ante lo trascendente y con otros hombres. El término griego "*héxis*" está vinculado con el verbo "*ékho*" (tener, poseer): una *héxis* es un modo de ser pero *adquirido*, no natural, es algo que se posee, que se adquiere en el seno de las costumbres de una *pólis* determinada. De allí que Aristóteles vincule el "carácter" (*êthos*) –conjunto de distintas *héxeis*– con la "costumbre" (*éthos*): "la virtud ética (*ethiké*) es lo que permanece de la costumbre (*éthos*), como lo indica su nombre que varía ligeramente del de 'costumbre'" (*EN* 1103a17-18).[9]

Retomemos, en este punto, el concepto heideggeriano de "habitar" (*Wohnen*) para constatar una similitud reveladora: el sustantivo "*habitus*" y el verbo "*habeo*" son los términos latinos que corresponden a los griegos "*héxis*" y "*ékho*", respectivamente. Un hábito es, etimológicamente, algo que se posee, algo adquirido que configura determinado modo de ser de un individuo. Cuando decimos "habitar" nos estamos refiriendo, etimológicamente, a la acción de poner en juego nuestros hábitos, nuestras costumbres, todas aquellas cosas que poseemos en tanto seres culturales o, aristotélicamente hablando, políticos[10]. "Habitar" es realizar la propia esencia del hombre en tanto que hombre; "habitar" es formar parte del todo al cual, en la misma acción de habitarlo, se conforma. "Yo soy hombre" es equivalente, aceptaría sin dudas Aristóteles, a "yo habito la *pólis*, yo habito el espacio que me precede pero que, al mismo tiempo, conformo en mi habitar".

d) *Conclusión*

Hemos hablado de la preexistencia lógico-ontológica que, según Heidegger, tiene el habitar respecto del construir y del pensar. Vimos, asimismo, que el hombre aristotélico sólo construye la casa en la medida en que es precedida por la *pólis*, su fin último y natural; vimos, también, cómo esa *pólis* se define por el entrelazamiento de los modos de ser o hábitos de los hombres que la conforman y gracias a la cual, al mismo tiempo, existen como hombres. Al igual que su par heideggeriano, el espacio que habita el hombre aristotélico no es el espacio físico-matemático, no se trata de "el" espacio, sino de los espacios compuestos por plazas que son su *pólis*, cargada de sentido. Reemplacemos el término "espacio" por "*pólis*" y el pasaje de Heidegger que citamos *supra* podría atribuirse a Aristóteles: "el

---

[9] La diferencia entre los términos griegos "*êthos*" y "*éthos*" es que el primero se inicia con una eta ('e' larga) mientras que el segundo con una épsilon ('e' breve); se trata, pues, de dos palabras distintas aunque, según Aristóteles, emparentadas.
[10] En alemán encontramos el campo semántico del habitar, de lo habitual y de la costumbre en el verbo "*wohnen*" ("habitar"), el sustantivo "*gewonheit*" ("costumbre" en tanto hábito), el adjetivo "*gewonheits*" ("habitual") y el verbo "*gewönhen*" ("habituar").

espacio <la *pólis*> no es ningún 'enfrente de' para el hombre. El espacio <la *pólis*> no es ni un objeto exterior ni una vivencia interior. No hay hombres y además espacio <la *pólis*>, pues si digo 'un hombre' y con esta palabra pienso en aquel que es de manera humana, es decir que habita, ya estoy mencionando con el nombre 'un hombre' la estadía en la cuaternidad cabe las cosas".

En este punto alguien podría objetar, con razón, que el hombre aristotélico se desentiende de lo trascendente; esto es, que, contra lo dicho más arriba, alcanzaría su felicidad presciendiendo de un entorno cósmico que lo trasciende. Si esto fuese así, quedaría, podría decirse, fuera de la Cuaternidad. Pero no es así: "parece que la felicidad también necesita de los bienes exteriores, pues es imposible o no fácil hacer el bien careciendo de recursos [...] la carencia de algunas cosas como buen linaje, buenos hijos y belleza desdibujan la buenaventura, pues no es del todo propicio para la felicidad el de semblante feísimo o de mal linaje o solo y sin hijos" (*EN* 1099a31-b4). La adquisición de estos "bienes exteriores" no descansa ni en el hombre ni en su interacción con otros hombres, sino que está digitada por la fortuna (*týkhe*), realidad trascendente –originalmente una diosa[11]– ante la cual el hombre, indefenso, vive junto a sus congéneres. El hecho de que la felicidad tenga como condición necesaria una serie de bienes administrados por la fortuna hace que el *homo aristotelicum* viva no sólo junto a otros hombres cabe las cosas sino también ante lo trascendente: "se necesita, para la felicidad, tanto de una virtud como de una vida acabadas, pues muchos cambios y fortunas de toda clase ocurren durante la vida" (*EN* 1100a4-6)[12]. Ya hemos dicho cuál es el todo que unifica estos aspectos de la existencia humana al conferirles sentido: sólo se es feliz, sólo se puede ser afectado por la fortuna, sólo se es hombre, en definitiva, junto a otros hombres en la *pólis*.

Digamos, para finalizar, que Heidegger extrema su posición hacia el final de la conferencia afirmando que incluso el pensar, al igual que el construir, forma parte del habitar. Sin la 'habitación' que implica el todo circundante, ni siquiera el pensar tendría sentido y razón de ser. El sabio aristotélico, el hombre cuya vida gira en torno al pensar, es definido en una dirección similar. Contra lo que podría parecer a primera vista, contra la peligrosa teoría de la llamada "torre de marfil", el *sophós* aristotélico es tan político como cualquier otro hombre: hablando de las cosas que se necesitan para poder ejercer la vida virtuosa[13] se afirma que "para el hombre

---

[11] Véase Hesíodo, *Trabajos y días* 346ss.; Esopo, fábulas 184 y 243 (Hausrath); Píndaro, *Olímpica* XII 1-9.

[12] Véase *EN* 1100b1 ss. y, en lo que sigue al texto citado, el famoso ejemplo del rey Príamo: hombre profundamente virtuoso que, por un revés de la fortuna, acaba su vida miserablemente.

[13] *V.g.* de otros hombres sobre los cuales poder ejercer la justicia. Piénsese, por ejemplo, en la película "Náufrago" (*Cast Away*, Dir. Chuck Nolan, 2000) cuyo personaje principal se politizar para permanecer hombre humanizando una pelota de volleyball y creando, así, un

contemplativo no hay necesidad de ninguna de tales cosas, al menos en relación con su actividad, sino que, como suele decirse, <dichas cosas> son ciertamente impedimentos, al menos para la contemplación (*theoría*); pero en la medida en que es hombre y convive con más hombres, elige realizar acciones virtuosas; por lo tanto, necesitará de tales cosas para realizarse-como-hombre (*anthropeúesthai*)" (*EN* 1178b3-7). La meta del hombre, aquello para lo cual incluso el sabio ejerce la contemplación, es lo que Aristóteles denomina con el neologismo "*anthropeúesthai*":[14] literalmente, "hacerse hombre", "realizarse-como-hombre"; y esta actividad, según hemos visto en la *Política* y confirmamos en este pasaje, consiste en el co-habitar (*syzân*) con otros hombres. No hallamos en los textos aristotélicos una oposición entre "teoría" y "praxis" dado que la primera es, *stricto sensu*, la forma más elevada de la segunda: pensar es una forma de actuar, pensar es un hacer; la oposición se da, en todo caso, entre "actuar" (*práttein*) y "no-actuar" (*apráttein*), siendo esto último algo característico de una planta o de un objeto.[15]

Aquello por lo que Heidegger se lamenta al final de *CHP*, a saber: "construir y pensar son cada uno a su modo inevitables para el habitar. Pero también ambos son insuficientes para el habitar en tanto cada uno gestione lo suyo por separado en lugar de escucharse mutuamente"[16], dicho lamento, decíamos, no parece ser posible en la propuesta aristotélica donde el sabio que pretenda pensar sin habitar quedará condenado nada menos que a ocupar un espacio meramente matemático, junto con bestias o dioses, por fuera del mundo de los hombres.

II. ¿Qué es un hombre? El em-plazamiento (*Ge-Stell*) heideggeriano

Concíbase el error, puesto que lloro.
César Vallejo

---

compañero a quien lastimar y pedir perdón: sobre la agresión y las disculpas descansa la moralidad humana.
[14] Vale la pena señalar que el verbo "*anthropeúesthai*", formado sobre la misma raíz que la palabra "*ánthropos*" ("hombre"), es lo que se denomina un "*hápax legómenon*", esto es, una palabra que registra una sola aparición dentro del conjunto de textos griegos clásicos que nos han llegado. Resulta, pues, más que elocuente para los temas que estamos comentando que Aristóteles haya 'inventado' un verbo cuyo contenido semántico apunta precisamente a la actividad del hombre *qua* hombre.
[15] "No es necesario que la vida práctica se dé en relación con otros <hombres>, como creen algunos, ni que las facultades prácticas del pensar (*dianoías praktikás*) sean sólo aquellas surgidas en favor de las cosas que resultan del actuar, sino que mucho más <prácticos> aún son las contemplaciones y los pensamientos (*theorías kaì dianoéseis*), que tienen su fin en sí mismos y que se realizan con vistas a ellos mismos" (*Política* 1325b16-21).
[16] Heidegger (1997:55).

Habiendo comentado ya la politicidad natural del hombre y el modo en que, según Heidegger, la 'habitación' le es esencial para realizarse en tanto hombre –hasta el punto de no poder siquiera pensar por fuera de dicha habitación–, profundicemos, en lo que sigue, la pregunta por el hombre a partir del concepto de "em-plazamiento" (*Ge-Stell*) y su relación con la pregunta por la técnica y con el arte.

a) *Los límites en la ciencia griega*
En sus conferencias "La pregunta por la técnica" (1953) y "Ciencia y meditación" (1954), Heidegger da una serie de precisiones acerca del modo en que la ciencia y la técnica modernas interpelan al mundo. Si tradicionalmente se ha pensado la ciencia como una vía de acceso a la verdad, esto es: como un modo de *des-ocultar* (*alethéuein*) aquello que se esconde en la naturaleza, la ciencia moderna continúa este camino pero resignificado. Veamos de cerca esta diferencia. La *epistéme* griega tiene como meta la *sabiduría*, esto es: la posibilidad de que el hombre pueda conocer la realidad tal cual ella es[17]. Pero, ¿qué es lo que motiva esta búsqueda? ¿Por qué el hombre griego se lanza a develar los misterios de la naturaleza?

Uno de los libros más conocidos de Aristóteles comienza con la siguiente frase: "todos los hombres por naturaleza desean saber" (*Metafísica* 980a21). La búsqueda del conocimiento forma parte de la naturaleza humana. Pero, ¿por qué? Aristóteles da varias definiciones de "hombre" a lo largo de su obra, dos de las cuales hemos analizado en el apartado anterior: "animal capaz de discurso articulado (*lógos*)" y "animal político"[18]. Sin embargo, es posible hablar de otra definición que considera al hombre un animal eminentemente *carente* o *necesitado* (*endeés*). En efecto, como ya había dicho Platón en la *República*, el hombre es un animal que *carece*, que no puede bastarse a sí mismo, que siempre necesita de algo que no tiene; el hombre no es un ser *auto-suficiente*, sino un ser *limitado*[19]. Esta *carencia* constitutiva es lo que opera como principio de todas las acciones que el hombre realiza: (i) lo que mueve al hombre es su deseo y (ii) siempre se desea lo que *no* se tiene; por lo tanto, es esta *falta* lo que determina las decisiones de los hombres. ¿Qué es lo que el hombre desea más que nada, incluso cuando jamás pueda alcanzarlo de manera segura y acabada? Según Aristóteles, la felicidad. Ser feliz es cumplir con la propia *función* en tanto hombre: un hombre es feliz cuando se realiza como hombre. "Realizarse como hombre" significa desarrollar aquello que nos hace ser hombres, a diferencia de los demás animales. Esto es, para Aristóteles, el pensamiento racional: pensar es lo que nos realiza en tanto hombres. A su vez, pensar es

---

[17] Véase, por ejemplo, Aristóteles, *EN* VI 3-7.
[18] Véase Aristóteles, *Política* A, 2.
[19] Emparentada con esto está la definición platónica del amor en el *Banquete* (199e ss.) en tanto "deseo de lo que no se tiene".

lo que nos permite conocer. Así, obtener conocimientos, ir en busca de la *verdad, des-ocultar* aquello que la naturaleza oculta, es lo que define la felicidad humana por excelencia, aquello que Aristóteles denomina "vida teorética", vida dedicada a la búsqueda de la verdad. Podemos decir, entonces, que "todos los hombres por naturaleza desean saber" porque saber es lo que nos hace ser hombres, y hacernos hombres es lo que nos hace felices, y todos queremos ser felices.

Ahora bien, si, como decía, el hombre es un animal *carente*, el conocimiento que nos puede aportar la filosofía jamás es *completo* ni *acabado*; siempre, dirá Aristóteles, hay una porción de realidad que se nos sustrae, que permanece oculta. De allí la famosa restricción aristotélica en lo que a la búsqueda del conocimiento respecta: debemos intentar ser sabios *en cuanto hombres*, es decir, no en sentido *absoluto*. El único ser *sabio* es el dios, a quien nada le está vedado.[20]

Valga esto para la ciencia griega. Volvamos ahora a Heidegger y la ciencia moderna.

b) *La ciencia moderna: ¿aniquilación de los límites?*
Según Heidegger, la ciencia moderna también consiste en cierto *des-ocultamiento*, en un *obtener* de la naturaleza algo que no nos es dado sin más. No obstante, la diferencia fundamental con su par griego radica en que el conocimiento no necesariamente se busca por el conocimiento mismo. La técnica moderna *interpela* a la naturaleza, la *provoca* para que le dé aquello que de suyo no le daría: si el viejo molino aprovechaba aquello que el viento hace sin más, que es soplar, la técnica moderna *fuerza* al suelo para *sacar* aquello que el suelo sin más no daría, por ejemplo sus minerales. Esto es lo que se *des-oculta*, este es el tipo de verdad que la ciencia moderna maneja al *provocar* a la naturaleza para obtener los bienes que esconde. Esto es, en definitiva, el *"em-plazar"* (*Ge-Stell*) a la naturaleza: "el hacer salir de lo oculto que domina por completo a la técnica moderna tiene el carácter del emplazar, en el sentido de la provocación".[21] En este sentido, todo se transforma en un *stock* a ser extraído, *cuantificado*, empaquetado y vendido. De allí la famosa definición de Max Planck que cita Heidegger en "Ciencia y meditación": "real es lo que se deja medir".[22] En un ensayo del año 1951, Ernesto Sábato cita este modo típicamente científico de entender la realidad: "frente a la infinita riqueza del mundo material, los fundadores de la ciencia positiva seleccionaron los atributos *cuantificables*: la masa, el peso, la velocidad [...]. De este modo, el mundo de los árboles, de las

---

[20] Véase *Ética nicomaquea* X, 7. Platón hace una distinción similar en el *Banquete* (202c ss.): entre los dos extremos del ignorante y el sabio (el dios), se encuentra el hombre. a mitad de camino. Ningún hombre puede ser *sabio* en sentido pleno (lo que en griego se dice con la palabra "*sophós*"), sino tan sólo aspirante a esa sabiduría que siempre se le sustrae en su completud (lo que en griego se dice "*philó-sophos*").
[21] Heidegger, M., (2001a:17).
[22] Heidegger, M., (2001b:42).

bestias, de las flores, de los hombres y sus pasiones, se fue convirtiendo en un helado conjunto de sinuosidades, logaritmos, triángulos y ondas de probabilidad. Y lo que es peor: nada más que en eso".[23]

Definir "lo real" como lo capaz de ser cuantificado o medido, como lo capaz de ser traducido a números, es algo que se remonta hasta Galileo Galilei, quien prácticamente funda la ciencia moderna al decir que "el gran libro de la naturaleza está escrito en caracteres matemáticos". De modo análogo a Planck, Galileo dice que *todo* puede ser conocido en la medida en que todo es calculable. La consecuencia de semejante modo de concebir la realidad es una ciencia que se pretende capaz de descifrar *toda* la naturaleza: el genoma humano, la cura de *todas* las enfermedades, el aprovechamiento *absoluto* de los suelos, la solución de *todos* los problemas. Basta con que se le dé tiempo, la ciencia promete que *todo será posible*, dado que, en definitiva, se trata de una gran ecuación matemática. Ahora bien, ¿se puede reducir el mundo a este conjunto de ecuaciones matemáticas? ¿Se puede descifrar la 'realidad' tan sólo con una calculadora?

La ciencia moderna *solicita* a la naturaleza sus energías ocultas; la verdad que dicha ciencia persigue consiste en des-ocultar todo aquello que la naturaleza tiene de cuantificable. En lo cuantificable se agota la realidad científica: "real es lo que se deja medir", suspiraba Planck. Asimismo, la ciencia moderna pretende, como decíamos, que *todo* es cuantificable y, de ese modo, nos promete *todo*. Sin embargo, hemos dicho que siempre hay algo irreductible, algo que no se deja medir. Heidegger llama a esto "lo irrodeable"[24]. En "Ciencia y Meditación" afirma que la ciencia es un discurso *histórico* que se pretende universal pero que sólo aborda un *modo* de la realidad. Siempre permanece *lo irrodeable*, lo insondable, aunque la ciencia no lo reconozca.

Sumemos un matiz a esta denuncia de Heidegger, a saber: el hecho de que *el hombre es más que la suma de sus partes*. En efecto, si el hombre fuese sólo producto de una suma, si fuese reductible a cálculo, entonces no sería, como nos enseñó Aristóteles, un animal *carente*, siempre situado en un contexto particular, necesitado de aquello que le falta, que no tiene. Si lo que es un hombre fuese el resultado de una ecuación matemática, todos nuestros problemas se solucionarían con una calculadora o, si se quiere, con una pastilla.

Ahora bien, aun cuando la ciencia moderna nos ha prometido el acceso irrestricto a una Verdad absoluta de esta índole, aun cuando nos ha dicho que posee esa calculadora capaz de explicar y solucionar *todo* lo atinente a la realidad humana, aun cuando nos ha asegurado que es cuestión de tiempo hasta que logre erradicar por completo el *error*, la falla, las grietas, aun cuando todo esto es así, ocurre que la ciencia moderna nos ha mentido: el

---

[23] Sábato (1991:50 y 53).
[24] Véase Heidegger (2001b:46).

error es constitutivo de un ser *definido* precisamente por sus carencias, por sus fallas, por sus grietas, como quería Aristóteles. El hombre es el único animal que se contradice a sí mismo: "¿Contradicción?", exclama Unamuno, "¡Ya lo creo! La de mi corazón, que dice sí, y mi cabeza, que dice no. Contradicción, naturalmente. Como que sólo vivimos de contradicciones, y por ellas; como que la vida es tragedia, y la tragedia es perpetua lucha, sin victoria ni esperanza de ella; es contradicción"[25]. Como sabemos, la contradicción es el demonio para la ciencia moderna, si bien ha incurrido en ella en repetidas ocasiones: ¿cómo calificar, si no de contradictorio, el hecho de que esa ciencia que nació para llegar a la Verdad, la Felicidad y la Salud de todos los hombres, también haya dado lugar a la miseria, la muerte y el oprobio mediante uno de sus mayores inventos: las armas de destrucción masiva? En una famosa carta del año 1932 dirigida a Freud, Albert Einstein diagnostica: "el problema es este: ¿hay algún camino para evitar a la humanidad los estragos de la guerra? Es bien sabido que, *con el avance de la ciencia moderna*, este ha pasado a ser un asunto de vida o muerte".[26]

La realidad humana, decíamos, es más que la suma de sus partes: un *lied* de Schubert no es producto de la combinación matemática, medible, de ritmos, tonos y velocidades en la partitura. Si fuese así, ¿por qué nos conmueve más la ejecución de Martha Argerich de un concierto de Rachmaninov que cualquier otra? La música no es la serie de combinaciones matemáticas que se dan en la partitura sino, quizás, todo lo que ocurre *por fuera* de tales combinaciones. Del mismo modo, la luz de las velas en los cuadros de van Honthorst es más que la banda del espectro luminoso que ocupa, medible en unidades Angström. Lo que conmueve de esos cuadros o de esas músicas no es su exactitud matemática, sino las fracturas que esa supuesta 'exactitud' sufre en la ejecución: en tales fracturas radica su riqueza y lo que nos conmueve.

Tratándose del hombre siempre hay, pues, un margen de inestabilidad, de error. Y es precisamente en la posiblidad de equivocarse donde radica la riqueza del quehacer humano. Contra la frase de Planck, "real es lo que se deja medir", citemos un verso del poeta peruano César Vallejo: "concédase el error, puesto que lloro".[27] El llanto es una de las manifestaciones de esa grieta, de esa falla que define al hombre, sea llanto de tristeza, sea llanto de alegría. No casualmente el llanto es una de las primeras cosas que le llama la atención al robot "Terminator" (*T2*, EE.UU., J. Cameron, 1991): si bien es una máquina capaz de medir y comprender todo lo que ocurre a su alrededor, no comprende qué es llorar. Una disciplina que pretende agotar la realidad en lo medible no tiene manera de explicar el llanto de un hombre.

---

[25] Unamuno (2005:75).
[26] Einstein & Freud (1932).
[27] Vallejo, C., (1996): "Ande desnudo, en pelo, el millonario!..." (19/11/1937), en *Poemas humanos*.

Dado que el hombre llora, el error debe ser concedido. Algo similar dice Foucault en *El nacimiento de la clínica*: "La vida <humana> es lo que es capaz de error. La vida acaba haciendo del hombre un viviente que no se encuentra nunca completamente en su lugar, un viviente que está destinado a 'errar', a 'equivocarse'".[28]

La verdad debe ser redefinida en términos humanos, esto es: se la debe concebir imperfecta, siempre cambiante, imposible de calcular de un modo definitivo. La carne de cerdo ya no produce triquinosis, pero, no obstante, la comunidad judía no la come. "¿Por qué hacer algo tan ridículo?", se pregunta el científico, horrorizado. La respuesta es sencilla: *porque no*; porque *todo* no se puede; porque *eso* es un hombre; querer ser más que eso es lo que los griegos denominaron "*hýbris*": una mezcla de desmesura, orgullo, egolatría, megalomanía.

c) *Conclusión: el arte.*
En la actualidad el hombre ya no es concebido ni como "animal racional", ni como "animal político", ni como "animal carente", sino como "animal de consumo". Grupos o extractos sociales son clasificados en virtud de su poder adquisitivo y de su capacidad de ahorro y gasto. Esta incentivación permanente al consumo tiene como meta ocultar aquello que, según decíamos hace un momento, define realmente al hombre: su *incompletud*. La medicina nos dice que puede curar cualquier mal que nos aqueje, la tecnología nos promete aniquilar el aburrimiento. Cigarrillos, gaseosas, chicles, películas: una red de dispositivos articulados *para que no necesitemos nada*. Lo que nadie dice es que *no necesitar nada es imposible*, puesto que *la falta es algo que nos constituye*. "Satisfacción garantizada", alardea la publicidad, pero inmediatamente agrega: "o le devolvemos su dinero". Si la satisfacción está garantizada, ¿por qué la aclaración de que, caso contrario, nos devuelven el dinero? Porque la satisfacción *jamás* está garantizada.

No obstante, el hecho de que el riesgo sea inevitable *no debe pensarse como algo negativo*. Una vez más: allí radica la riqueza de lo humano, en sus puntos de fuga, en sus desvíos. Tener una capacidad como la de "pensar" o "conocer" supone, al mismo tiempo, la privación de lo que esa capacidad permite[29]. Esto es: si el hombre es un ser capaz de conocer, es porque de antemano *no conoce*. Esa *carencia* de conocimiento no es algo negativo, sino que es una posesión. Así como la oscuridad no debe entenderse como la mera ausencia o privación de luz, sino como "el color de algo con la *capacidad* de ser iluminado", el error o la finitud humana no

---

[28] Citado por Agamben (2005:482). Más adelante, Agamben vuelve a citar a Foucault: "¿No será que toda la teoría del sujeto debe ser reformulada, ya que el conocimiento, más que abrirse a la verdad del mundo, se arraiga en los *errores de la vida*?" (p.483).
[29] Véase Agamben (2005:354 ss.).

deben entenderse como la *ausencia* de conocimientos, sino como *el color de la capacidad de poseerlos*.

Pero, ¿existe alguna manera, más allá de la ciencia moderna, de 'activar' esa capacidad de conocer? ¿Existe alguna manera de conocer que no atente contra los límites de lo propiamente humano, que pueda convivir con el error y el llanto del que hablaba Vallejo?

El *arte* interviene esa oscuridad no para colmar los vacíos, sino por el solo hecho de activar las posibilidades *infinitas y caprichosas* que constituyen al hombre. Ya Aristóteles había destacado el carácter filosófico de la poesía dado que, a diferencia de disciplinas como la historia, no trabaja con casos particulares, sino que da cuenta de problemas universales[30]. "El arte", dice Heidegger, "es una consagración y un resguardo en el que lo real le regala al hombre el esplendor hasta entonces oculto, a fin de que, en esta claridad, mire de un modo más puro y escuche de un modo más limpio lo que se exhorta a su esencia"[31]. Esta forma de "verdad", la verdad del arte, no tiene pretensiones absolutas. Liberada de los parámetros de lo medible, tampoco debe lidiar con preceptos como los de 'utilidad'. "¿Para qué *sirve* el arte?", pregunta el insensato. En *El testamento de Orfeo* (1959), Cocteau es categórico: "el poeta es imprescindible, aunque no se sepa *para qué*". En el terreno del arte no hay *para qué*, en el terreno del arte hay llanto y, por eso, hay error; sin embargo, en esas lágrimas, en esos errores, radica su riqueza. Tomemos una cita de Heidegger referida a la meditación, pero trasladada al arte: "la pobreza del <arte> es la promesa de una riqueza cuyos tesoros lucen en el esplendor de lo inútil que nunca se deja calcular".[32]

Concluyamos el presente trabajo en esta línea, con dos citas del poeta argentino Roberto Juarroz. En la primera, su modo de entender la poesía: "entiendo que la poesía es siempre una persecución de lo imposible, una búsqueda del revés de las cosas, un amoroso exorcismo de la nada"[33].

La segunda, claro, un poema que resume mejor que nada todo lo que hemos:

Quizás debamos aprender
que lo imperfecto es otra forma de la perfección:
la forma que la perfección asume
para poder ser amada.

Bibliografía

Agamben, G. (2005), *La potencia del pensamiento*, Buenos Aires, Adriana Hidalgo.

---

[30] Véase Aristóteles, *Poética* IX.
[31] Heidegger (2001b:33).
[32] Heidegger, M., "CM", p.50. En el original en lugar de "arte" se lee "meditación".
[33] Juarroz, R., *Poesía y realidad*, Barcelona, Pre-Textos.

Einstein, A. & Freud, S. (1932), "Intercambio epistolar: *¿Por qué la guerra?*", en http://www.elortiba.org/freud36.html, trad. de L. López Ballesteros y de López.
Heidegger, M. (1997), *Construir, habitar, pensar*, Córdoba, Alción. Trad. de A.C. Gebhardt.
Heidegger, M. (2001), *Conferencias y artículos*, Bacerlona, Del Serbal, 2001; trad. E. Barjau.
Heidegger, M., (2001a), "La pregunta por la técnica", en *Conferencias y artículos*.
Heidegger, M., (2001b), "Ciencia y meditación", en *Conferencias y artículos*.
Sábato, E. (1991), *Hombres y engranajes*, Buenos Aires, Seix Barral.
Unamuno, M. de (2005), *Del sentimiento trágico de la vida*, Madrid, Alianza.
Vallejo, C. (1996), *Poesía completa*, Lima, Vlacabo Hnos.

Construir, habitar, amar.
La cuaternidad heideggeriana a la luz de la erótica platónica

Lucas Soares

> La historia de la filosofía no debe decir lo que ya dijo un filósofo, sino aquello que está necesariamente sobrentendido en su filosofía, lo que no decía y que, sin embargo, está presente en lo que decía.
>
> Deleuze[1]

I

¿Por qué alguien querría pensar sobre algo dicho, que ya conoce y entiende? Al afirmar que la doctrina de un pensador es lo no dicho en su decir, Heidegger aplica en filosofía la teoría del iceberg que Hemingway plantó en literatura. Como en un cuento, un pensamiento filosófico encierra siempre dos historias, donde la más importante es la no dicha. En el diálogo que Heidegger entabla con Platón se trata justamente de hacer filosofía desde la posición del narrador: apuntar a la historia oculta que late en la superficie del pensar:

> Para que podamos conocer y llegar a saber en el futuro lo no dicho por un pensador, sea ello del tipo que sea, tendremos que volver a pensar lo dicho por él. Pero hacer justicia a esta exigencia significaría volver a dialogar con todos los "Diálogos" de Platón en su conjunto. Como esto es imposible, tendrá que ser otro camino el que nos conduzca a lo no dicho en el pensar de Platón.[2]

La filosofía heideggeriana deviene así un camino dialógico, casi detectivesco, donde se trata, como en "La Carta robada" de Poe, de aprender a mirar lo que por fuerza de su evidencia no se deja ver; de trabajar con la alusión y el sobreentendido; de descifrar lo no dicho.

---

[1] Deleuze (2002:153).
[2] Heidegger (2000b:173).

II

Pero, ¿para qué a esta altura un diálogo entre Heidegger y Platón? ¿Por qué insistir con ese diálogo cuando sabemos, a partir de la *Destruktion* de la historia de la ontología que Heidegger reclama al comienzo de *Ser y tiempo*, que toda metafísica habla la lengua de Platón y que el despliegue de su historia no hizo más que confundir al ser con un determinado ente o, lo que es lo mismo, pensar al ser *desde* la Idea platónica: "La 'filosofía', que comienza sólo a partir de Platón, tiene desde ese momento el carácter de lo que más tarde se llamará 'metafísica'. Es el propio Platón el que caracteriza plásticamente la metafísica en esa historia narrada en el símil de la caverna".[3] Más puntualmente: ¿Qué tiene que ver Heidegger con la erótica platónica?

III

Dos respuestas tentativas en favor de este diálogo. Primero: en el fundamento mismo de la historia de la ontología que Heidegger se propone destruir (o sea, en Platón), puede reconocerse no sólo el olvido del ser sino también el germen de su propia destrucción como desocultamiento; puede hallarse en el ocultamiento de la pregunta por el ser -y de su diferencia con lo ente- la posibilidad del reconocimiento de ese ocultamiento y la del despertar *desde* tal olvido del ser. La posibilidad de atisbar, sobre la base de la co-pertenencia de presencia-ausencia implicada en el término *alétheia* (como, literalmente hablando, 'no-olvido'), en el ocultamiento el desocultamiento mismo.[4] Al fin y al cabo, el ser es lo más olvidado y al mismo tiempo el recuerdo interiorizante.[5] Bajo esta óptica, Platón representa para Heidegger, aun desde la perspectiva limitada que para él ofrece la ontología griega, algo más que el ultracitado precursor del olvido del ser en favor de ese ente privilegiado que es la Idea. (Quizá ello explique la carta de 1954 dirigida a Hannah Arendt, donde Heidegger señala: "¿Que qué hago? Siempre lo mismo. Y me gustaría repasar de nuevo mis trabajos sobre Platón, empezando por el *Sofista* de 1924-1925, y hacer una lectura nueva de Platón".[6]) Éste representa también, como lo atestigua el epígrafe del *Sofista* con el que Heidegger abre *Ser y tiempo*, la posibilidad de retorno a la perplejidad inicial que todavía nos embarga ante el sentido del término

---

[3] Heidegger (2000b:196; 1999:87). Una visión de conjunto de las estaciones clave que jalonan la historia de la ontología (o "historia del concepto de ser") puede leerse en Heidegger (2000e: pp. 325-369).
[4] Heidegger (2000a:170): "Y como al ser le es inherente un cubrir que aclara, el ser se manifiesta inicialmente a la luz de la sustracción encubridora. El nombre de este claro es *alétheia*". Véase en la misma línea Heidegger (2000b:187-188).
[5] Heidegger (1989a:106).
[6] Arendt - Heidegger (2000:139).

'ser'; la necesidad de replanteamiento de la pregunta fundamental que apunte a su esclarecimiento, a la vez que el señalamiento de que en el seno mismo de esa historia de la ontología que se apresta a consumar el olvido del ser pueden leerse los rastros de lo no dicho o de lo por pensar, esto es: el olvido de *la* diferencia que da origen a esa historia. Algo que en parte ya se vislumbra en aquel pasaje clave del *Sofista*:

> Por el contrario, Teeteto, creo que precisamente ahora empezamos a conocer la dificultad (*aporía*) de su examen. ¿No comprendes, ¡oh bienaventurado!, que si bien nos parecía que decíamos algo, estamos ahora en la ignorancia total acerca del mismo?" (249d-e).

Porque es justamente en este diálogo tardío donde Platón, de una manera anticipadamente heideggeriana, arriba a la conclusión de que la pregunta que interroga por el sentido del ser no sólo no se ha hecho bien, sino que ha caído en el olvido; que "el ser es lo más comprensible y al mismo tiempo la ocultación".[7] Heidegger podría hacer suyas las palabras de Dupin en "La carta robada": "Quizá lo que los induce a error sea precisamente la sencillez del asunto".[8] La puesta en diálogo entre ambos pensadores procura abrir, por tanto, un camino que nos conduzca hacia lo cifrado en el pensar de Platón.

Segundo: el diálogo entre Heidegger y Platón implica la puesta en marcha del "paso atrás" (*Schritt zurück*). Paso que no supone, tal como puede parecer a primera vista, un interés histórico-arqueológico sobre los pensadores del pasado, ni una apelación a ellos para mostrar en qué medida -y bajo una concepción progresiva del pensamiento- nuestro modo de pensar los "supera". Todo lo contrario. El paso atrás representa para Heidegger el modo de movimiento de "otro pensar" o "pensar futuro", contracara del pensar metafísico-representativo (o técnico-calculador) que se erige como el único válido y practicado:

> El paso atrás dirige hacia ese ámbito que se había pasado por alto hasta ahora y que es el primero desde el que merece ser pensada la esencia de la verdad. El paso atrás va desde lo impensado, desde la diferencia en cuanto tal, hasta lo por pensar: el *olvido* de la diferencia. Por ello, el paso atrás va desde la metafísica hasta la esencia de la metafísica.[9]

Ante la omnipresente máquina del pensar que habla por nosotros cuando justamente no pensamos; frente a la huida ante el pensar que constituye la razón de la creciente falta de pensamiento del hombre contemporáneo, la filosofía de Heidegger compromete la apertura de un

---

[7] Heidegger (1951:32; 1989a:97).
[8] Poe (1997:515).
[9] Heidegger (1988c:111-115). Para el tópico del "otro pensar", cf. Heidegger (2000c:266, 281, 297; 1994c:71).

pensar meditativo, rememorante y perseverante, cuyo núcleo supone la serenidad (*Gelassenheit*) para con las cosas y la apertura al misterio a lo que se muestra y sustrae (la verdad del Ser).[10] Un pensar que arraiga abriendo caminos que, más que demostrar, dan señales; que no persigue el sentido último que impera en todo cuanto es, y que advierte que el camino a lo más próximo y más simple "es siempre el más lejano y por ello el más arduo".[11] Un pensar que yendo para atrás, avanza:

> De cualquier modo que intentemos pensar, y pensemos lo que pensemos, pensamos en el campo de la tradición. Sólo cuando nos volvemos con el pensar hacia lo ya pensado, estamos al servicio de lo por pensar. Pero lo ya pensado sólo es la preparación de lo todavía impensado, que en su sobreabundancia, retorna siempre de nuevo. Para nosotros, el diálogo con la historia del pensar ya no tiene carácter de superación, sino de paso atrás.[12]

En el sostenimiento de este pensar reflexivo estriba para Heidegger la esencia del hombre.[13] La tensión dialéctica que se desprende del diálogo entre ambos pensadores apunta, como en un juego de espejos, a que a partir de lo no dicho en el pensar de Platón se refleje algo de lo no dicho en el pensar de Heidegger, relativo a la posibilidad de una erótica en su pensamiento.

IV

Para adentrarse por el camino del diálogo entre Heidegger y Platón, y ver hasta dónde nos conduce el paso atrás, leamos algunos pasajes de "Construir, habitar, pensar" y "La cosa", dos ensayos que tocan el tema de la Cuaternidad, Cuadratura o Cuarteto (*das Geviert*), a la luz de la erótica platónica, tal como aparece planteada en *Banquete*. Pero antes de emprender el paso atrás, aclaremos muy sucintamente cuál es el enfoque que Heidegger le imprime a su ensayo "Construir, habitar, pensar". Lo primero a tener en cuenta es que no se trata del 'construir' y del 'habitar' desde el punto de vista de la arquitectura o de la técnica, sino que se indaga allí sobre la esencia del construir y del habitar. Se trata de meditar en torno a ellos de un modo esencial, y sobre todo a partir de sus relaciones esenciales. Como en un juego de espejos (imagen a la que Heidegger apela en "La cosa"), la clave hermenéutica pasa por pensar el construir desde la esencia del habitar y el habitar desde la esencia del construir. La esencia del construir sería así el dejar habitar, y la del habitar el dejar construir. Hay algo del orden de la interpredicabilidad, o mejor, de la cosignificación entre

---

[10] Véase en este sentido Heidegger (1989b:28-29; 2000d:13).
[11] Heidegger (1988a:59). Cf. en la misma línea Heidegger (1989b:26).
[12] Heidegger (1988b:97). Cf. asimismo Heidegger (1988c:111).
[13] Heidegger (1989b:29).

el construir y el habitar; de aquí que las preguntas que abren la primera y segunda parte del ensayo sean, respectivamente: ¿en qué medida el construir pertenece al habitar? y ¿en qué medida el habitar pertenece al construir?[14] No es casual que la respuesta tentativa a la que Heidegger arriba termine por dar cuenta de esa cosignificación que ya anidaba en ambas preguntas. En efecto, la frase "sólo si somos capaces de habitar podemos construir" se ilumina a partir de la frase *sólo si somos capaces de construir podemos habitar*. Así todo construir deviene en sí un habitar: "No habitamos porque hemos construido [*i.e.* tal como se desprende de un esquema medio-fin], sino que construimos y hemos construido en la medida en que habitamos, es decir, en cuanto que somos *los que habitan*".[15]

Como en el caso del construir y del habitar, hay también algo del orden de la cosignificación entre los Cuatro que conforman la Cuaternidad: tierra, cielo, divinos y mortales. Sabemos que la Cuaternidad implica para Heidegger la unidad o simplicidad originaria de los Cuatro: "Desde una unidad *originaria* pertenecen los cuatro —tierra, cielo, los divinos y los mortales— a una unidad. Esta unidad de ellos la llamamos la Cuaternidad".[16] Estos Cuatro se implican mutuamente porque, al pensar en uno de ellos, cosignificamos al mismo tiempo a los otros Tres. Esta cosignificación puede leerse más claramente en el ensayo "La cosa", puntualmente a la luz de la noción de "juego de espejos" del Cuarteto:

> Tierra y cielo, los divinos y los mortales, formando una unidad desde sí mismos, se pertenecen mutuamente desde la simplicidad de la cuaternidad unitaria. Cada uno de los cuatro refleja a su modo la esencia de los restantes. Con ello, cada uno se refleja a sí mismo en lo que es suyo y propio dentro de la simplicidad de los Cuatro. La unidad de la Cuaternidad es la constitución de los Cuatro. La constitución de los Cuatro esencia como el juego de espejos.[17]

De entre los Cuatro recortemos, pensando en el diálogo con Platón, la pareja divinos-mortales. ¿Qué dice Heidegger acerca de ellos? Poco y mucho. Los divinos constituyen los mensajeros que nos brindan señales de la divinidad: "Es del prevalecer oculto de esta deidad de donde aparece el dios en su esencia, que lo sustrae a toda comparación con lo que es presente".[18] Del otro lado, se ubican los mortales, llamados así en tanto son capaces de la muerte en tanto muerte. Los mortales —señala Heidegger— habitan en la medida en que salvan la tierra, reciben el cielo como cielo, esperan a los divinos como divinos. Este 'salvar', 'recibir' y 'esperar' por

---

[14] Heidegger (1994b:127, 133).
[15] *Ibíd.*, 130, 141.
[16] *Ibíd.*, pp. 131-132. Sobre este carácter unitario y simple de la Cuaternidad, véase la conferencia "La cosa" (Heidegger, 1994a:155).
[17] Heidegger (1994a:156, 157).
[18] *Ibíd.*, 155. Cf. asimismo Heidegger (1994b:131).

parte de los mortales no implica un adueñarse o toma de posesión respecto de la tierra, el cielo y los divinos sino, como veremos, dejar ser a éstos en su esencia.

V

Si de lo que se trata es de pensar la unidad o simplicidad originaria de los Cuatro, antes de enfocarla a la luz de la erótica platónica, veamos qué es lo que Heidegger marca allí respecto de su condición de posibilidad. Quiero decir: ¿qué es lo que hace posible la unidad o simplicidad originaria de la Cuaternidad? Hay un ejemplo que Heidegger trae a colación en la segunda parte de "Construir, habitar, pensar", que sirve para nuestro camino. Me refiero al ejemplo del puente. El puente (*die Brücke*), a primera vista, es una cosa. Pero no se trata aquí de un mero puente-cosa, sino –afirma Heidegger– del "último puente" (*letzten Brücke*).[19] La esencia de esta cosa que es el puente (al igual que la jarra en el ensayo "La cosa", o las botas de campesino en "El origen de la obra de arte") no reside en el hecho de que sea un objeto representado, *puesto delante* de nosotros. Sabemos que para Heidegger no es ése el camino que lleva a la esencia de la cosa. Parafraseando lo que señala en "El origen de la obra de arte" respecto de esta última,[20] si bien el puente es una cosa acabada, dice algo más que la mera cosa. Además de ser una cosa, el puente tiene un carácter añadido o un plus significativo. El puente es un símbolo. Pero mejor escuchemos lo que, de manera poético-filosófica, señala Heidegger acerca del puente:

> Siempre, y cada vez de un modo distinto, el puente acompaña de un lado para otro los caminos vacilantes y apresurados de los hombres, para que lleguen a las otras orillas y finalmente, como mortales, lleguen al otro lado. El puente, en arcos pequeños o grandes, atraviesa río y barranco para que, siempre ya de camino al último puente, en el fondo aspiren a superar lo que les es habitual y aciago, y de este modo se pongan ante la salvación de lo divino. El puente reúne, como el paso que se lanza al otro lado, llevando ante los divinos.[21]

El puente coliga o reúne (*versammelt*) la Cuaternidad, y tal coligación (*versammlung*) implica para Heidegger acercar a los Cuatro desde sus respectivas lejanías: "La cercanía acerca lo lejano, y lo acerca en cuanto lejano. La cercanía conserva (en su verdad) a la lejanía. Guardando a la lejanía en su verdad, la cercanía esencia en su acercar".[22]

---

[19] Heidegger (1994b:134).
[20] Heidegger (1995:13-14).
[21] Heidegger (1994b:134).
[22] Heidegger (1994a:154-155).

VI

¿Cuál sería este habitar que es capaz de construir o, lo que es lo mismo, este construir que es capaz de habitar? ¿Cómo es posible el juego de espejos entre el habitar y el construir? ¿Qué simboliza ese puente que hace posible la unidad o simplicidad originaria de la Cuaternidad? Visto a la luz de la erótica platónica, tanto la cosignificación entre el habitar y el construir como la congregación de los Cuatro a través del puente, se vuelve posible gracias al *éros*. Una salvedad: la única mención del amor en relación con el tratamiento de la Cuaternidad puede leerse en el ensayo "La cosa". En el marco de una reseña histórica sobre el significado de la palabra 'cosa' en diferentes lenguas (latina, alemana, francesa, inglesa y castellana), Heidegger rescata allí la figura de Maister Eckhart para referirse al sentido de 'cosa' en la Edad Media y, más puntualmente, a la equivalencia que aquél traza entre *res* y *dinc* (término que significa todo aquello que es de alguna manera, algo que es en general):

> De este modo el Maestro Eckhart utiliza la palabra *dinc* tanto para Dios como para el alma. Dios es para él 'la cosa más alta y suprema'. El alma es 'una cosa grande'. Con ello este maestro del pensar no quiere decir en absoluto que Dios y el alma sean igual que un bloque de piedra: un objeto material; *dinc* es aquí el nombre c xauto, prudente y contenido para algo que es, en general. De este modo, siguiendo unas palabras de Dionisio Areopagita, dice el Maestro Eckhart: *diu minne ist der natur, daz sie den menschen wandelt in die dinc, die er minnet* (el amor es de tal naturaleza, que transforma al hombre en aquella cosa que éste ama).[23]

Ya sea, pues, que lo concibamos como un dios o como un *daímon*, tal como hace Platón tras la máscara de los distintos oradores que protagonizan el *Banquete*, lo cierto es que en los seis primeros discursos de este diálogo - dejo deliberadamente de lado el discurso de Alcibíades cuyo objeto no es tanto *Éros* sino más bien Sócrates como su encarnación-, atravesados todos ellos por el eje divinos-mortales, siempre termina por emerger como rasgo distintivo del *éros* su rol mediador y congregante respecto de la irremediable brecha abierta entre divinos y mortales. *Éros* resulta para Platón un artífice que posibilita el 'trato' (*homilía*) y la 'amistad' (*philía*) entre divinos y mortales; el nombre del dios causante de esa integridad o, entendido como *daímon*, el nombre asignado al deseo mismo de integridad-inmortalidad, por cuanto la causa del amor estriba en un deseo que esencia en la reproducción. A través de ella los mortales participan de la inmortalidad en cuerpo y alma:

---

[23] *Ibíd.*, 153.

> La naturaleza mortal busca, en la medida de lo posible, existir siempre y ser inmortal. Pero sólo puede serlo de esta manera: por medio de la procreación, porque siempre deja otro ser nuevo en lugar del viejo. De esta manera, en efecto, se conserva todo lo mortal, no por ser siempre completamente lo mismo, como lo divino, sino porque lo que se marcha y está ya envejecido deja en su lugar otra cosa nueva semejante a lo que era. Por este procedimiento, Sócrates, lo mortal participa de inmortalidad, tanto el cuerpo como todo lo demás; lo inmortal, en cambio, participa de otra manera" (*Banq.* 208a-b).[24]

De aquí que el *éros* sea caracterizado en *Banquete*, según el discurso, como el mejor 'médico', 'guía', 'caudillo', 'piloto', 'defensor', 'camarada', 'colaborador' y 'salvador' de la naturaleza humana. Pero veamos cómo juega puntualmente la pareja divinos-mortales en algunos pasajes tomados de tres discursos del *Banquete*. Me refiero a los del médico Erixímaco, el poeta cómico Aristófanes y el de Sócrates-Dotima

Toda la estrategia argumentativa de Erixímaco en su discurso apunta a sacar a *Éros* del radio de acción interpersonal (o entre almas humanas) en el que había sido ubicado en los discursos de Fedro y de Pausanias, a fin de elevar su poder de influencia divina a nivel cósmico:

> Pero que no sólo existe en las almas de los hombres como impulso hacia los bellos, sino también en los demás objetos como inclinación hacia otras muchas cosas, tanto en los cuerpos de todos los seres vivos como en lo que nace sobre la tierra, y, por decirlo así, en todo lo que tiene existencia, me parece que lo tengo bien visto por la medicina, nuestro arte, en el sentido de que es un dios grande y admirable y a todo extiende su influencia, tanto en las cosas humanas como en las divinas. (*Banq.* 186a-b)

En los términos del Cuarteto, podría decirse que *Éros* extiende su influencia a tierra, cielo, divinos y mortales. Tomando la ciencia médica como patrón de medida y al médico como experto en la doble erótica (ordenada y desmesurada) del cuerpo ("Pues la medicina es, para decirlo en una palabra, el conocimiento de las operaciones amorosas que hay en el cuerpo en cuanto a repleción y vacuidad y el que distinga en ellas el amor bello y el vergonzoso será el médico más experto", *Banq.* 186c-d), Erixímaco afirma que *Éros* logra infundir, de modo semejante a un médico, 'armonía', 'consonancia' (*symphonía*) o 'acuerdo' (*homología*) entre las operaciones amorosas contrarias que componen el micro y macrocosmos. En este sentido *Éros* gobierna todas las *téchnai* como, entre otras, la medicina, la música, la astronomía y la adivinación. Sus respectivos expertos deben conocer cómo juegan las operaciones amorosas contrarias entre los humores-elementos del cuerpo en el caso del médico; entre los ritmos y sonidos en el caso del músico; entre las estaciones del año en el

---

[24] Véase en la misma línea *Banq.* 207d, 212a.

caso del astrónomo; y entre divinos y mortales en el caso de la adivinación: "Más aún: también todos los sacrificios y actos que regula la adivinación, esto es, la comunicación entre sí de los dioses y los hombres, no tienen ninguna otra finalidad que la vigilancia y curación de *Éros*" (*Banq.* 188b-c). Gracias a su conocimiento de las operaciones amorosas entre los hombres que conciernen a la ley divina y a la piedad, la adivinación (*mantiké*) representa para Erixímaco un 'artífice' (*demiourgós*) de la amistad entre los dioses y los hombres. A causa del 'poder total' (*pâsa dýnamis*) del *Éros* ordenado, podemos, en palabras de Erixímaco, "tener trato (*homileîn*) y ser amigos tanto unos con otros como con los dioses, que son superiores a nosotros (*Banq.* 188d-e). Desde la Cuaternidad, *Éros* estaría haciendo posible la congregación de los divinos con los mortales. Así estos últimos pueden *llegar al otro lado* y acercarse a la orilla de los divinos, poniéndose ante su salvación en la medida en que respetan esa lejanía esencial que los acerca: "La cercanía conserva (en su verdad) a la lejanía"[25].

Para Aristófanes el amor esencia en el deseo de llegar a ser uno solo de dos, juntándose y fundiéndose con el amado. Ello se relaciona, como es sabido, con la separación por parte de los dioses de nuestra antigua naturaleza humana (íntegra, esférica y dual) a causa de su iniquidad o desmesura original. Los mortales llegarían a ser plenamente felices sólo si llevaran el amor a su culminación, encontrando cada uno al amado que le pertenece esencialmente, y restaurando así la unicidad originaria de su antigua naturaleza:

> Por consiguiente, si celebramos al dios causante de esto, celebraríamos con toda justicia a *Éros*, que en el momento actual nos procura los mayores beneficios por llevarnos a lo que nos es afín y nos proporciona para el futuro las mayores esperanzas de que, si mostramos piedad con los dioses, nos hará dichosos y plenamente felices, tras restablecernos en nuestra antigua naturaleza y curarnos. (*Banq.* 193c-d)

Éros representa para Aristófanes la única vía para recobrar, piedad para con los dioses mediante, la integridad perdida. Desde la Cuaternidad, *Éros* sería la única vía para *llegar al otro lado* y recobrar la unidad o simplicidad originaria de los Cuatro. En un pasaje bellísimo, donde pueden oírse resonancias del discurso aristofánico, apunta Heidegger refiriéndose a los mortales: "Esperando les sostienen lo inesperado yendo al encuentro de ellos; esperan las señas de su advenimiento y no desconocen los signos de su ausencia. En la desgracia esperan aún la salvación que se les ha quitado".[26] En la desgracia de su desintegración-separación, los mortales escindidos esperan la coligación-salvación que se les ha quitado. Esta coligación aparece plasmada en el discurso aristofánico en el aspecto 'curador' (*iatrós*)

---

[25] Heidegger (1994a:154).
[26] Heidegger (1994b:131-133). Véase asimismo Heidegger (1994a:155).

o 'reunidor' (*synagogeús*) del *Éros*. De aquí que éste sea definido como el más filántropo de los dioses, por ser auxiliar de los hombres y médico de enfermedades (*Banq.* 189c-d).

Pero es en el discurso de Sócrates-Diotima donde más nos acercamos a la unidad originaria de los Cuatro mentada en la Cuaternidad, así como también a la figura del puente como su condición de posibilidad. Se trata allí de refutar la concepción, vertebradora de los cinco discursos previos, de que *Éros* es un gran dios vinculado a las cosas bellas y buenas. Ahora hay que pensar al *éros* como algo 'intermedio' (*metaxý*) entre la belleza y la fealdad, entre la sabiduría y la ignorancia, entre lo inmortal y lo mortal. *Éros* es un *daímon*, divinidad de rango intermedio: "Un gran *daímon*, Sócrates. Pues también todo lo daimónico (*daimónion*) está entre la divinidad y lo mortal" (*Banq.* 202d-e). Justamente en la explicación brindada por Diotima acerca del poder de este *éros-daímon* puede leerse uno de los pasajes más elocuentes en relación con la Cuaternidad:

> El [poder] de interpretar y transmitir a los dioses los mensajes de los hombres y a los hombres los de los dioses; de los unos, los ruegos y sacrificios; de los otros, los mandatos y las compensaciones por los sacrificios ofrecidos. Por hallarse en un lugar intermedio (*metaxý*) entre ambos, los completa, de manera que el todo (*tò pân*) queda coligado (*syndedésthai*) consigo mismo. A través de él discurre la mántica entera y el arte de los sacerdotes relativa a sacrificios, iniciaciones, conjuros, adivinación y encantamientos. El dios (*theós*) no se mezcla con el hombre, pero a través de ese *daímon* se da todo trato (*homilía*) y diálogo (*diálektos*) entre dioses y hombres, tanto en vigila como durante el sueño. (*Banq.* 202e-203a)

Lo central pasa aquí por este poder -ya destacado en algunos de los discursos previos- congregante del *éros* respecto de la totalidad de lo real (*tò pân*). Un *éros-daímon* que, para ponerlo en términos de Heidegger, oficia de "último puente" acercando a los divinos con los mortales. Siempre, y cada vez de un modo distinto, el *éros*-puente congrega el todo (tierra, cielo, mortales y divinos); posibilita el cruce al otro lado; el 'trato' (*homilía*) y el 'diálogo' (*diálektos*) con los divinos. Nos trae cerca la lejanía de éstos. Pero los acerca en cuanto lejanos. De este modo la cercanía, como quería Heidegger, conserva en su verdad a la lejanía: "Guardando a la lejanía en su verdad, la cercanía esencia en su acercar".[27] A través de este *éros-daímon*, en tanto "último puente" que coliga el todo y nos lleva ante los divinos, los mortales pueden aspirar "a superar lo que les es habitual y aciago, y de este modo ponerse ante la salvación de lo divino".[28]

---

[27] Heidegger (1994a:154-155).
[28] Heidegger (1994b:134).

VII

Apunta Heidegger en un pasaje clave de "Construir, habitar, pensar": "En el salvar la tierra, en el recibir el cielo, en la espera de los divinos, en el conducir de los mortales acaece de un modo propio el habitar".[29] ¿En qué consiste este modo propio o esencial del habitar? Consiste en cuidar la Cuaternidad. En dejar ser a cada uno de los Cuatro en su esencia:

El verdadero cuidar es algo *positivo*, y acontece cuando de antemano dejamos a algo en su esencia. *El rasgo fundamental del habitar es este cuidar*. Las cosas mismas albergan la Cuaternidad *sólo cuando* ellas mismas, *en tanto que* cosas, son dejadas en su esencia.[30]

Si en este habitar descansa el ser del hombre, los mortales *están* en la Cuaternidad al cuidarla en su esencia. Es decir, en la medida en que salvan la tierra, reciben el cielo como cielo, esperan a los divinos como divinos. Desde la erótica platónica, aquella exhortación fundamental, a la que deben atender y dar respuesta los mortales ("llevar el habitar a la plenitud de su esencia"[31]), se tornaría posible gracias al *éros*-puente. Más concretamente: sólo cuando los mortales construyan desde el habitar y habiten desde el amar. Si construir y pensar pertenecen al habitar, y del habitar reciben su esencia, agreguemos -asumiendo que para Platón el verdadero amor estriba en el pensar filosófico (pues el *éros-daímon* ocupa el lugar intermediario de la filosofía en tanto amante de la sabiduría-belleza-verdad)- que el construir y el habitar reciben su esencia del *éros*. Dicho de otra manera: si las auténticas construcciones, al cuidar la Cuaternidad, llevan el habitar a la plenitud de su esencia a la vez que dan casa a esta esencia, podemos pensar esa casa a partir de la construcción erótica. Como en un juego de espejos, la auténtica construcción se relaciona de un modo esencial con el auténtico habitar, cuyo despliegue compromete en última instancia al auténtico amar. Un *éros* que deja ser a los Cuatro del Cuarteto en su esencia; que los acerca en cuanto lejanos o conservando en su verdad a la lejanía. La construcción erótica estaría implicando así una experiencia de la verdad sobre la diferencia esencial que nos separa, en tanto mortales, de los otros Tres. Pero una experiencia pensada desde el punto de vista unitario de los Cuatro. Frente a la frase de Heidegger "la auténtica penuria del habitar descansa en el hecho de que los mortales primero tienen que volver a buscar la esencia del habitar, de que tienen que aprender primero a habitar",[32] Platón respondería: la auténtica penuria del habitar descansa en el hecho de que tienen que aprender primero a amar. Incorporando al *éros* dentro de la reflexión sobre el habitar y el construir, hacemos nuevamente de él algo

---

[29] *Ibíd.*, 132.
[30] *Ibíd.*, 131, 133.
[31] *Ibíd.*, 142.
[32] *Ibíd.*, 142.

digno de ser preguntado-pensado. Al mismo tiempo, tal incorporación nos permite vislumbrar la posibilidad de una erótica heideggeriana.

VIII

El paso atrás no implica otra cosa que la escucha atenta de los mortales: "El primer paso hacia esta vigilancia atenta es el paso hacia atrás, saliendo del pensamiento que sólo representa, es decir, explica, y yendo hacia el pensamiento que rememora".[33] El paso atrás se vuelve hacia el relato secreto. Regresa tras los pasos de un pensamiento que, como una máquina narrativa, sugiere, balbucea, cifrando un relato dentro de otro. Al igual que Wittgenstein -quien señalaba: "Expreso lo que quiero expresar siempre sólo 'a medias'. Y quizá ni siquiera eso, tal vez sólo en una décima parte. Esto significa algo. Mis escritos son con frecuencia sólo un 'balbuceo'"[34]- Heidegger no hace más que traducir en clave propia la estructura oracular que la filosofía tenía para Heráclito, estructura según la cual la armonía invisible vale más que la visible (22 B 54), puesto que a la *phýsis* le place ocultarse (22 B 123). En esos fragmentos heraclíteos yace en germen la estrategia básica que, según Hemingway, debe presidir un cuento, y la que Godard aplica en su cine:

> Existen dos niveles de contenido en una película: el visible y el invisible. Las películas de verdad, en mi opinión, son las que tienen algo invisible, que puede verse –o discernirse- a través de la parte visible y únicamente porque la parte visible se ha dispuesto de una determinada manera. En cierto sentido, lo visible es un poco como un filtro que, cuando se coloca en un cierto ángulo, permite que traspasen determinados rayos de luz y permite ver lo invisible.[35]

Se trata así de alcanzar el mayor resultado filosófico con el mínimo de recursos: lo no dicho. Porque lo más importante nunca se cuenta. Desde el registro del cuentista, Wittgenstein también confesaba en una carta a von Ficker de fines de 1919, que lo no dicho representa el trasfondo sobre el cual adquiere significado lo dicho: "Quise escribir, en efecto, que mi obra se compone de dos partes: de la que aquí aparece, y de todo aquello que *no* he escrito. Y precisamente esta segunda parte es la más importante".[36] El paso que emprendimos hasta aquí implicó un diálogo entre dos pensadores. La escucha de lo no dicho en el pensar de Heidegger, a partir de la escucha de lo no dicho en el pensar de Platón. La filosofía como búsqueda del relato cifrado en el relato visible.

---

[33] Heidegger (1994a:158).
[34] Wittgenstein (1981:42).
[35] Tirard (2003:216-217).
[36] Wittgenstein (1980:96-97).

Bibliografía

Arendt, H. - Heidegger, M. (2000), *Correspondencia 1925-1975*, Barcelona, Herder.
Brisson, L. (1998), Platon, *Le Banquet*, Paris, GF - Flammarion.
Burnet, J. (1900-1907), *Platonis Opera*, Oxford, 5 vols.
Deleuze, G. (2002), *Conversaciones*, Madrid, Editora Nacional.
Dover, K. J. (1980), Plato, *Symposium*, Cambridge, Cambridge University Press.
Heidegger, M. (1951), *El ser y el tiempo* [1927], México, Fondo de Cultura Económica.
Heidegger, M. (1988a), "Prólogo" [1957], en *Identidad y diferencia*, Barcelona, Anthropos, pp. 57-59.
Heidegger, M. (1988b), "El principio de identidad" [1957], en *Identidad y diferencia*, Barcelona, Anthropos, pp. 61-97.
Heidegger, M. (1988c), "La constitución onto-teo-lógica de la metafísica" [1957], en *Identidad y diferencia*, Barcelona, Anthropos, pp. 99-157.
Heidegger, M. (1989a), *Conceptos fundamentales* [1941], Madrid, Alianza.
Heidegger, M. (1989b), *Serenidad* [1955], Barcelona, Del Serbal.
Heidegger, M. (1994a), "La cosa" [1950], en *Conferencias y artículos*, Barcelona, Del Serbal, pp. 143-162.
Heidegger, M. (1994b), "Construir, habitar, pensar" [1951], en *Conferencias y artículos*, Barcelona, Del Serbal, pp. 127-142.
Heidegger, M. (1994c), "Superación de la metafísica" [1954], en *Conferencias y artículos*, Barcelona, Del Serbal, pp. 63-89.
Heidegger, M. (1995), "El origen de la obra de arte" [1935-1936], en *Caminos de bosque*, Madrid, Alianza, pp. 11-74.
Heidegger, M. (1999), "El final de la filosofía y la tarea del pensar" [1966], en *Tiempo y ser*, Madrid, Tecnos, pp. 77-93.
Heidegger, M. (2000a), "De la esencia de la verdad" [1930], en *Hitos*, Madrid, Alianza, pp. 151-171.
Heidegger, M. (2000b), "La doctrina platónica de la verdad" [1931-1932, 1940], en *Hitos*, Madrid, Alianza, pp. 173-198.
Heidegger, M. (2000c), "Carta sobre el 'Humanismo'" [1946], en *Hitos*, Madrid, Alianza, pp. 259-297.
Heidegger, M. (2000d), "Nota preliminar" [1967], en *Hitos*, Madrid, Alianza, pp. 13-14.
Heidegger, M. (2000e), "La metafísica como historia del ser" [1941], en *Nietzsche*, Barcelona, Destino, t. II, pp. 325-372.
Mársico, C. (2009), Platón, *Banquete*, Buenos Aires, Miluno.
Martínez Hernández, M. (1986), Platón, *Banquete*, en *Diálogos*, Madrid, Gredos, vol. III.
Poe, E. A., "La carta robada", en *Cuentos* 1, Madrid, Alianza, 1997, pp. 514-534.
Rowe, Ch. (1998), Plato, *Symposium*, Warminster, Aris & Phillips Ltd.
Tirard, L. (2003), *Lecciones de cine*, Barcelona, Paidós.
Wittgenstein, L. (1980), *Briefe*, Frankfurt, Suhrkamp.
Wittgenstein, L. (1981), *Observaciones*, México, Siglo XXI.

El entrelazamiento de la filosofía y la historia de la filosofía en el último pensamiento de M. Merleau-Ponty

Esteban A. García

En los últimos años de escritura y enseñanza, justamente cuando Merleau-Ponty se propuso radicalizar su crítica al subjetivismo moderno y expresar su pensamiento en términos que, para algunos intérpretes, anticipaban posteriores giros postestructuralistas y posthumanistas de la filosofía, volvió su mirada –aun si fugazmente- a la Antigüedad. Estas páginas intentan elucidar el sentido de esta aparente paradoja que parece entrelazar la más cruda y aventurada actualidad del pensar con su pasado más remoto, conjugando a la vez el regreso con la partida. Las primeras dos secciones intentan desentrañar el sentido de dos crípticos destellos griegos del último pensar merleaupontyano, acaso los más importantes: su proyecto de atisbar un sentido primordial –"presocrático"– de la naturaleza (1) y su última caracterización de la "carne" como "elemento" (2). Comprender la aparición de estas reminiscencias conllevará detenernos en "esa singular relación" que para Merleau-Ponty la filosofía sostiene por necesidad con su propio pasado y con la historia en general: el entrelazo inextricable de la verdad y el tiempo (3). La asunción cabal de esta relación implica para Merleau-Ponty dar paso a un descentramiento de nuestro pensar presente por un pasado filosófico viviente e "indestructible", lo que exige renunciar a su vez a la pretensión husserliana de reconocer un sentido único en el devenir histórico, con un *telos* único y un único origen (griego) de la razón (4). Aún así, en sus últimas lecciones dictadas Merleau-Ponty continuará definiendo a la filosofía en términos de un "retorno" a las cosas mismas, al yo y al pasado filosófico, un retorno sin embargo singular puesto que significa siempre a la vez una "partida" (5).

Los conceptos de la original filosofía que forjara Merleau-Ponty a mediados del siglo pasado tomaron forma a través de un ininterrumpido diálogo intelectual sostenido no sólo con pensadores, artistas y científicos contemporáneos sino con filósofos del pasado. Una rápida mirada a los títulos de los estudios exegéticos y comparativos merleaupontyanos permitiría pensar que, si el círculo de parentesco intelectual más cercano a Merleau-Ponty es el fenomenológico –con Husserl como admirado y entrañable padre fundador, Heidegger como una suerte de tío excéntrico y Sartre como hermano enemistado- las ramas de su genealogía filosófica se extienden frondosamente en dirección a la filosofía trascendental crítica, el empirismo inglés y los racionalismos continentales hasta parecer interrumpirse en Descartes como último patriarca ancestral conocido. Esta omisión de las posibles relaciones de la filosofía merleaupontyana con la filosofía antigua está en parte justificada. Merleau-Ponty es declaradamente un pensador de esa subjetividad que "descubrió" o "construyó" la modernidad, aun si es –y precisamente por ser- un pensador de la crisis y de la crítica de la subjetividad moderna, situándose explícitamente en este sentido a la zaga de Nietzsche, Freud y Marx[1]: "Lo verdadero, por construido que esté [...] llega a ser en seguida tan sólido como un hecho, y el pensamiento de lo subjetivo es uno de esos sólidos que la filosofía tendrá que digerir. O también, digamos que una vez 'infectada' por ciertos pensamientos ya no puede anularlos; es necesario que se cure de ellos inventando algo mejor".[2] El texto citado, perteneciente al Prólogo que Merleau-Ponty escribiera en 1956 para una obra colectiva de historia de la filosofía (*Les philosophes célèbres*)[3], sitúa en los inicios de la modernidad filosófica el descubrimiento/construcción –ya que ambas operaciones son concurrentes según Merleau-Ponty– de la subjetividad, ratificando el valor del contraste que la historiografía filosófica clásica traza frente a la antigüedad a este respecto. Por un lado, concede lo siguiente:

> Muchos de los elementos de una filosofía del sujeto estaban presentes en la filosofía griega: ella habló del "hombre medida de todas las cosas"; reconoció en el alma el poder singular de ignorar lo que sabe con la pretensión de saber lo que ignora [...]. Por otra parte, concibió (Aristóteles lo coloca en la cima del mundo) un pensamiento que no es pensamiento más que de sí, y una libertad radical, más allá de todos los grados de nuestro poder. Conoció, pues la subjetividad como noche y como luz.

Pero incluso tras este reconocimiento concluye que "el ser del sujeto o del alma no es nunca para los griegos la forma canónica del ser", como lo es para los filósofos modernos[4]. En segundo lugar, Merleau-Ponty es claro en obturar la posibilidad de un acceso directo al pensamiento antiguo que no esté condicionado por este subjetivismo moderno del que aún hoy somos herederos, recusando así la validez de un recurso nostálgico al primero como posibilidad de liberarnos del segundo: "El mismo filósofo que hoy echa de menos a Parménides y querría devolvernos nuestras relaciones con

---

[1] Véase "El hombre y la adversidad", en M. Merleau-Ponty (1964).
[2] Merleau-Ponty (1964:187).
[3] Merleau-Ponty escribe los textos introductorios a los períodos mayores para la obra titulada *Les Philosophes célèbres*, en cuyo proyecto trabaja desde 1953, solicitando a los colaboradores que redacten "retratos introductorios personales" más que "estudios objetivos". Participan en la obra filósofos europeos prestigiosos: Jean Beaufret redacta los artículos sobre Parménides y Zenón, Henry Corbin los de Avicena y Averroes, Gilles Deleuze el de Bergson, Gilbert Ryle el de Hume, etc. Cf. Merleau-Ponty (2010:81,82).
[4] Merleau-Ponty (1964:186).

el Ser tal como fueron antes de la conciencia de sí, debe precisamente a la conciencia de sí su sentido y su gusto por la ontología primordial"[5].

De este modo, la reflexión de Merleau-Ponty parece situarse a sí misma en el marco primario de la discusión de los contemporáneos con la tradición subjetivista moderna. El debilitamiento del sujeto moderno ya se hacía visible en la redefinición corporal del yo propuesta por la *Fenomenología de la Percepción* y el consecuente cuestionamiento de su carácter trascendental, constituyente, autónomo y autotransparente. Ahora bien, cuando en la última etapa de su pensamiento se proponga acentuar la dimensión ontológica de su reflexión por sobre la gnoseología, y dejar así definitivamente vacante el lugar central que se suponía propio del sujeto – lugar del que su encarnación lo había ya ciertamente desplazado-, será el mismo Merleau-Ponty quien, contra su propia advertencia, dirija hacia la antigüedad algunas miradas tan fugaces como significativas, por cuanto las alusiones griegas destellan precisamente a la hora de presentar las dos figuras claves de su última ontología: las de la naturaleza y la carne.

I. La *phýsis* como nacimiento, juego y misterio

En primer lugar, sus cursos de 1956 y 1957 acerca de la historia de las concepciones filosóficas y científicas de la naturaleza comienzan con la propuesta de rastrear un "sentido primordial" de la naturaleza que remitiría a la antigüedad pero habría llegado hasta nosotros a través de muy diversos avatares históricos, conceptuales y lingüísticos:

> En griego, la palabra "Naturaleza" viene del verbo *phyo*, que alude al vegetal; la palabra latina viene de *nascor*, nacer, vivir; es derivado del primer sentido, más fundamental. Hay naturaleza donde hay una vida que tiene sentido, pero donde sin embargo no hay pensamiento; de ahí el parentesco con el vegetal. [...] Es la autoproducción de un sentido. La naturaleza es pues distinta de una simple cosa; tiene un interior, se determina desde dentro; de allí la oposición de "natural" a "accidental". Y sin embargo la Naturaleza es diferente del hombre; ella no es instituida por él, se opone a la costumbre, al discurso. Es Naturaleza lo primordial, es decir lo no-construido, lo no-instituido; de allí la idea de una eternidad de la Naturaleza (eterno retorno), de una solidez. La Naturaleza es un objeto enigmático, un objeto que no es del todo objeto; ella no está totalmente delante nuestro. Es nuestro suelo, no lo que está enfrente, sino lo que nos sostiene o nos lleva.[6]

Este párrafo introductorio y programático concentra de modo cifrado múltiples y diversas referencias a la antigüedad griega, algunas de las cuales el mismo filósofo se encargará de explicitar en el desarrollo de sus cursos y otras que intentaremos descifrar, al menos parcialmente, en esta sección: la

---

[5] Merleau-Ponty (1964:187).
[6] Merleau-Ponty (1995:19 y 20).

connotación arcaica del brotar, el enlace presocrático de este dinamismo con un orden inmanente, el acento teleológico y formal de Aristóteles en el segundo de estos términos a costa del primero, el contraste sofístico de lo natural como resistente a lo humano, y finalmente la reivindicación de la oscuridad o misterio de la naturaleza presocrática ligada a su carácter de englobante[7].

En primer lugar, hay que reparar en la función más amplia que cumplen en el curso estas referencias históricas introductorias: Merleau-Ponty se propone, inicialmente, "desnaturalizar" nuestro concepto moderno de naturaleza como mera suma o conjunto total de cosas naturales. Así, se menciona en primer lugar la connotación arcaica del término que lo asocia directamente con el movimiento vital y el cambio, tal como sugiere la raíz *phy-* que significa "brotar". Sin embargo, esta acepción dinámica coexiste desde la antigüedad con el uso que se observa en la primera aparición del término *phýsis* en Homero, al referirse a la "constitución" de una planta (*Odisea* X, 303). El mismo entrelazamiento semántico de devenir y orden – "una vida que tiene sentido", en los términos de Merleau-Ponty se observa también en el primer fragmento de Heráclito, donde se afirma que todo es producido "según el *lógos*" y consecuentemente el filósofo debe enunciar cada cosa "según la *phýsis*"[8]. Merleau-Ponty tendrá presente esta articulación al referirse a un posible "retorno a una idea presocrática de la Naturaleza: la Naturaleza, decía Heráclito, es un niño que juega; ella da sentido pero a la manera de un niño que está jugando, y este sentido no es nunca total"[9]. En segundo lugar, al mencionar la "autoproducción de un sentido" el párrafo introductorio de Merleau-Ponty parece aludir implícitamente a la concepción aristotélica de la naturaleza tal como es definida en el libro V de *Metafísica*: "la *ousía* [esencia] de los seres que tienen en sí mismos el principio de movimiento" y "el principio de movimiento de los seres naturales"[10]. La naturaleza aristotélica como esencia de las cosas que se mueven por sí mismas equivale al sentido u orientación (*télos*) de su movimiento, el cual coincide a su vez con su forma (*morphé*). Así afirma Aristóteles en su *Física* que "lo naturado en tanto que está siendo naturado va de un término al otro. ¿Hacia cuál? No es hacia el punto de partida; es hacia donde tiende, es decir la forma; así pues, es la forma lo que es naturaleza"[11]. En la primera sección de sus cursos Merleau-Ponty se refiere en este sentido al pasaje del tratado *Del Cielo* (IV.1, 308a15

---

[7] Resumimos a continuación algunos de los análisis ya expuestos a este respecto en García (2006:51-76).
[8] Véase Eggers Lan-Juliá (1994:380). Citamos aquí la traducción directa del griego propuesta por Cordero en su Seminario de Doctorado acerca de "La noción de *physis* de Homero a los Estoicos" dictado en la Facultad de Filosofía y Letras de la Universidad de Buenos Aires durante 2003.
[9] Merleau-Ponty (1995:119).
[10] Aristóteles, *Metafísica* 1015a 10-20. Traducción de H. Zucchi.
[11] Traducción de H. Carteron.

ss.), donde Aristóteles afirma que "por su naturaleza propia" los cuerpos livianos suben[12]. La glosa de Merleau-Ponty sugiere que el dinamismo pasa a un segundo plano en la definición aristotélica de la naturaleza, puesto que en última instancia prima "la idea de un destino cualitativo": "lo que cuenta es el parentesco entre el cuerpo ligero y lo alto en tanto región cualitativamente definida. La Naturaleza total es así dividida en regiones cualitativamente definidas, lugares de ciertos fenómenos naturales (fenómenos sublunares); ella es la realización, más o menos lograda, de este destino cualitativo de los cuerpos"[13].

La concepción aristotélica de la naturaleza parece deslizarse entonces, según sugiere el desarrollo de los cursos sobre *La Nature*, desde el movimiento hacia la finalidad del movimiento, y hacia la definición de este fin como forma. Aristóteles insiste en que la naturaleza posee o *es* en sí misma una especie de ordenamiento espontáneo, especialmente al oponerse a la concepción de la naturaleza –atribuida al sofista Antifonte– como lo "informe", lo *arýthmiston* o no estructurado (*Física* II 193 a). Tras considerar una serie de argumentos que se oponen a esta definición sofística el filósofo concluirá definiendo a la *phýsis* propiamente como forma y tipo (*morphé* y *eîdos*). Sin embargo, si esta definición podría resultar útil para distinguir lo "natural" de lo "accidental", el párrafo introductorio del curso de Merleau-Ponty reivindica el valor de la distinción sofística entre lo "natural" y lo "no construido" o "no instituido" por el hombre, que opone la naturaleza a la costumbre y el discurso. Ya desde su *Fenomenología de la Percepción* Merleau-Ponty se refería a "las cosas naturales" caracterizándolas por una singular extrañeza, opacidad o resistencia a lo humano: la piedra –decía retomando el clásico tópico heideggeriano– tiene "algo de inhumano", "nos ignora, reposa en ella"[14]. Lo natural "se presta a una exploración infinita, es inagotable. Por eso los objetos humanos, los utensilios, se nos manifiestan como pro-puestos en el mundo, mientras que las cosas están arraigadas en un fondo de naturaleza inhumana"[15].

La insistencia merleaupontyana en este matiz sofístico que contrasta lo natural con lo humano tras la alusión a la noción más bien aristotélica de la "autoproducción de un sentido" plantea la cuestión –que atravesará los cursos sobre *La Nature*- del posible antropomorfismo que podrían arrastrar nociones tales como las de causa, finalidad, forma y sentido en su aplicación al pensamiento de la naturaleza. Cuando desde *Física* 194b Aristóteles comience a distinguir las cuatro causas de "la generación, la corrupción y todo el cambio físico" –causas material, eficiente, formal y final, siendo esta última la primordial (195a)– proliferan en el análisis los ejemplos de las técnicas humanas, especialmente la medicina, la escultura y

---

[12] Citado en M. Merleau-Ponty (1995:23).
[13] Merleau-Ponty (1995:23).
[14] Merleau-Ponty (1994:336).
[15] Merleau-Ponty (1994:337-338).

la construcción. Los cuatro tipos de causas de "la generación, la corrupción y el movimiento" de los seres naturales sólo se distinguen netamente en la construcción de una estatua, y este artificialismo se impone en función de consideraciones aristotélicas como las siguientes: "Si las cosas artificiales son producidas en vista de algún fin, las cosas de la naturaleza lo son igualmente [...] pues en las cosas artificiales como en las cosas naturales los consecuentes y los antecedentes están entre sí en la misma relación" (*Física* 199a)[16]. Según Heidegger, a quien Merleau-Ponty parece evocar en este punto, la tradición del pensamiento occidental ha pensado "la cosa" como materia conformada extrapolando estas categorías del modo de ser propio del artefacto o del útil. La forma es originariamente aquello que determina la elección de la materia y la confección del artefacto en vistas de cierta función o utilidad que el artesano prevé[17]. Este modo utilitario y antropomórfico de ver las cosas regularía reductivamente nuestra visión de la *phýsis*, conduciéndonos a pensar la naturaleza como adaptada al hombre y estando esencialmente bajo nuestro control, manejo o dominio: apunta, en fin, a reprimir la limitación humana de develar su sentido último. Merleau-Ponty se muestra consciente de que la respetuosa consideración del misterio inherente a la naturaleza fue cuanto menos tan antigua como la observación del *logos*, orden o sentido inmanente a su movimiento. Fue Heráclito, observador del *lógos* que rige el devenir natural, quien también afirmó que "a la *phýsis* le gusta permanecer oculta"[18] y Merleau-Ponty dirá incluso que la naturaleza, en tanto no se muestra más que ocultándose, representa "la no-fenomenología"[19].

Merleau-Ponty sugiere que el hecho de que este orden inherente a la naturaleza en el que el hombre está inmerso no haya sido puesto por él, escape al pensamiento y se autoproduzca, connota no sólo un esencial misterio de la naturaleza sino que coloca al hombre y la naturaleza en una particular relación de entrelazamiento ontológico que difiere de la mera distinción y oposición. En este sentido *La Nature* hace alusión a las ideas estoicas de simpatía, destino, lazo y acción a distancia (como la que se observa en una tela de araña), todas ellas expresando el mismo sentimiento de copertenencia que resume la sentencia estoica hallada en Diógenes Laercio VII.87: "nuestra *phýsis* es parte de la del universo"[20]. Esto significa para Merleau-Ponty no sólo que la naturaleza, lejos de ser un objeto frente a nosotros, es "nuestro suelo" y "aquello que nos sostiene"[21], sino también que en tanto partícipes de la naturaleza participamos de su misterio. Somos, en tanto seres naturales, opacos para nosotros mismos y actores

---

[16] Traducción Carteron.
[17] Heidegger (1958:52,43-46).
[18] Traducción de Cordero.
[19] Véase Merleau-Ponty (1960:225-227).
[20] Traducción de Cordero.
[21] Merleau-Ponty (1995:20).

involuntarios de una historia que se apoya y se pierde en lo inconsciente, como lo atestiguan nuestro nacimiento y nuestra muerte: "el cuerpo es una naturaleza trabajando dentro nuestro"[22]. En tanto nuestra existencia es corporal y estamos por ello "en circuito ontológico"[23] con el mundo, éste se nos presenta no sólo como un "problema" a resolver o explicar y cuyos datos puedo desplegar frente a mí, sino también como un "misterio" en el que estoy comprometido y que no me cabe más que experimentar, según la célebre distinción de Gabriel Marcel con la que podría coincidir Merleau-Ponty en este punto. En este sentido Pierre Hadot ha reconocido acertadamente en la reflexión merleaupontyana una tendencia a señalar los límites de la explicación científico-natural y "abrir la posibilidad [...] de un contacto vivido con el inexplicable surgimiento o brotar [*jaillissement*] de la realidad, es decir, con la *phýsis* en el sentido original de la palabra"[24].

Tras recorrer en su curso las concepciones antiguas y modernas de la naturaleza, tanto finalistas como mecanicistas, Merleau-Ponty concluirá que la teleología –que halla expresiones diferentes en Aristóteles y modernamente en el kantismo– es una forma de antropomorfismo a mismo título que el mecanicismo: "El mecanicismo afirma un artificial natural y el finalismo un natural artificial"[25]. Conservar la opacidad inherente al ser natural significa entonces cuanto menos debilitar la teleología fuerte aristotélica y es por ello que de la constatación de que "el ser no está delante nuestro, sino detrás nuestro" se sigue más bien para Merleau-Ponty un "retorno a una idea presocrática de la naturaleza" en los términos heraclíteos del juego infantil que va construyendo su propio sentido siempre de modo inestable e incompleto. La pervivencia de este tipo de pensamiento es el que Merleau-Ponty intenta atisbar de distintos modos en pasajes de Schelling, Bergson y Husserl: "Para un pensamiento de este tipo, finalismo y causalismo son ambos rechazados como artificialismos que, en cuanto tales, ignoran la producción natural"[26]. El retorno a esta idea presocrática, entonces, equivaldría a hacer justicia al dinamismo de la naturaleza debilitando su forma o finalidad en términos de un sentido esbozado o abierto: aún si la naturaleza parece bosquejar un sentido, la pretensión de develar su sentido último o la postulación de un "fin final" de su movimiento –como el primer motor inmóvil aristotélico o, modernamente, la razón kantiana– significa pasar por alto el hecho de que somos parte de su movimiento y no sus constituyentes.

Aristóteles se vio llevado a postular que la forma en su sentido último tal como el físico "la debe conocer" escapa al movimiento que define lo natural: la finalidad última del movimiento termina siendo el fin del

---

[22] Merleau-Ponty (1995:117).
[23] Merleau-Ponty (1995:288).
[24] Hadot (2004:313).
[25] M. Merleau-Ponty (1995:119).
[26] M. Merleau-Ponty (1995:119).

movimiento cuando el conocimiento del físico -ya transformado en "metafísico" en el sentido posterior del término- termina por subsumir el movimiento natural en un conocimiento omniabarcador último de las "primeras causas"[27]. Si en cambio tenemos en cuenta que no instituimos ni fabricamos la perpetua producción natural no sólo renunciamos a descifrar su finalidad última sino que debemos afirmar que no la tiene, porque de tenerla perdería su dinamismo esencial. Por eso Merleau-Ponty habla del mundo como de una "estructura en perpetua reestructuración" o como poseyendo un "sentido en perpetua resignificación" y "nunca acabado".[28] Según afirmaba ya la *Fenomenología de la percepción*, es esencial al mundo el presentarse como "abierto" y prometernos:

> siempre 'algo más por ver'. Es lo que algunas veces se expresa al decir que la cosa y el mundo son misteriosos. [...] Son incluso un misterio absoluto, que no comporta ninguna aclaración, [y] no por un defecto provisional de nuestro conocimiento. [...] Nada hay por ver más allá de nuestros horizontes, sino otros paisajes y otros horizontes; nada al interior de la cosa, salvo otras cosas más pequeñas.[29]

II. La carne como elemento

Mientras terminaba de dictar los recién referidos cursos sobre la naturaleza, desde 1960 Merleau-Ponty comenzó a escribir varios capítulos y notas para una obra que no llegaría a completar en vida –fallecería en 1961–, pero sería publicada póstumamente (en 1964) de modo inacabado bajo el título *Lo visible y lo invisible*, llegando a ser considerada como el emblema de su último pensamiento "ontológico". Al igual que en todas sus obras y cursos anteriores, el método mediante el cual Merleau-Ponty forja y expresa su propio pensamiento en estos últimos bosquejos filosóficos consiste en dialogar con otras filosofías –especialmente modernas y contemporáneas-. Esta vez, sin embargo, los nombres de sus interlocutores no siempre se explicitan, si bien las voces de Descartes, Hegel, Husserl o Sartre son inconfundibles y omnipresentes en la redacción. La única parte del libro proyectado de la que no se conservan fragmentos o notas es la última, justamente aquella referida según sus títulos tentativos a "La ontología clásica y la ontología moderna" o "El ser salvaje y la ontología clásica", privándonos así del que habría sido uno de los pocos desarrollos del filósofo referidos focalmente al pensamiento antiguo en su contraste con la modernidad.[30] Sin embargo, así como en los cursos sobre *La Nature* se reconocían explícitos destellos presocráticos en el intento de atisbar una

---

[27] Nos referimos a "los motores no movidos, como el motor absolutamente inmóvil y el primero de todos" (*Física* II.198b).
[28] M. Merleau-Ponty (1994:342-345).
[29] Merleau-Ponty (1994:346).
[30] Merleau-Ponty (1970:10,11).

naturaleza que el sujeto cognoscente nunca puede desplegar frente suyo en pensamiento, sino que lo precede y lo engloba, ahora es la figura de la *carne* la que alternativamente aparece signada por el carácter de "englobante" y acarrea reminiscencias presocráticas. Formular un pensamiento ontológico "carnal" significa para Merleau-Ponty eludir la homogeneidad de un raso monismo sin recaer en diferencias ontológicas categoriales o regionales de exterioridad o de oposición. Pensar en términos de "carne" significa pensar un ser de múltiples dimensiones que remiten unas a otras relacionadas internamente entre sí por su propio ser: la carne es el entrelazamiento o quiasmo ontológico de dimensiones que se mezclan sin confundirse, el modelo para concebir un monismo ínsitamente multidimensional o una diferencia ontológica sin distancias ni rangos, un Ser multiplicado y promiscuo. Este tipo de relación "carnal" es la que se observa, según Merleau-Ponty, entre lo sensible y el sentiente-sensible –que la modernidad intentó reducir a términos de objeto y sujeto de conocimiento–, así como entre lo visible y lo invisible en las múltiples acepciones de ambos términos: entrelazo de lo visible y lo correspondiente a otras modalidades sensoriales no propiamente visibles (audibles, táctiles, etc.), entre lo visible y lo decible o lo pensable, entre lo visible y lo no visible actualmente –el revés, el trasfondo o las lejanías de lo que es patente a la vista–. En los términos propios de Merleau-Ponty, el que siempre haya carne significa que "la cara oculta del cubo reverbera en algún sitio, como la que tengo ante los ojos, y coexiste con ésta" y que "yo, que veo el cubo, formo también parte de lo visible, soy visible desde algún sitio": "el cubo y yo estamos englobados en el mismo 'elemento' (¿hay que decir visible o vidente?)" que implica una "cohesión" y una "visibilidad de principio"[31]. Esta caracterización de la carne como "elemento" que aparece justamente al presentar el concepto y su uso específico no es meramente incidental, sino que Merleau-Ponty se detiene en la connotación griega de la referencia:

> La carne no es materia, no es espíritu, no es sustancia. Para designarla, haría falta el viejo término "elemento", en el sentido en que se empleaba para hablar del agua, del aire, de la tierra y del fuego, es decir en el sentido de una *cosa general*, a mitad de camino entre el individuo espacio-temporal y la idea, especie de principio encarnado que introduce un estilo de ser dondequiera que haya una simple parcela suya. La carne es, en este sentido, un elemento del Ser.[32]

Pueden identificarse, entonces, al menos tres caracteres que hacen comunicar de modo general el sentido de la noción merleaupontyana de la *chair* con el de los antiguos *archai*, siendo el primero la vaguedad ontológica que ambas nociones comportan en contraste con la

---

[31] Merleau-Ponty (1970:174).
[32] Merleau-Ponty (1970:174).

determinación ontológica material o inmaterial que cargará todo lo existente desde la hegemonía de las tradiciones filosóficas dualistas modelizadas por Platón en la Antigüedad o Descartes en la Modernidad. En segundo lugar, según la interpretación propuesta a continuación, la asociación semántica de la carne con lo elemental connotaría un anclaje corpóreo de la ontología, remitiendo en último término -y en un registro ya más metafórico- al dinamismo interno y los cambios de estado. Para elucidar el primero de estos rasgos es útil remitirnos a las primeras apariciones del término *chair* en su sentido específicamente ontológico, tal como Merleau-Ponty comienza a utilizarlo ya en su conferencia de 1951 "L'homme et l'adversité" (publicada en *Signes* en 1960). El marxismo, el psicoanálisis, Nietzsche y Husserl aparecen aquí como signos para Merleau-Ponty de un descubrimiento de la "carne" en la crisis del dualismo filosófico moderno: "Nuestro siglo ha borrado la línea de separación del 'cuerpo' y el 'espíritu' y ve la vida humana como siendo enteramente espiritual y corporal. [...] Para muchos pensadores, sobre el final del siglo XIX, el cuerpo era un pedazo de materia, un haz de mecanismos. El siglo XX ha restaurado y profundizado la noción de la carne, es decir, del cuerpo animado"[33]. Si pensar más allá del dualismo moderno significa, desde los albores del siglo XX, pensar la carne como "cuerpo animado", Merleau-Ponty propone en *Lo visible y lo invisible* que pensar la carne como "elemento" en un sentido vagamente presocrático significa más radicalmente intentar pensar la carne como "noción última, que no es unión o compuesto de dos substancias, sino pensable por sí misma"[34]. Ahora bien, la caracterización de la carne como elemento, si bien sirve para señalar esta ambigüedad ontológica, subraya implícitamente a la vez que es solamente desde lo sensible -elemental o carnal- que podrá entenderse esta ambigüedad y este entrelazamiento de las muy diversas dimensiones ontológicas en juego. Para nosotros, que inevitablemente atravesamos el prisma del idealismo subjetivista moderno al mirar hacia atrás, esta ambigüedad de la carne-elemento se nos aparece como cargando una connotación inconfundiblemente materialista: aun si Merleau-Ponty remite explítícamente lo elemental a aquel momento en que era pensable por sí mismo –"no es materia, no es espíritu"– no desconoce que desde que decantó el dualismo platónico de las formas inteligibles y los particulares sensibles se hará inevitable pensar en adelante, con Aristóteles, que "los primeros filósofos creyeron que los principios de todas las cosas se encontraban exclusivamente en el dominio de la materia" (*Metafísica* 983b5). Es verdad que todo comunica ontológicamente, pero sólo lo hace a título de carne, la misma carne que desde las epístolas paulinas es condenada moralmente como obstáculo para el espíritu y cuya asociación con lo elemental no hace más que confirmar sus resonancias materialistas y paganas: "Mi punto de vista difiere del punto de vista cristiano en la medida

---

[33] Merleau-Ponty (1960:287).
[34] Merleau-Ponty (1970:175).

en que el cristiano cree en otro lado de las cosas donde la inversión del pro al contra [*le renversement du pour au contre*] tiene lugar. En mi visión esta inversión tiene lugar delante de nuestros ojos. [...] El otro lado de las cosas debe ya ser visible en el entorno que habitamos"[35].

Debe admitirse, ciertamente, que la última ontología merleaupontyana de la carne propone un entrelazamiento tan estrecho de lo visible y lo invisible que finalmente hace posible pensar su reversibilidad. El "quiasmo" como figura retórica alude justamente a la posibilidad de cruzar los términos de dos sintagmas haciendo intercambiables sus funciones: "Hay un cuerpo del espíritu y un espíritu del cuerpo y un quiasmo entre ambos"[36]. Sin embargo, el hecho de que esta ontología de la reversibilidad sea caracterizada como "carnal" y "elemental" indica justamente que la reversibilidad no es perfectamente simétrica, sino que solamente se hace posible a condición de ampliar o hinchar el alcance de uno de los términos, tomado como base –"suelo" o "ancla", en palabras de Merleau-Ponty para la comprensión del otro: se trata de "definir el espíritu como el otro lado del cuerpo –no tenemos idea de un espíritu que pueda no estar revestido de un cuerpo, que pueda no establecerse en este suelo. [...] Ese otro lado es realmente el otro lado del cuerpo, se desborda en él, está escondido en él y al mismo tiempo lo necesita, está anclado en él"[37]. Así como los antiguos elementos se movían, mezclaban y cambiaban de estado explicando la diversidad de lo existente, así los movimientos y transformaciones de la carne-elemento descriptos en "El entrelazo-el quiasmo" hacen surgir no solamente las múltiples modalidades de lo sensible sino también lo decible y lo pensable: "la idealidad pura no carece de carne. [...] Es como si la visibilidad que anima el mundo sensible emigrase, no fuera de todo cuerpo, sino a otro cuerpo menos pesado, más transparente, como si mudara de carne, dejando la del cuerpo por la del lenguaje"[38]. Se trata de concebir "una existencia casi carnal de la idea" a partir de "una "sublimación de la carne"[39]: el pensamiento no está separado o más allá de la carne, sino que consiste del mismo elemento aligerado o sutilizado, tal como si hubiera pasado directamente del estado sólido al gaseoso –tal es el significado preciso de la "sublimación" en contraste con la más común "evaporación"–. Las reminiscencias arcaicas implícitas en estas metáforas de lo invisible son claras: tanto la *psyché* homérica -el último aliento- como el *pneûma* de Anaxímenes –el aire o hálito vital que se traducirá como ánima o alma (a su vez derivados más propiamente de *ánemos*, viento)- e incluso el *noûs* de Anaxágoras, comportan todos ellos este tipo de corporeidad sutil[40].

---

[35] Merleau-Ponty (1989:72).
[36] Merleau-Ponty (1970:311).
[37] Merleau-Ponty (1970:312).
[38] Merleau-Ponty (1970:189).
[39] Merleau-Ponty (1970:191).
[40] Merleau-Ponty muestra en más de una ocasión ser consciente de estas resonancias. Ya en sus conferencias radiales de 1948 decía por ejemplo: "Mientras que la mayoría de los

III. La copertenencia de la verdad y el tiempo

Ya es posible observar, entonces, que si bien Merleau-Ponty no admitía la posibilidad de mirar hacia el pasado lejano más que a través del prisma del espesor histórico, excluyendo así la posibilidad de retornos nostálgicos o búsquedas de orígenes incontaminados, se atrevía sin embargo a remitirse al pasado filosófico no sólo antiguo sino propiamente arcaico, comunicando incluso en tal grado con él como para proponer pensar la *phýsis* "al modo presocrático" o la carne "como elemento". La paradoja es solamente aparente, y se disuelve tan pronto se atiende a las reflexiones metodológicas acerca de la relación de la filosofía con su pasado con las que Merleau-Ponty acompañó permanentemente su diálogo efectivo con pensadores pretéritos. Al comenzar su Prólogo a *Les philosophes célèbres*, escribirá: "No hay una filosofía que contiene todas las filosofías; toda la filosofía está, en cierto momento, en cada filosofía. [...] Esta singular relación de la filosofía con su pasado arroja luz en general sobre sus relaciones con el exterior y [...] con la historia personal y social"[41]. Estas simples aserciones condensan una vasta gama de problemas de metodología histórico-filosófica —problemas que son a la vez propiamente filosóficos— a los que Merleau-Ponty vuelve incesantemente a lo largo de casi dos décadas de escritura y enseñanza, y que intentaremos desglosar a continuación al menos parcialmente. Todos ellos giran en torno a "esta singular relación de la filosofía con su pasado", o más profundamente, una singular relación de la verdad con el tiempo que lleva a Merleau-Ponty a afirmar que, en lo particular, "una filosofía es necesariamente una historia (filosófica)"[42], y en cuanto a la filosofía en general, la historia de la filosofía "no es prefacio a la filosofía, sino la filosofía misma"[43]. La última frase es paráfrasis de Hegel, a quien Merleau-Ponty concede el haber asumido resueltamente esta visión -la *Introducción a la historia de la filosofía* ya afirmaba que "el estudio de la historia de la filosofía es el estudio de la filosofía misma"[44].

Ahora bien, el reconocimiento de esta relación esencial de la filosofía con la historia abre al menos dos tipos de interrogantes interrelacionados en la reflexión merleaupontyana. El primero es relativo a cómo concebir las relaciones entre la historia de la filosofía y la historia no filosófica –científica, artística, religiosa, económica, política, etc.-, cuestión que se abre a su vez al problema fundamental de la relación entre la filosofía y la no-filosofía, tema del último curso que Merleau-Ponty se encontraba dictando cuando sobrevino su muerte. El segundo tipo de interrogantes atañe más

---

hombres entienden por espíritu algo así como una materia muy sutil, o un humo o un hálito - siguiendo en esto el ejemplo de los primitivos-, Descartes mostraba [...] que el espíritu es de una naturaleza muy diferente, ya que humo y hálito, a su manera, son cosas, aunque sean muy sutiles mientras que el espíritu no es para nada una cosa" (2003:48).

[41] Merleau-Ponty (1964:157,8).
[42] Merleau-Ponty (1970b:20).
[43] Merleau-Ponty (1964:163).
[44] Hegel (1980:257).

específicamente al modo de concebir la relación entre nuestro presente filosófico y las filosofías del pasado. El primer tipo de problemas era abordado mucho antes de sus últimos cursos sobre "Filosofía y no filosofía", por ejemplo en la sección titulada "La filosofía y el 'exterior'" de su Prólogo a *Les philosophes célèbres*. Allí se refiere a la dificultad que debe enfrentar todo historiador de la filosofía al poner en relación los hechos de la vida personal o social con el pensamiento de un autor, guardándose a la vez de dos peligros opuestos: el de reducir una filosofía, por ejemplo, a una interpretación psicologista o una determinación economicista, por un lado, y por otro el de cifrar en una filosofía la esencia que regula secretamente el despliegue de los hechos –la tesis de la filosofía como "cerebro de la historia" tan típica de la soberbia y el elitismo filosóficos-[45]. Merleau-Ponty afirma lúcidamente en este sentido:

> No tenemos que elegir entre quienes piensan que la historia del individuo o de la sociedad detenta la verdad de las construcciones simbólicas del filósofo, y quienes piensan por el contrario que la conciencia filosófica tiene por principio las claves de la historia social y personal. La alternativa es imaginaria, y prueba de ello es que quienes defienden una de estas tesis recurren subrepticiamente a la otra. [...] Lo que suele oponerse al estudio interno de las filosofías no es nunca la explicación socio-histórica, es siempre otra filosofía, oculta en ella. [...] La "explicación histórica" es una manera de filosofar sin que lo parezca, de disfrazar de cosas unas ideas y de pensar sin precisión. [...] La filosofía está en todas partes, hasta en los hechos, y ninguna parte de sus dominios está preservada del contagio de la vida. Tenemos mucho que hacer para eliminar los mitos gemelos de la filosofía pura y de la historia pura y para dar con sus relaciones efectivas.[46]

La segunda constelación de problemas es ya relativa a las relaciones de la filosofía con su propia historia. El que *una* filosofía sea *toda* la filosofía *en cada momento histórico particular* significa la necesidad de conciliar el hecho de que toda la filosofía está en el momento histórico que vivimos, en nuestro presente como punto cero histórico de perspectiva desde el que por necesidad abordamos todas las filosofías pasadas, con el hecho de que toda la filosofía estaba ya, tan completa o incompleta como lo está hoy y como podrá estarlo, en cada momento histórico anterior y en ese sentido las filosofías pasadas son "indestructibles"[47]. Esto último impone un descentramiento respecto de nuestra perspectiva presente: no solamente el pasado es por necesidad iluminado con nuestros particulares focos, prismas y luces e interrogado desde nuestras preguntas presentes, sino que también a la inversa es el pasado mismo el que "nos aguijonea con sus luces": no se reduce a nuestro encuadre ni se disuelve en nuestro presente sino que él

---

[45] Merleau-Ponty (1996:73).
[46] Merleau-Ponty (1964:159).
[47] Merleau-Ponty (1964:157).

mismo nos hace frente y nos interroga, forzándonos a reformular las mismas preguntas con que nosotros lo interpelábamos. Nuestro propio preguntar filosófico, afirma Merleau-Ponty, "recaería en un grado cero si ellos [quienes filosofaron antes] dejaran por un solo momento de aguijonearnos con sus luces".[48]

En las numerosas instancias en que Merleau-Ponty intenta echar luz sobre esta compleja relación del presente filosófico con su pasado se descubre su intención de evitar la fácil recaída en dos alternativas igualmente falaces, pero que comportan ambas sus razones parciales: la de la discontinuidad radical, por un lado, y la de la unidad esencialista o lógica del sistema o de la teleología por otro. El problema debía pasar a un primer plano al verse obligado a prologar un libro de historia de la filosofía, por lo que la complejidad de la pregunta es asumida desde las páginas iniciales: "¿Cómo iba a tener un libro colectivo un centro de perspectiva? [...] Para hacer visibles filiaciones, progresos, retrocesos, es preciso que se plantee una misma cuestión a todos los filósofos y que se vaya midiendo el desarrollo del problema". Si esta posibilidad es dejada de lado, deja paso a la alternativa del catálogo de retratos filosóficos, igualmente "peligrosa" e inaceptable:

> No podemos tener aquí [...] el devenir de la verdad, y la filosofía corre el peligro de no ser ya [...] más que un catálogo de "puntos de vista" o de "teorías", una serie de retratos intelectuales [...] sin que de un universo mental al otro sea posible una comparación. Como las mismas palabras —idea, libertad, saber— no tienen aquí y allá el mismo sentido, y a falta de un testigo único que las reduzca a un común denominador, ¿cómo íbamos nosotros a ver a través de los filósofos una sola filosofía?.[49]

Para confirmar la recurrencia del mismo problema en muy diversas etapas de la evolución del pensar merleaupontyano, basta remitirse a la pregunta con la que se abren sus cursos sobre la naturaleza de 1956: "¿Podemos válidamente estudiar la noción de Naturaleza? ¿No es ella solamente el producto de una historia en el curso de la cual adquirió una serie de acepciones que han terminado por tornarla ininteligible? ¿No es realmente vano buscar en un sentido único el secreto de una palabra?". En este caso, la alternativa sería realizar un catálogo de los diversos usos arbitrarios del término, si la discontinuidad misma no fuera tan radical que incluso lo impidiera. Sin embargo, Merleau-Ponty emprende su investigación del concepto de la naturaleza esbozando una tercera posibilidad, consistente en "reconocer al lenguaje una vida que no sería ni fortuita, ni un desarrollo lógico inmanente"[50]. Su curso de 1954 sobre *L'institution* ya expresaba la misma desconfianza ante la alternativa de

---

[48] Merleau-Ponty (1960:160).
[49] Merleau-Ponty (1964:155,156).
[50] Merleau-Ponty (1995:19).

pensar los conceptos filosóficos como aislados epocalmente o unificados en un solo "desarrollo lógico" o sistemático. Se critica allí, en primer lugar, la tesis de una "insularidad de los tiempos" arguyendo que "si fueran insulares, no veríamos siquiera su diferencia"[51]. Al igual que la tesis de la insularidad histórica, la tesis de la insularidad sincrónica de las culturas que Merleau-Ponty reconoce en C. Lévi-Strauss significa un "relativismo radical [...] solidario de una idea de saber absoluto [...] que a la vez lo contradice y le es necesario"[52], ya que supone un punto de vista no situado temporalmente desde el cual se captaría cada época y cultura en su diferencia con las otras y se juzgaría esta diferencia como inconmensurable. Merleau-Ponty replica: "Es en lo imaginario, vistas de fuera, a través de conceptos, que las culturas se excluyen o son incognoscibles. Pero al lado de este falso para otro hay un para otro verdadero que no excluye la comprensión mediante un trabajo de uno contra el otro"[53]. Frente a la inconsistencia de la insularidad epocal o cultural extrema, el curso considera los derechos de la opción hegeliana: "Si debe haber una verdad, ¿no es necesario que las verdades estén ligadas en un sistema que no se revela más que de a poco pero cuyo conjunto reposa fuera del tiempo?"[54]. La alternativa es criticada, como se hace evidente, en vistas de las mismas consideraciones por las que lo fue su rival: la ubicuidad de principio del sistema traiciona la misma válida intuición que Merleau-Ponty reconoce a Hegel, aquella de la relación esencial entre la verdad y la historia.

> La historicidad del saber no es un carácter "aparente" que nos dejaría en libertad para definir analíticamente la verdad "en sí". [...] La conciencia teórica, incluso en sus formas más seguras, no es extraña a la historicidad. [...] El pensamiento no tiene acceso a otro horizonte mental, a otro "instrumental mental" más que por la autocrítica de sus categorías, por penetración lateral y no por ubicuidad de principio. Hay simultáneamente descentramiento y recentramiento de los elementos de nuestra propia vida, movimiento de nosotros hacia el pasado y del pasado reanimado hacia nosotros, y este trabajo del pasado contra el presente no culmina en una historia universal cerrada, en un sistema completo de todas las combinaciones humanas posibles [...] sino en un cuadro de diversas posibilidades complejas.[55]

IV. Los orígenes griegos de la razón y el teleologismo histórico: Merleau-Ponty frente a Husserl

El descentramiento que se sigue de la asunción del carácter cabalmente histórico de la filosofía impide a Merleau-Ponty suscribir sin reparos no

---

[51] Merleau-Ponty (2003b:112).
[52] Merleau-Ponty (2003b:117).
[53] Merleau-Ponty (2003b:114).
[54] Merleau-Ponty (2003b:125).
[55] Merleau-Ponty (2003b:125).

solamente la concepción hegeliana de un despliegue sistemático realizado de la razón, sino también las más débiles teleologías de tipo kantiano y husserliano, en la medida en que ambas admiten a su modo la hipótesis de un progreso histórico y filosófico. La idea de progreso es solidaria de las de origen y *télos*, unos momentos "desde donde" y "hacia donde" fluye el tiempo, puntos cuya determinación incluso ideal supone la posibilidad de sobrevolar la historia y observarla desde un punto de vista ubicuo, es decir, suprahistórico, en lugar de encontrarse viviéndola, haciéndola y padeciéndola. Cualquier postulado teleológico se arroga veladamente, en fin, la posibilidad de sustraerse a habitar un momento histórico particular y estar abiertos así a un pasado opaco y a un futuro impredecible, condiciones mismas de que haya historia. En el caso particular de Husserl, filosóficamente el más próximo al pensamiento del mismo Merleau-Ponty, una hipótesis teleológica permite distinguir tres niveles en la historicidad: el de las comunidades prefilosóficas con una praxis relativa a objetos perecederos; el de la cultura filosófica y científica orientada a objetos ideales y el de la transformación de la filosofía en fenomenología en el que la humanidad toma conciencia de la razón que le es inmanente[56]. En la visión de Husserl, "la estructura espiritual surgida en Grecia en los siglos VII y VI a.C. tiene su 'fenómeno originario' en la filosofía como disciplina que incluye en sí las ciencias particulares, instaura una teleología orientada hacia formas ideales de vida" y hacia la racionalidad plena como meta ideal –situada en el infinito- del devenir histórico[57]. En su curso de 1958-59 acerca de "La filosofía hoy" Merleau-Ponty resume en estos términos la concepción husserliana de un *télos* histórico de "*la* humanidad" que habría sido avizorado por primera vez con el nacimiento de la filosofía europea: "La filosofía (y las ciencias que son sus ramas) es la idea fundada por los griegos de un horizonte de investigación infinito, de una verdad a alcanzar por despliegue de un proceso de aproximación indefinido. Esto es radicalmente original: [para Husserl] el Sur, China, son ejemplares antropológicos – [En cambio] Grecia es el evento fundador de la humanidad"[58]. Es comprensible que en estos últimos cursos, tras aludir sucintamente al nazismo, el fascismo y el estalinismo, Merleau-Ponty se permita sospechar de aquella pretensión husserliana:

> Lo que está en cuestión detrás de estos hechos [es] la posibilidad de Europa de crear una civilización mundial. Nos damos cuenta de que lo que pensábamos era la ley de las cosas (todos los pueblos prometidos a nuestro devenir –etnocentrismo) [...] es en realidad un privilegio histórico contingente. [...] Descubrimiento de una "sedimentación", -nuestro etnocentrismo, nuestro universalismo como creencia ingenua, proyección de nuestra historia que pensábamos era una ley del mundo.[59]

---

[56] Véase Walton (1993:148) y Husserl (1997:73 ss.)
[57] Walton (1993:146,147).
[58] Merleau-Ponty (1996:73).

Y si Europa no muestra, de hecho, la realización progresiva de la razón, no hay razones para declarar a la razón como europea de derecho. Es por ello que ya en 1952 Merleau-Ponty podía sostener en franca oposición tanto a Hegel como a Husserl –e incluso a buena parte de nuestra academia occidental contemporánea- que "lo que hemos aprendido acerca de las relaciones de Grecia y Oriente, y a la inversa, todo lo que hemos descubierto de 'occidental' en el pensamiento oriental (una sofística, un escepticismo, unos elementos de dialéctica, de lógica) nos impide trazar una frontera geográfica entre la filosofía y la no-filosofía"[60].

No son solamente las fronteras geográficas que definen a la filosofía frente a sus otros las que según Merleau-Ponty son puestas hoy en cuestión sino, más profundamente, las fronteras disciplinarias mismas. Según el balance de su último curso, actualmente puede observarse una "decadencia de la filosofía expresa, oficial" y, a la inversa, "un carácter filosófico de la literatura, del arte, etc."[61]. Ya en su lección inaugural en el Collège de France ("Éloge de la philosophie", 1953) Merleau-Ponty se refería a su propia época como aquella en la que "la filosofía puesta en libros ha dejado de interpelar a los hombres", y señalaba por ello que era más que nunca necesario para los filósofos "reconocer por modelo un hombre que no escribía"[62]. Así, una buena parte de su conferencia es dedicada a reflexionar sobre Sócrates, contrastando por vía de esa referencia el triste "volver" de la filosofía académica contemporánea con aquel "buscar" propio de la filosofía socrática viviente:

> Filosofar es buscar. [...] Ahora bien, hoy en día, no se busca casi. Se "vuelve" hacia una u otra de las tradiciones, se las "defiende". [...] Nuestro pensamiento es un pensamiento en retirada o en repliegue. Cada uno expía su juventud. Esta decadencia está de acuerdo con el curso de nuestra historia. Superado cierto punto de tensión, las ideas dejan de proliferar y de vivir, caen en el rango de justificaciones y de pretextos, son reliquias, puntos de honor, y lo que se llama pomposamente el movimiento de las ideas, se reduce a la suma de nuestras nostalgias, de nuestros rencores, de nuestras timideces, de nuestras fobias.[63]

Para Merleau-Ponty, sin embargo, esta crisis de la "filosofía oficial" no señala una decadencia del pensamiento mismo, sino solamente "la de una manera de filosofar"[64]. En 1956 afirma que la filosofía "nunca volverá a encontrar la convicción de detentar con sus conceptos la verdad de la

---

[59] Merleau-Ponty (1996:41).
[60] Merleau-Ponty (1964:169).
[61] Merleau-Ponty (1996:39).
[62] Merleau-Ponty (1970b:30).
[63] Merleau-Ponty (1970b:35).
[64] Merleau-Ponty (1996:39).

naturaleza o de la historia", mientras que simultáneamente nunca han sido la ciencia y la literatura "tan filosófica[s] como en el siglo XX". A la pregunta de "qué queda de la filosofía cuando ha perdido sus derechos al a priori, al sistema o a la construcción", responde: "Queda casi todo. Porque el sistema, la explicación, la deducción, nunca han sido lo esencial." Y de ahí que en la contemporaneidad, para Merleau-Ponty:

> ... la filosofía se sienta en su casa en todas partes [...], tanto en el testimonio de un ignorante que ha amado y ha vivido como ha podido, en los artefactos que inventa la ciencia, sin vergüenza especulativa, para dar la vuelta a los problemas, [...] en las regiones de nuestra vida que no tenían antes existencia oficial, como en la literatura [...]. La humanidad instituida se siente problemática y la vida más inmediata se ha hecho filosófica.[65]

La crisis a la que alude Merleau-Ponty parece ser en cierto sentido más radical que la que percibió Husserl, en la medida en que mina cualquier concepción de progreso o de teleología posibles e incluso horada la definición misma de la filosofía como disciplina pura de la razón –como "ciencia estricta", "ontología fundamental" o reflexión apriorística. Y sin embargo, no se trata de un diagnóstico a lamentar como en el caso husserliano. Si anteriormente, en ciertos pasajes de su *Phénoménologie de la Perception*, Merleau-Ponty parecía suscribir una concepción más bien husserliana de las relaciones entre la razón y la historia[66], en su última obra publicada en vida -*L'oeil et l'esprit*- afirmará taxativamente, en contraste, que "no más que las de la pintura las figuras de la literatura y de la filosofía no son verdaderamente adquiridas, no se acumulan en un tesoro estable [...]. No estamos en ninguna parte en estado de levantar un balance objetivo, ni de pensar en un progreso en sí, [...] es toda la historia humana la que en cierto sentido es estacionaria"[67]. No se trata de una versión más de la doctrina de la *philosophia perennis*, de la subsistencia de una verdad esencial u originaria, sino por el contrario de la afirmación de la radical singularidad e indestructibilidad de cada filosofía en la medida en que, al expresar un mundo que no está ya hecho sino siempre en estado naciente, está ella misma viva y haciéndose:

> Si ni en pintura ni aun en otros campos podemos establecer una jerarquía de las civilizaciones, ni hablar de progreso, no es porque algún destino nos retiene atrás sino más bien porque en un sentido la primera de las pinturas iba hasta el fondo del porvenir. [...] Si las creaciones no son adquisiciones, no

---

[65] Merleau-Ponty (1964:191,192).
[66] Por ejemplo afirma Merleau-Ponty: "Todo filósofo ha soñado con una palabra que las terminaría a todas, mientras que el pintor o el músico no espera agotar toda pintura o toda música posible. Hay, pues, un privilegio de la Razón" (1994:207).
[67] Merleau-Ponty (1986:69).

es sólo porque pasen, como todas las cosas, es también porque tienen casi toda la vida por delante.[68]

La filosofía no tiene la prerrogativa, distinguiéndose o elevándose por sobre las artes o las ciencias, de desenvolverse en una historia ascendente sustraída a la ecceidad de los tiempos, una historicidad peculiar –una "historia interior" dice Husserl en la *Krisis*[69], que no es finalmente más que un modo peculiar de pretender escapar de la historia: "El filósofo no dice que sea posible una superación final de todas las contradicciones humanas y que el hombre total nos espera en el porvenir: como todo el mundo, él no sabe nada. Dice –y esto es totalmente distinto- que el mundo comienza"[70].

Es sin embargo en Husserl mismo, recortando e hilando en la enunciación de su propio discurso frases tomadas de la *Krisis*, que Merleau-Ponty intenta encontrar un "nuevo sentido de la filosofía: no una filosofía que sobrevuela el *Strom*, el flujo, la pluralidad, y procede por substrucción de una unidad ideal, -sino filosofía que entra en la *Tiefenleben* [vida profunda] donde el flujo se premedita, -filosofía de unidad lateral, de *Ineinander* [uno-en-otro, entrelazo], unidad en el borde, en la articulación de los hombres, de las filosofías, de las culturas".[71] Específicamente respecto del modo de abordar la historia de la filosofía esto significa descartar todo resabio metodológico de "deducción de premisas" del tipo: "Platón fue eso, Spinoza fue eso, existe tal relación de jerarquía entre ellos, por lo tanto la filosofía es eso, la verdad es eso".[72] En cambio, la relación del pensar presente con lo pensado para Merleau-Ponty se entabla en la doble dirección de un diálogo real que produce un descentramiento:

> Mi Platón imaginario es eso, mi Spinoza imaginario es eso, uno y otro se sitúan de tal manera en relación con mi vida filosófica (que los interroga y se interroga a propósito suyo). El "pasado" es *mi* pasado (mi *"Dichtung der Philosophiegeschichte"* [mi "poema de la historia de la filosofía"]) y recíprocamente lo que yo pienso, como filósofo, es el trabajo de este pasado en mí. Mi *"philosophierendes Leben"* ["vida filosófica"] [es] este ida y vuelta, este zig-zag.[73]

V. Coda: la filosofía como retorno y como partida
Es sólo desde aquel balance crítico y desde estas originales premisas que la filosofía del último Merleau-Ponty "vuelve la mirada" a los "orígenes" y

---

[68] Merleau-Ponty (1986:70).
[69] Husserl (1997:73ss.): "Reflexiones sobre el método de nuestra consideración de la historia".
[70] Merleau-Ponty (1964:36).
[71] Merleau-Ponty (1996:88).
[72] M. Merleau-Ponty (1996:86).
[73] M. Merleau-Ponty (1996:86).

"retorna" a "la fuente griega" para definir la carne como "elemento" o proponerse perseguir un "sentido primordial" –"presocrático"- de la naturaleza. En este sentido resulta oportuno recordar uno de los últimos párrafos del último curso que Merleau-Ponty comenzó a dictar, el cual se refiere precisamente a la relación de la filosofía con su pasado y a los múltiples sentidos del "retorno" filosófico: el retorno de la filosofía a las cosas mismas, al propio pasado filosófico o al pasado del yo en la reflexión. Estos retornos que definen a la filosofía misma, señala Merleau-Ponty en principio, no pueden entenderse en ningún caso en el sentido de la coincidencia ni de la restauración.

> La filosofía es evidentemente retorno sobre sí y sobre todas las cosas: pero no retorno a un inmediato, a un original, el de las cosas o el de las significaciones. [...] El re-comienzo, la reconquista del ser sobre el olvido, la distracción y el hábito, el re- de la filosofía, si comporta restitución del pasado verdadero, no se limita a esta retrospección e incluso respecto del pasado no apela a una coincidencia perdida que se trataría de restablecer: si está perdida, lo está para siempre. [...] Si deviniéramos verdaderamente lo que él [el pasado] fue como presente, no sería más pasado; en el momento en que se completa la coincidencia él cesa de ser por desaparición de su testimonio presente; y si el recuerdo es a distancia, no es puro, entonces toma prestado a la carne del presente.[74]

Ahora bien, esta imposibilidad de acceder a un pasado puro o de coincidir con los orígenes no significa que, en contraste, sea el presente el lugar de la coincidencia y de la pureza: si todo pasado filosófico revivido "toma prestado a la carne del presente", el mismo curso ya había afirmado en contrapartida que mi presente -"lo que yo pienso como filósofo"- no es otra cosa que "el trabajo de este pasado en mí", es decir que está tejido internamente con lo antes pensado por otros. Esta no-coincidencia y esta auto-diferenciación del pasado del pensamiento respecto de sí mismo y del presente del pensamiento respecto de sí mismo por su mutua contaminación significan en último término la pertenencia de ambos al fluir del tiempo, y esta pertenencia del pensamiento al tiempo no es otra que su pertenencia a un mundo que no está hecho sino que está siempre "en estado naciente".

> En verdad, pasado y presente no son [...] datos y ninguno de ellos lo es en el sentido de la coincidencia. Lo que nos es dado, sin restricción y continuamente, es su diferenciación en nuestra pertenencia masiva al mundo, al Ser [...] y esta pertenencia misma nos es significada por nuestros ojos, nuestras manos, por lo visible, lo sensible del que ellos son también parte, que ellos ven y tocan desde dentro, por nuestras palabras, nuestros pensamientos, con el Ser al que ellos apuntan y en el que están inscritos también, en su lugar, en su fecha, con su proporción de verdad.[75]

---

[74] M. Merleau-Ponty (1996:374).

Esta diferenciación y esta no-coincidencia no cargan para Merleau-Ponty, entonces, la connotación del fracaso, sino que por el contrario son la marca misma de la comunicación real y efectiva de pasado y presente, en la medida en que ambos están en contacto con el mundo.

Pues lo visible que nosotros vemos, del que hablamos, es el mismo del que hablaban y que veían Platón y Aristóteles, el mismo *numéricamente*: detrás de cada paisaje de mi vista, aún si no es el Himeto, el Iliso o los Plátanos de Delfos, en tanto es un paisaje y no un manojo de sensaciones efímeras, ni de juicios, ni de actos espirituales sin fuego ni lugar sino un segmento de la durable carne del mundo, se ocultan todos los paisajes de todos los hombres que han sido, de todos los que serán, [...] indivisos entre ellos y yo como el objeto que tengo entre mi mano derecha y mi mano izquierda. De Platón a nosotros, el hombre griego se ha borrado, otro hombre se ha hecho, que aporta su sabor propio, su propio olor en todo lo que emprende, pero cuando él lee Platón, cuando persigue en el allí de la antigua Grecia a Platón y reencuentra la nervadura de los diálogos, entonces en el centro de sí mismo y sincrónicamente algo se agita y revive, algo que fue y que es el pensamiento de Platón. La Naturaleza y la Palabra, lo visible y lo escrito, en la identidad y la diferencia recrean a cada instante una simultaneidad universal.[76]

Por eso puede concluir Merleau-Ponty que, ya se trate del retorno del filósofo a sí mismo en la reflexión, de su retorno a las cosas mismas o del retorno hacia el pasado de la filosofía, siempre se comprueba que "el retorno filosófico es a la vez una partida".[77]

Bibliografía

Carteron, H (1996) Aristóteles, *Physique I-IV*, Traducción y notas, París, BBLL.
Eggers Lan, C.-Juliá, V. (1994) *Los filósofos presocráticos I*, Madrid, Gredos.
García, E. (2006) "El entrelazamiento de la naturaleza y el artificio: Merleau-Ponty y las filosofías de la physis", en *Areté. Revista de Filosofía*, 18.1, pp. 51-76.
Hadot, P. (2004) *La voile d'Isis. Essai sur l'histoire de l'idée de Nature*, París, Gallimard.
Hegel, G. (1980) *Introducción a la historia de la filosofía*, Buenos Aires, Aguilar.
Heidegger, M. (1958) *Arte y poesía*, México/Buenos Aires, FCE.
Husserl, E. (1997) *La crisis de las ciencias europeas y la fenomenología trascendental*, Barcelona, Crítica.
Merleau-Ponty, M. (1970b) *Elogio de la filosofía*, Buenos Aires, Nueva Visión.
------- (2003) *El mundo de la percepción. Siete conferencias*, México, FCE.
------- (1986) *El ojo y el espíritu*, Barcelona, Paidós.
------- (1994) *Fenomenología de la percepción*, Barcelona, Planeta.

---

[75] M. Merleau-Ponty (1996:374).
[76] M. Merleau-Ponty (1996:374,375).
[77] M. Merleau-Ponty (1996:375).

------- (1995) *La Nature. Notes de courses du Collège de France*, París, Éd. du Seuil.
------- (1989) *Le primat de la perception et ses conséquences philosophiques*, Grenoble, Cynara.
------- (2003b) *L'institution. Le problème de la passivité. Notes de Cours au Collège de France (1954-1955)*, París, Belin.
------- (1970) *Lo visible y lo invisible*, Barcelona, Seix Barral.
------- (1996) *Notes de cours au Collège de France 1958-1959 et 1960-1961*, Paris, Gallimard.
------- (1960) *Signes*, París, Gallimard.
------- (1964) *Signos*, Barcelona, Seix Barral.
------- (2010) *Oeuvres*, París, Gallimard.
Walton, R. (1993) *Husserl. Mundo, conciencia y temporalidad*, Buenos Aires, Almagesto.
Zucchi, H. (1978) Aristóteles, *Metafísica*, Introducción, traducción y notas, Buenos Aires, Sudamericana.

La naturaleza como "suelo de experiencia" y como "elemento"

Graciela Ralón

Esta exposición se enmarca dentro de la noción de *zonas de tensión dialógica*, que aspira a superar las nociones de continuidad y discontinuidad que han caracterizado a los estudios historiográficos. Así, esta propuesta intenta hacer prevalecer el acercamiento a la "coyuntura de producción", para resaltar la tensión dialógica entre los actores que rodean la creación tanto en las filosofías del pasado como en los momentos de su apropiación por los filósofos posteriores.[1] En efecto, el modo en el que Merleau-Ponty interpreta la historia de la filosofía puede ser considerado como una "zona de tensión dialógica".

Merleau-Ponty expresa su intención de pensar la historia de la filosofía a partir de una lectura que excluya tanto la posibilidad de un "aplastamiento" de la historia en "mí" filosofía como la de convertirla en una especie de idolatría que aspire a un conocimiento objetivo de las filosofías pasadas. La concepción objetiva de la historia de la filosofía que aspira a ser "historia de lo que es" explica a cada filosofía como una arquitectura de enunciados que se presentan como respuestas definidas a preguntas claramente delimitadas, que pretenden ser un inventario exhaustivo del pensamiento. La concepción objetiva, presupone, según Merleau-Ponty, una posición filosófica determinada: el racionalismo dogmático que piensa a las diferentes filosofías como "creación y solución de problemas".

A esta concepción objetiva, Merleau-Ponty le contrapone, la interpretación de la filosofía realizada por Hegel, que, al exhibir los diferentes sistemas filosóficos en función exclusiva de su propio interés, termina integrándolos dentro del propio sistema. En otros términos, Hegel conserva cada filosofía histórica y le rinde homenaje pero su conservación queda condicionada a pensarla como momentos en su propio sistema. Las filosofías no hablan con su propia voz y, por lo tanto, su sentido no hay que buscarlo en ellas mismas sino en el sistema.

Frente a estas dos interpretaciones Merleau-Ponty propone comprender la historia de la filosofía como "percepción de otros filósofos, transgresión intencional *(empietement)* de ellos [...]"[2]. La historia que opera en nosotros es caracterizada como "historia intencional" o "vertical" y

---

[1] Sobre esta noción, véase C. Mársico (2010) y (2013).
[2] Maurice Merleau-Ponty (1964, p. 251).

procura poner de relieve un "escalonamiento en profundidad" por el que diversos momentos remiten uno a otro en una proyección de uno en otro que deja aparecer un mismo "núcleo de ser"[3].

Así, el fenomenólogo francés, se pregunta expresamente si la filosofía no ejerce, por ejemplo, el mismo poder elíptico que ejercen las obras de arte, y responde que: "[...] una filosofía, como una obra de arte, es un objeto que puede suscitar más pensamientos que los que ahí están 'contenidos' [...] que guarda un sentido fuera de su contexto histórico, que no *tiene* aún sentido más que fuera de ese contexto[4]. Al igual que ocurre con la lengua o con la pintura no es posible realizar un inventario de los pensamientos, ya que del mismo modo que nuestro campo visual, el campo del espíritu no está limitado por una frontera, se pierde en una zona vaga, en la que si bien los objetos se presentan débilmente, no por eso desaparecen. El pensamiento de un filósofo es "[...] un movimiento que arrastra detrás de él una estela y anticipa su futuro, la distinción de lo que *ahí se encuentra* y de lo que las metamorfosis futuras encontrarán, no puede ser, por decirlo así, sino macroscópica"[5]. Así, si se intenta comparar los escritos de Merleau-Ponty con los de Husserl, las diferencias pueden ser notables, pero si, por el contrario, se intenta captar el problema que es común a ambos autores es fácil advertir que los dos "[...] aparecen comprometidos el uno contra el otro en una lucha más sutil, donde cada uno, el parricida y el infanticida, golpea con las mismas armas que son también las del otro"[6]. Lo propio del mundo de la cultura es despertar en el otro un eco.

Ahora bien, este modo de interpretar la lectura de la historia de la filosófica es posible porque atañe a la manera en que Merleau-Ponty comprende la filosofía: "Lo que la filosofía redescubre como su dominio inalienable, es ese circulo, ese nudo, esa relación de *Ineinander* [...] esas inversiones que son pasajes, esos desarrollos que a menudo abren a otra dimensión, esa madeja que ha estado siempre enredada, ese tejido sin costura y que no esta hecho de un solo hilo"[7]. Desde esta perspectiva, la filosofía es el saber de "lo uno en lo otro" (*Ineinander*), de las implicaciones paradojales: yo-mundo, cuerpo fenoménico-cuerpo objetivo, cuerpo-naturaleza, constituyen algunas de las paradojas vivientes que la filosofía tiene por tarea describir.

En esta exposición nos proponemos abordar la descripción del *Ineinander* cuerpo-naturaleza como expresión privilegiada de la ontología merleaupontyana. Respecto a esta relación es importante aclarar que no se trata de una relación especular ya que "la Naturaleza y la conciencia no pueden comunicarse más que en nosotros y por nuestro ser carnal"[8] y, por

---

[3] M. Merleau-Ponty (1964:172, 239-240).
[4] M. Merleau-Ponty (1964:253).
[5] M. Merleau Ponty (1969:132).
[6] M. Merleau Ponty (1969:132).
[7] M. Merleau-Ponty (1996:360).

otra parte, la naturaleza exterior y la vida deben ser consideradas en referencia a la naturaleza percibida: "el cuerpo humano debe aparecer como aquel que percibe la naturaleza de la que, es también el habitante"[9]. Desde estos presupuestos nos detendremos en la noción de Tierra como suelo de experiencia y en la de *elemento* a través de la cual Merleau-Ponty caracteriza la carne; ambas nociones, confluyen a fin de mostrar cómo el cuerpo y el mundo emergen de la carne como su medio formador. Con otras palabras, la intención de la exposición es considerar la Naturaleza a partir de las nociones de suelo y de elemento que se anudan para configurar la ontología de la carne.

La exposición se estructura en tres partes. La primera intenta rastrear la noción de naturaleza, principalmente, en la *Fenomenología de la percepción*, con la intención de mostrar que tanto mi subjetividad como la de los otros sujetos emerge de la generalidad de la existencia anónima como instancia precursora de la generalidad de la naturaleza. La segunda, se centra en la noción de Tierra, de la que el cuerpo es un habitante. Finalmente, se intentará ver hasta qué punto la noción de carne remite, en algunos aspectos, a la noción de *phýsis*.

I. La noción de naturaleza como existencia anónima

Es necesario tener presente que ya desde *La estructura del comportamiento* Merleau-Ponty se propone comprender las relaciones entre la conciencia y la naturaleza. En su primer abordaje, el autor pone en tela de juicio la noción de naturaleza como una multiplicidad de hechos exteriores los unos a los otros y ligados entre sí de manera causal. En contra del realismo, la preocupación de Merleau-Ponty en esta obra es mostrar que las condiciones de inteligibilidad de la naturaleza no se encuentran en la naturaleza en sí sino en la conciencia que la percibe. Sin embargo, frente a las corrientes intelectualistas de la percepción, se afirma que la conciencia que percibe es una conciencia encarnada. La distinción entre el orden físico, el orden vital y el orden humano, que designan diferentes tipos de estructura, es decir, diferentes modos de integración entre el organismo y su medio solo es accesible a una conciencia que descubre en ellos su significación. Si bien no es nuestra intención, en los límites de esta exposición, realizar un desarrollo explícito de la problemática abordada en *La estructura del comportamiento* y de las dificultades respecto de su interpretación, es necesario señalar que el lector no termina de ver con claridad, hasta qué punto Merleau-Ponty logra la articulación que se había propuesto. Por eso, consciente del alcance de esta dificultad, la problemática es retomada en la *Fenomenología de la percepción* desde la perspectiva del sistema cuerpo-mundo.

---

[8] M. Merleau-Ponty (1968:176).
[9] M. Merleau-Ponty (1968:176).

En la *Fenomenología de la percepción* Merleau-Ponty intenta esclarecer el sentido de la diferencia entre naturaleza y espíritu partiendo de la descripción de la existencia humana que participa en dos medios, según que ella se realice sobre el modo de una vida prepersonal o existencia generalizada, por una parte, y una vida personal, por la otra. A través del cuerpo se expresa tanto la adhesión prepersonal a la forma general del mundo como la posibilidad de reasumir esa vida generalizada dándole un rostro propio. La existencia "ambigua" alude, precisamente, a un ir y venir entre una existencia consolidada en habitualidades y una existencia que se trasciende permanentemente a sí misma. Si bien es claro que nuestra existencia se realiza en este ida y vuelta entre ambos modos de vida, la vida anónima, en oposición a lo estrictamente personal, parece tener una prioridad por sobre la vida personal y consciente. El énfasis con el que Merleau-Ponty insiste en el carácter anónimo de la vida prepersonal adelanta, según mi opinión, la noción de naturaleza como cuna o suelo del sujeto. La siguiente afirmación da prueba de ello: "Hay, pues, un otro sujeto por debajo del yo, para quien un mundo existe antes que yo sea ahí y que señala ahí mi lugar"[10]. Es claro que este sujeto al cual se refiere nuestro autor no es un sujeto personal. La percepción no compromete mi ser personal, aquel del que soy responsable y acerca del cual decido, sino "otro yo que ha tomado partido por el mundo". De esta manera, en la sensación se pone de manifiesto una existencia general, "que corre a través de mí sin que yo sea el autor", más precisamente, como el nacimiento y la muerte, la sensación aparece en un medio de generalidad que la precede y que la sobrevivirá. En segundo lugar, la sensación es anónima porque es siempre parcial. Cuando veo un objeto sé que hay algo más allá de lo que actualmente veo. Merleau-Ponty resume estas dos afirmaciones diciendo que toda sensación se localiza en un campo gracias a "una suerte de contrato primordial y por un don de la naturaleza, sin ningún esfuerzo de mi parte"[11].

Ahora bien, del mismo modo que la naturaleza penetra hasta el centro de la vida personal y se entrelaza con ella los comportamientos humanos vuelven a la naturaleza y se depositan en ella bajo la forma de un "mundo cultural". El mundo natural que le es dado al hombre no es por lo tanto un mundo inerte, sino un mundo ya significativo y enriquecido por sus antecesores. Desde esta perspectiva, es fácil comprender que no podemos hablar de la naturaleza como el conjunto de las meras cosas, porque todo lo que es naturaleza en el hombre está inscrito en la historia y en el cuerpo, que es un organismo y, que, es siempre e indivisiblemente un objeto cultural.

Sin llegar a un tratamiento explícito del concepto de naturaleza, tal como este aparece en los cursos dictados en el Colegio de Francia, las

---

[10] M. Merleau-Ponty (1945:294).
[11] M. Merleau-Ponty (1945:251).

descripciones de la *Fenomenología de la percepción* permiten apreciar que la naturaleza es presentada como el suelo o el lugar de nacimiento del sujeto que sostiene su vida natural e histórica, lo cual va a ser corroborado en el primer curso que, entre los años 1956-1957, Merleau-Ponty dedica de manera sistemática al concepto de naturaleza, donde afirma que: "[...] la naturaleza [...] es un objeto de donde nosotros hemos surgido, donde nuestros preliminares han sido progresivamente colocados hasta el instante de anudarse en una existencia, y que continúa sosteniéndola y proporcionándole sus materiales. Ya sea que se trate del hecho individual del nacimiento, o del nacimiento de las propias instituciones, la relación original del hombre y del ser continúa en cada hombre que percibe"[12].

II. La Tierra como suelo de nuestra experiencia

En las notas que amplían los cursos sobre la Naturaleza, Merleau-Ponty afirma:

> Es naturaleza lo primordial, es decir, lo no construido, lo no-instituido; de ahí la idea de una eternidad de la naturaleza (eterno retorno), de una solidez. La naturaleza es [...] nuestro suelo, no lo que está delante sino lo que nos sostiene (*ce qui nous porte*).[13]

El redescubrimiento de la noción de suelo implica, para Merleau-Ponty, la necesidad de pensar hasta sus últimas consecuencias la contradicción en la cual cayó el pensamiento moderno. Dicha contradicción, surge de la pretensión por parte de la ciencia moderna de desvelar una naturaleza en sí. La investigación se centraliza, pues, en "reencontrar este espíritu bruto y salvaje bajo todo el material cultural que se ha dado [...]"[14]; esto significa, el redescubrimiento de una Naturaleza para nosotros como *suelo* de toda nuestra cultura ya que el retorno del mundo objetivo al mundo de la vida no solo alcanza a las cosas percibidas, sino también a las formaciones históricas que han servido para configurar las relaciones entre los hombres. Asimismo otro aspecto a tener en cuenta es que la naturaleza no solo debe ser comprendida como suelo de nuestras experiencias sino como *télos*, que no implica desarrollos necesarios, sino más bien atañe al halo de posibilidad -lo invisible- del mundo actual. La naturaleza dibuja nuestra dimensión teleológica como prolongación de una productividad originaria que continúa bajo las creaciones artificiales del hombre.

En tanto suelo la naturaleza exhibe las características que Husserl le asigna a la noción de Tierra. Resulta interesante destacar que el escrito de

---

[12] M. Merleau-Ponty (1968:94).
[13] M. Merleau-Ponty (1995:20).
[14] M. Merleau-Ponty (1995:274).

Husserl "La Tierra no se mueve", que tomaremos como base para mostrar la función de suelo que cumple la Naturaleza, ya había sido leído por Merleau-Ponty en la época en que escribe la *Fenomenología de la percepción*. El siguiente texto da cuenta de ello:

> no habría movimiento efectivo y no tendría la noción de movimiento si, en la percepción, no pusiera la tierra como 'suelo' de todos los reposos y de todos los movimientos, más acá del movimiento y del reposo, porque la *habito*; e igualmente no habría dirección sin un ser que habitara el mundo y que, por su mirada, trazará en él la primera dirección que será punto de referencia.[15]

Sin embargo, la noción de suelo en esa obra, es atribuida, como hemos comentado en la primera parte, a "un espíritu cautivo" o "natural", como "sistema de funciones anónimas que envuelve toda fijación particular en un proyecto general"[16].

El interés principal del estudio "El filósofo y su sombra", que, por otra parte, señala el giro hacia "una rehabilitación ontológica de lo sensible" es poner de manifiesto la presencia de seres que "nutren secretamente" nuestras idealizaciones y objetivaciones. Entre ellos, se encuentra la Tierra, que "[…] no está en movimiento como los cuerpos objetivos, pero tampoco en reposo, puesto que no se ve a qué estaría 'fijada'. Ella es así 'suelo' o 'cuna' de nuestro pensamiento como de nuestra vida […]"[17]. Asimismo, en el comentario a *El origen de la geometría* Merleau-Ponty interpreta que la nociones de apertura y horizonte empleadas en el nivel de la idealidad pueden ser vueltas a encontrar "desde abajo", lo cual es ilustrado, nuevamente, con las descripciones realizadas por Husserl en el manuscrito "Giro de la teoría copernicana". Estas investigaciones ponen al descubierto, un modo de ser, del que nos hemos distanciado: "el ser del 'suelo' (*Boden*), y, en primer lugar, el de la Tierra […].

En el sobre que contenía el manuscrito, Husserl escribió lo siguiente: "*Inversión de la teoría copernicana* según la interpreta la cosmovisión habitual. El arca originaria 'Tierra' no se mueve. *Investigaciones básicas sobre el origen fenomenológico de la corporalidad, de la espacialidad de la Naturaleza* en el sentido científico-natural primero"[18]. Merleau-Ponty destaca que para el hombre copernicano la tierra es un cuerpo físico (*Körper*) esférico en el espacio infinito, mientras que para nosotros la Tierra no es cuerpo físico, sino suelo de experiencia (*Erfahrungsboden*). La Tierra no puede ser experimentada como un cuerpo físico porque no puede ser percibida por todos sus lados[19]. Tiene el carácter de un cuerpo-suelo o

---

[15] M. Merleau-Ponty (1945:491).
[16] M. Merleau-Ponty (1945:280).
[17] M. Merleau-Ponty (1960:227).
[18] Edmund Husserl (196:307).
[19] Véase M. Merleau-Ponty (1998:83-92). En este texto se encuentran citados los principales párrafos del texto de Husserl que acaparan el interés de Merleau-Ponty.

cuerpo-total. "La tierra es un todo, cuyas partes –cuando ellas son pensadas por sí [...]- son cuerpos, pero ella como 'todo' no es ningún cuerpo. Además, todo movimiento tiene lugar sobre ella o en dirección hacia ella:

> Tenemos un espacio alrededor en tanto que sistema de los lugares –es decir como sistema de los fines posibles de los movimientos del cuerpo. Pero en ese sistema, todos los cuerpos terrestres tienen también un 'lugar' particular, salvo la tierra.[20]

Así, carece de sentido hablar de un espacio universal vacío, como "mundo astronómico que ya es infinito" o de un espacio que la circunda y donde la tierra estaría como un cuerpo físico. Todo movimiento tiene lugar sobre ella o en dirección hacia ella: "[...] la tierra misma no se mueve y no reposa, en relación con ella tienen sentido el reposo y el movimiento"[21]. A pesar de esta referencia absoluta a la tierra, se debe admitir una cierta relatividad del reposo y el movimiento ya que pueden darse como puntos de referencia para los cuerpos-suelos que son experimentados a su vez como cuerpos en reposo o cuerpos móviles en relación con el suelo-tierra que no es experimentado como un cuerpo. Un ejemplo de cuerpo-suelo relativo se encuentra en un coche en marcha en relación con el cual se puede tener la experiencia de un acercamiento o un alejamiento de otro cuerpo físico. Pero este cuerpo-suelo relativo está siempre referido a la tierra como suelo absoluto.

Por otra parte, la tierra es un suelo para nuestra corporalidad, esto es, el cuerpo-suelo sobre el cual tiene lugar todo nuestro andar, toda nuestra vida perceptiva natural y originaria. La tierra se constituye como un sustrato para toda la actividad corporal y como un centro de orientación que está fuera del cuerpo propio. Entre el ser de la tierra y mi cuerpo hay un parentesco. Mi cuerpo propio posee los mismos rasgos que la tierra: no perspectividad (como un todo), centramiento (como punto cero) y firmeza (en tanto inmóvil)[22].

El análisis de la tierra como el de los cuerpos y el de la intercorporalidad conciernen a la ontología. En la intuición del espacio (*Raumanschauung*), del tiempo (*Zeitanschauung*) de la causalidad natural (*Naturkausalität*) y aún en el concepto de historia lo que se revela es "un tipo de ser nuevo".

Merleau-Ponty aclara que el tipo de ser descubierto por la experiencia del suelo y del cuerpo emparentado con aquél no es una curiosidad de la percepción exterior, sino que posee una significación filosófica: "Nuestro enraizamiento envuelve una visión de la causalidad natural, una visión de nuestro 'territorio', una *Urhistorie* [...] y, finalmente, una filosofía del

---

[20] M. Merleau-Ponty (1998:85).
[21] E. Husserl (1968:313).
[22] Véase L. Rabanaque (2001:160).

mundo como *Offenheit der Umwelt* [...]"[23].Según Merleau-Ponty, Husserl se arriesga a describir la Tierra como "patria e historicidad" de los sujetos carnales, como "suelo de verdad o arca que trasporta hacia el porvenir las simientes del saber y la cultura". En las notas sobre la Naturaleza afirma: "La Tierra es la raíz de nuestra historia. Lo mismo que el arca de Noé llevaba todo lo que podía permanecer viviente y posible, [ella] puede ser considerada como portadora de todo lo posible".[24]

En síntesis, con la noción de Tierra, según Merleau-Ponty, se descubre en la fenomenología el "asiento de la temporalidad pre-objetiva", una "capa anterior, que nunca es suprimida", y que jalona una "historia primordial", esto es, un "suelo de verdad" que "habita el orden secreto de los sujetos encarnados".

III. La carne como elemento

Antes de comenzar con el último apartado, tengamos presente que en su última nota de trabajo de *Lo visible y lo invisible* Merleau-Ponty presenta un plan de trabajo que comprende tres cuestiones: Lo visible, la Naturaleza y el *logos*. A continuación, el autor aclara que, ese plan no guarda ningún compromiso ni con el humanismo, ni con el naturalismo, ni con la teología. Más precisamente, es necesario describir lo visible como alguna cosa que se realiza a través del hombre, pero que de ningún modo es antropología, la Naturaleza como el otro lado del hombre (como carne- nunca como "materia") y el *Logos* también como realizándose en el hombre, pero nunca como su propiedad.

Retengamos la segunda cuestión, la naturaleza se revela como "el otro lado del hombre", esto es, como carne.[25] Esta afirmación solo se entiende, como veremos, si se observa que el cuerpo propio comprende dos dimensiones divergentes y simultáneas que permiten caracterizar la conciencia y la naturaleza como dos órdenes que fluyen uno en el otro. Merleau-Ponty estima que esta relación de pertenencia recíproca debe ser descrita como el proceso simultáneo en virtud del cual la naturaleza nos domina en la medida en que la aprehendemos, e, inversamente, tomamos posesión de ella en la medida en que se adueña de nosotros. Aquí cobra gran importancia el concepto de horizonte como índice de "un nuevo tipo de ser" dentro del cual una "reversibilidad" o "ser englobante-englobado", en el sentido de una referencia recíproca, establece límites para la explicitación. Este ser-uno-con-otro permite poner de relieve la ambigüedad por la cual "el cuerpo humano (y no la 'conciencia') [...] debe aparecer como aquel que percibe la naturaleza de la que es también el habitante".[26]

---

[23] M. Merleau-Ponty (1998:170).
[24] M. Merleau-Ponty (1968:116).
[25] M. Merleau-Ponty (1964:328).
[26] M. Merleau-Ponty (1968:176).

Como ser de latencia o profundidad, la carne implica un estilo de ser en el que participan las cosas particulares. Para caracterizarla, Merleau-Ponty recurre a la vieja noción de elemento tal como la utilizaban los primeros filósofos griegos. El elemento es una cosa general que se encuentra entre la cosa individual espacio-temporal y la idea abstracta. Participa de la realidad de la cosa material y de la generalidad de la idea. Sin ser una cosa particular, se presenta en todas las cosas particulares como un principio encarnado que introduce en ellas un estilo de ser. De modo que las cosas particulares se presentan como parcelas de una generalidad de la que participan. Y sin ser una idea abstracta posee esta generalidad de horizonte que explica la unidad fundamental dentro de la cual se presenta la pluralidad de las cosas. Esto hace que el mundo percibido sea "esta lógica perceptiva, este sistema de equivalencias, y no un montón de individuos espacio-temporales"[27]. Así, Merleau-Pony se refiere a una "generalidad de horizonte, de estilo" que ocupa el lugar de las esencias husserlianas y está encarnada en las cosas, caracterizando a la carne en los siguientes términos:

> La carne no es materia, no es espíritu, no es sustancia. Sería necesario, para designarla, el viejo término de 'elemento', en el sentido en que se empleaba para hablar del agua, del aire, de la tierra y del fuego, es decir, en el sentido de una *cosa general*, a mitad de camino entre el individuo espacio-temporal y la idea, suerte de principio encarnado que introduce un estilo de ser en todas las partes en que se encuentra una parcela de él. La carne es en este sentido un 'elemento' del Ser.[28]

Al afirmar que la carne no es materia se descarta tanto la posibilidad de considerarla como una suma de átomos que existirían con anterioridad a la adición de ellos como la de considerarla como un material psíquico producido por las cosas que actúan sobre el cuerpo. Al descartar que no es espíritu queda excluida la posibilidad que sea una representación del alma. La carne no es la unión del compuesto cuerpo-alma. Está en la base de ambas y permite que se pertenezcan una a otra. La carne como elemento está más allá de lo individual y lo universal. Es un principio de equivalencia o, en otros términos, la bisagra invisible de los fenómenos.

La carne es un elemento del Ser y el ser carnal, esto es, nuestro cuerpo como "ser de profundidades, ser de varias hojas o varias caras, ser latencia y presencia de cierta ausencia, es un prototipo del Ser". Ahora bien, la carne no es solo carne del cuerpo sino carne del mundo y sí mismo y, estos tres fenómenos deben ser comprendidos simultáneamente.

A partir de los análisis precedentes Merleau-Ponty presenta la carne como: "el medio formador del sujeto y del objeto". Se trata de una dimensión originaria de la que emergen entrelazándose y diferenciándose "la carne del cuerpo" y la "carne del mundo". El autor describe estos dos

---

[27] M. Merleau-Ponty (1964:301).
[28] M. Merleau-Ponty (1964:184).

fenómenos como convergentes y simultáneos. La carne del mundo se caracteriza por lo sensible que no accede a la condición de sintiente. pero no es un objeto, al modo de la mera cosa (*blosse Sache*) es una expresión parcial y segunda. La carne del mundo no debe ser comprendida como el ser-en-sí, es decir, el ser idéntico a sí y autosuficiente sino como el ser que contiene en sí su negación. Hay una "universalidad de lo sensible" por la que lo particular "precisamente en el interior de su particularidad [...] y gracias a ella [...] se convierte en un universo o un *elemento*". Esta generalidad inherente a las cosas es solidaria con su inserción dentro de un campo de latencia:

> Así es como lo sensible me inicia en el mundo, como el lenguaje en el otro; por sobrepujamiento, *überschreiten*. La percepción no es primariamente percepción de cosas, sino percepción de elementos (agua, aire ...), de *rayos del mundo*, de cosas que son dimensiones, que son mundos, me deslizo desde lo 'subjetivo' hacia el Ser.[29]

De esta manera una manifestación de la sensorialidad tiene una "función ontológica" porque se supera a sí misma y puede representar todas las cosas. Un color, por ejemplo, se abre sobre el mundo y todos los demás sentidos, "y forma con ellos un solo Ser", es a la vez una cosa y el "título de un mundo": "El 'Mundo' es este conjunto en que cada 'parte', cuando se la toma por sí misma, abre súbitamente dimensiones ilimitadas –se convierte en *parte total*". El mundo se transforma en parte total cuando al ser considerada cada una de sus partes en sí misma, repentinamente da paso a dimensiones ilimitadas. Así, una cosa es dimensión cuando, más allá de su de su ahí y su ahora en el espacio y el tiempo, irradia una manera de ser que la incluye en la unidad de una experiencia típica.

Antes de continuar con el análisis de la noción de carne, es necesario considerar que la reversibilidad, que Merleau-Ponty describe como circularidad, entrecruzamiento, quiasmo y acto de dos caras (ver-ser visto, hablar-escuchar, percibir-ser percibido), es la nota decisiva de la carne y nos hace pertenecer al mismo mundo, un mundo que no es proyectivo, sino que logra su unidad a través de "incomposibilidades" como, por ejemplo, la del intercambio yo-mundo, cuerpo fenoménico-cuerpo objetivo, videntevisible, ego-alter ego. El entrelazo es un motivo ornamental compuesto de elementos enlazados y cruzados unos con otros. El quiasmo es una figura con dos líneas cruzadas como la letra χ. Con estas metáforas se indican las limitaciones de una actitud analítica en razón de la compenetración de momentos en lo analizado. La reversibilidad de la carne es otro indicio del abandono, por parte de Merleau-Ponty, del modelo de la intencionalidad, ni el cuerpo, ni el otro, ni el mundo, admiten ser descriptos sobre el modelo de la correlación de la conciencia y sus objetos, o de la noesis y del noema.

---

[29] M. Merleau-Ponty (1964:271).

"[...] toda la conciencia es conciencia de alguna cosa o del mundo, pero esa *alguna cosa*, ese *mundo*, no es [...] un objeto que es lo que es, exactamente ajustado a los actos de la conciencia. La conciencia, es el "alma de Heráclito" y el Ser, que está alrededor de ella [...], es un Ser onírico, por definición, oculto [...] [30]. En la reversibilidad de los momentos de lo sintiente y lo sensible, el cuerpo nos instala en el corazón de las cosas y convierte las cosas en carne. Así, el cuerpo pertenece al orden de las cosas y el mundo es carne universal: "[...] las cosas son la prolongación de mi cuerpo y mi cuerpo es la prolongación del mundo; por medio de él el mundo me rodea"[31].

Concluyamos con una reflexión acerca de la carne como elemento. La carne es un elemento como el agua, el aire, la tierra o el fuego del cual hablaron los primeros griegos y que era para ellos no cosas en sí mismas sino *rizómata*, raíces de todas las cosas. En tanto que elemento la carne es eso que entra en la composición de todo y que hace que todo sea eso que es pero que, por esta misma razón, no aparece nunca a nadie. La carne es no una cosa particular, individual, sino cosa general, la esencia o el estilo de toda cosa. Ella es como una suerte principio encarnado, no existe aquí y ahora, sino es más bien la posibilidad del donde y del cuando. No es hecho sino facticidad de todo hecho, eso que hace que el hecho es hecho. Al mismo tiempo ella hace aparecer un sentido. Al ser medio formador del objeto y del sujeto, la carne es nuestro medio y nuestro elemento como se dice del agua que ella es el elemento de los peces. Para el pez, el agua es un universo de profundidad en el que el vive y donde se encuentra con otro ser de su especie, pero como la carne es para el pez la posibilidad de toda presencia, no es ella misma una cosa presente. Siendo el medio de su vida, el agua es eso que el pez no ve, que esta para él en todas partes y en ninguna. Del mismo modo la carne es ese elemento que nos reúne con las cosas y que hace que el cuerpo sintiente y la cosa sentida sean compatibles en un mismo universo, que es latencia y profundidad y posibilidad de toda presencia y que por esta razón, no es nunca elle misma presente, visible. Se ve así que la carne es, como dice Merleau-Ponty, el prototipo del ser que ella es lo originario, lo elemental, la matriz de todo lo que existe un único espacio que separa y que reúne, que sostiene toda cohesión.

Según la opinión de Madison, la similitud de la ontología de Merleau-Ponty con el pensamiento mítico-*poietico* y cosmogónico en general es sorprendente. En la mitología griega, la madre común de los dioses y de los hombres es la Tierra., y su ser de indivisión. El momento de emergencia del mundo es a menudo concebido como un proceso de diferenciación o de segregación por donde ese ser indiviso se escinde en el interior de él mismo y se desdobla. Para Merleau-Ponty el acontecimiento de la diferencia se

---

[30] M. Merleau-Ponty (2000:281).
[31] M. Merleau-Ponty (1964:308).

hace sobre el fondo del Ser polimorfo, más precisamente, sobre el fondo del *hómon en pánta*, a la vez uno y todo[32].

Bibliografía

Husserl, E. (1968) "Grundlegende Untersuchungen zum phänomenologischen Ursprung der Räumlichkeit der Natur", en *Philosophical Essays. In Memory of Edmund Husserl*, Marvin Farber (ed.), New York, Greenwood Press.

Mársico, C. (2010) *Zonas de tensión dialógica. Perspectivas para la enseñanza de la filosofía antigua*, Buenos Aires, del Zorzal.

Mársico, C. (2013) "Zonas de tensión dialógica. Los socráticos y el pensar situado", en N. Cordero (ed.) *El filósofo griego frente a la sociedad de su tiempo*, Buenos Aires, Rhesis.

Merleau-Ponty, M. (1945) *Phénoménologie de la perception*, Paris, Gallimard.

Merleau-Ponty, M. (1960) *Signes,* Paris, Gallimard.

Merleau-Ponty, M. (1964) *Le visible et l'invisible*, Paris, Gallimard.

Merleau-Ponty, M. (1968) *Résumés de cours. Collège de France 1952-1960*, Paris, Gallimard.

Merleau Ponty, M. (1969) *Le prose du monde*, Paris, Gallimard.

Merleau-Ponty, M. (1995) *La Nature. Notes. Cours du Collège de France*, Paris, Seuil, 1995

Merleau-Ponty, M. (1996) *Notes de cours 1959-1961*, Paris, Gallimard.

Merleau-Ponty, M. (1998) *Notes de cours sur «L'Origine de la Feometrie de Husserl» suivi de Recherches sur la Phenomenologie de Merleau-Ponty*, Paris, PUF.

Merleau-Ponty, M. (2000) *Parcours Deux*, 1951-1961, Paris, Verdier.

Rabanaque, L. (2001) "El papel de la cenestesia en la constitución de la tierra como suelo de experiencia, en *Escritos de Filosofía*, 39-40, Buenos Aires, Academia Nacional de Ciencias.

---

[32] M. Merleau-Ponty (1964:270).

Del reconocimiento al aprendizaje.
Ideas y reminiscencia platónicas en la "imagen del pensamiento" de Gilles Deleuze

Axel Cherniavsky

La reflexión entorno a la "imagen del pensamiento" constituye uno de los ejes mayores de la filosofía deleuziana. Se empieza a elaborar en *Nietzsche y la filosofía* (1962)[1] y *Proust y los signos* (1964)[2], se presenta exhaustiva y sistemáticamente en *Diferencia y repetición* (1969)[3], y luego será objeto de reiteradas aplicaciones a distintos campos, como el de la política en *Mil mesetas* (1980)[4], el del cine en *La imagen-tiempo* (1985)[5], y finalmente el de la filosofía misma en *¿Qué es la filosofía?* (1991)[6]. Por "imagen", en la expresión "imagen del pensamiento", no hay que comprender, en principio, algo demasiado literal. Deleuze se refiere a una cierta visión del pensamiento, una concepción de lo que es el pensar, una noción de lo que significa pensar. Habría una "imagen clásica del pensamiento", dogmática o moral, según las distintas denominaciones de Deleuze, que consistiría, entre otras cosas, a reducir el pensar al reconocer, y una "nueva imagen del pensamiento", que sería la que construye el propio Deleuze para revocar la clásica, con el objetivo de darle otro sentido, otra función y otro valor al pensamiento.

En el marco de la imagen clásica del pensamiento, pensar es *un ejercicio natural*. Basta con que el pensador se disponga a realizarlo, pues su pensamiento está naturalmente capacitado para buscar y encontrar la verdad. Es lo que dejan entrever las célebres fórmulas aristotélica y cartesiana, "Todo el mundo tiene, por naturaleza, el deseo de conocer" y "el buen sentido es la cosa mejor repartida del mundo". Visto que el origen del pensamiento es natural, el *error*, la confusión de lo verdadero con lo falso, es de alguna manera lo peor que puede ocurrirle al pensamiento. Llamar "Teodoro" a Teeteto o afirmar que "7+5=13". Pero basta un *método* para conjurarlo. Sintético o analítico, el método será lo que asegure la buena vía al pensamiento, lo que conjure el error, lo que impida que la buena

---

[1] Deleuze, G., (1962:118-127).
[2] Deleuze, G., (1964:115-127).
[3] Deleuze, G., (1968:169-218).
[4] Deleuze, G. y Guattari, F., (1980:464-470).
[5] Deleuze, G., (1985:203-206).
[6] Deleuze, G. y Guattari, F (1980:132).

naturaleza del pensar se pervierta. Las facultades se verán así en *armonía*: el entendimiento podrá aunar los datos diversos que la percepción le presente, la imaginación podrá esquematizar esos datos para que sean subsumidos bajo un concepto, y la razón podrá operar con conceptos bien arraigados en la experiencia. El producto del conocimiento, de su progreso lineal y de su acumulación metódica será el *saber*, un saber universal y necesario.

La nueva imagen del pensamiento se opone punto por punto a esta caracterización: a su origen, a su destino, a sus medios. Por empezar, cree Deleuze, no basta con ponerse a pensar para pensar, por así decirlo. No basta con predisponerse, ni siquiera con desearlo. El pensar, el verdadero pensamiento, acaece cuando el pensador, que todavía no merece tal nombre, se enfrenta con algo desconocido, imposible de ser reconocido, con algo que lo confronta a su propia incapacidad para pensarlo, a la impotencia de su pensamiento en el fondo, y que ni siquiera merece el nombre de "algo" porque no podemos decir que ya haya sido subsumido bajo la categoría de "objeto". Ante una tal presencia, las facultades no trabajan en armonía, sino que se desarreglan, cada una de ellas confrontada a su límite, llamada a superarse. Lo sublime en Kant, es sin duda el antecedente de una forma posible (la imaginativa) de esta imagen del pensamiento: la imaginación es confrontada a un material sensible que, ya sea por su dimensión, ya sea por su fuerza, es incapaz de asir. Consecuentemente, visto que el entendimiento no busca naturalmente lo verdadero y que las facultades no se hallan naturalmente en estado de armonía, ni el método alcanza para conjurar el error, ni el error es la única forma negativa del pensamiento. Hay cosas más graves, cree Deleuze: la vileza, por ejemplo, la mala fe, la *bêtise*, en su doble acepción, como animalada y estupidez. Rara vez los matemáticos, ejemplifica Deleuze, discuten sobre la verdad o falsedad de una solución. En general discuten sobre distintas verdades: sobre su elegancia, su economía, su interés. El nuevo elemento del pensamiento no es la verdad y la falsedad, sino la *importancia* o *futilidad*, el interés o el carácter ininteresante de una idea. La negatividad que el pensamiento ha de temer no es el error o la falsedad, sino las malas verdades, inútiles o malvadas, *bêtes*, peligrosas especulativa o moralmente, irrelevantes práctica y teóricamente. Desde luego, contra estos riesgos, el método no será suficiente, y Deleuze opondrá a él una *cultura* como un adiestramiento más violento y más abarcador, que supone más la pasividad que la actividad del pensador, una impotencia más que una potencia. Su fruto no será el saber, sino el *aprendizaje*, como génesis del pensamiento en el pensamiento, como construcción del verdadero pensar en el pensar ordinario. Aprender no será reconocer un cuadrado cuando se nos muestre un cuadrado en el piso, sino propiamente descubrir.

Es cierto que frecuentemente admitimos la importancia del aprendizaje, afirma Deleuze, pero no dejamos de considerarlo como un movimiento preparatorio al saber. "Aprender no es más que el intermediario entre no-saber y saber."[7] Incluso en Hegel el formidable aprendizaje al que asistimos en la *Fenomenología* permanece subordinado al ideal del saber como saber absoluto. Pero una vez más, en este caso, dice Deleuze, "Platón es la excepción"[8]. "Pues, con él, aprender es verdaderamente el movimiento trascendental del alma, irreducible tanto al saber como al no-saber. (...) Por eso las condiciones están determinadas por Platón bajo la forma de la *reminiscencia*, y no del innatismo. Un tiempo se introduce en el pensamiento..."[9] Con el mito de la reminiscencia, Platón habría introducido el tiempo en el pensamiento. Y la introducción del tiempo en el pensar habría contribuido a la formación de una nueva imagen del pensamiento, aquella que tiene como resultado el aprendizaje, por oposición al saber. Gracias a la reminiscencia, Platón habría concebido el pensar como un proceso paulatino, como una búsqueda progresiva e incierta.

Ahora bien, ¿debemos creer en las palabras de Deleuze y admitir que la *anámnesis* es una forma de introducir el tiempo en el pensamiento? Incluso aceptando esto, es posible preguntar: ¿de qué clase de tiempo se trata? ¿Se trata efectivamente del tiempo solicitado por la filosofía de Deleuze, de un tiempo heterogéneo y cambiante, diferente de sí, tal como la *durée* de Bergson? Los problemas no sólo conciernen a los contenidos del tiempo, cambiantes o estables, sino también a su forma. En la cita anterior Deleuze considera a la reminiscencia como un movimiento *trascendental* del alma. ¿Pero en qué se apoya para conferirle al proceso rememorativo este estatus trascendental? ¿Por qué no pensar que la operación es de orden empírico? Todas estas preguntas, en el fondo, pueden agruparse en el siguiente problema: *¿en qué medida el imaginario platónico de la vida* post mortem, *en lo que concierne al mito de la reminiscencia, se proyecta en la reflexión deleuziana de manera a proveer un elemento válido para la construcción de una nueva imagen del pensamiento?*

Según Francis Wolff, el texto platónico tiene un lugar "inestable" en la filosofía de Deleuze: "inaugura y rompe, todo al mismo tiempo, y ello no sin oscilaciones, ambigüedades y conflictos –entre el propio platonismo y su otro..."[10] El texto platónico sería el origen de graves malentendidos filosóficos, pero al mismo tiempo proveería elementos para su propia superación, tanto en el marco de la ontología como en el de la teoría del conocimiento. Es que en el fondo, los dos campos, se presuponen recíprocamente. Tanto cuando Deleuze se refiere a las formas platónicas como modo de ser como cuando se remite a ellas en función del conocimiento, lo que está en juego, es el concepto de diferencia. *Diferencia y repetición* tiene dos objetivos: conceptualizar una verdadera diferencia y diferenciar el concepto, por así decirlo. Se trata de pensar una verdadera

---

[7] Deleuze, G. (1968:215)
[8] *Ibid.*
[9] *Ibid.*
[10] Wolff, F., (1994:174).

diferencia, es decir, una diferencia que no recurra a los conceptos de identidad o de semejanza para pensarse. Pero para lograrlo, al mismo tiempo, debemos forjar un nuevo concepto de concepto, un concepto diferente, para que la tarea sea posible. Como es costumbre en filosofía, ya sea que la argumentación parta del ser y se dirija al conocimiento, ya sea que parta del conocimiento y se dirija hacia el ser, ambos términos van a estar íntimamente imbricados en el sentido de que la teoría de las facultades, del método, de los conceptos como productos de estas facultades, van a tener que poseer las mismas notas de aquello que se quiere conocer.

Francis Wolff considera ambos campos entonces, y respecto de los dos afirma que el texto de Platón es inestable. Pero a la hora de considerar el segundo de ellos, la teoría del conocimiento que concierne a la imagen del pensar, no examina el rol específico de la reminiscencia. Es lo que haremos nosotros tras presentar este marco general en el que ella aparece, a saber, la apropiación que realiza Deleuze de la ontología platónica y de su teoría del conocimiento. De todos modos, observaremos cómo la tesis de Wolff es confirmada en la medida que el mito de la *anámnesis* presenta una inestabilidad consecuente. Esta inestabilidad de la reminiscencia, en cuanto a sus contenidos, nos conducirá a responder las preguntas formuladas anteriormente con una hipótesis al mismo tiempo crítica y conciliadora: *no sólo el tiempo de la reminiscencia no es el que Deleuze precisa por razones que él mismo provee, sino también por algunas que no considera; lo que no quita que, privilegiando otros fragmentos, acentuando otros pasajes, el mito hubiese sido apropiable de maneras más productivas por la propia reflexión deleuziana.*

***

¿En qué sentido la lectura de Deleuze vuelve inestables a los textos platónicos a nivel ontológico? Y antes, ¿a qué nos referimos cuando hablamos de ontología en el marco de la apropiación deleuziana de la teoría de las ideas? En su famosa "Historia de un error", Nietzsche sentenciaba: "El mundo verdadero ha sido destruido por nosotros: ¿qué mundo queda?, ¿el aparente tal vez?... ¡En absoluto! Con el mundo verdadero hemos destruido también el aparente."[11] El blanco de la sentencia es la división platónica entre el ámbito de lo inteligible y el ámbito de lo sensible. Y su sentido es que, anulado el mundo inteligible, no subsiste un mundo sensible sin fundamento, una copia sin modelo, sino que la propia división se desbarata, dejando un solo mundo, un único mundo, ni copia ni modelo. Dicho esto, Isabelle Ginoux afirma "justamente, la singularidad (…) de la lectura deleuziana de Platón aparece cuando, a diferencia de la de Nietzsche, Deleuze nos invita a ver en Platón un personaje bifronte cuya

---

[11] Nietzsche, F., (1998:56).

ambivalencia se aparenta a la de un *hármakon* que contiene el remedio no menos que el veneno de la metafísica..."[12] En efecto, cuando Deleuze define la misión de la filosofía contemporánea como *renversement* del platonismo[13], irá a buscar los primeros indicios de este *renversement* en la propia filosofía de Platón. La ambivalencia de Ginoux duplica así de alguna manera la inestabilidad de Wolff. Ahora bien, ¿a qué se refiere Deleuze con el *renversement* del platonismo? La ontología de Platón, comprendida como división entre ideas y copias y como identificación del ser, del verdadero ser con la idea, se revela a los ojos de Deleuze doblemente nociva para pensar lo que es. Por un lado, porque al considerar al verdadero ser como forma, se le atribuyen los caracteres de la estabilidad, de la inmutabilidad, de la identidad a sí, de la eternidad. Por otro, porque al pensar el devenir a partir de la idea, al propio devenir se lo vacía del cambio, del movimiento, de la diferencia de sí. Heredero del monismo bergsoniano, Deleuze quiere pensar un mundo que en primer lugar sea uno, y que, luego, esté constituido por la heterogeneidad, por el cambio, por procesos de diferenciación, pero en estado puro, no subordinados a una trascendencia, ya sea bajo la forma de la idea, ya sea bajo la forma del más allá, que los reduzca a alguna forma de semejanza entre idénticos. Así, *renversement* del platonismo no significará ni la anulación de algunos de los dos ámbitos, sensible e inteligible, ni la inversión de ambos. No se trata de pensar un mundo de copias sin modelo, ni de modelos sin copias, ni tampoco de quitarle al modelo sus viejos privilegios para otorgárselos a la copia. Se trata de *voltear* la lógica entera de la copia y del modelo, para pensar un mundo único constantemente diferenciado respecto de sí. Pero el punto de este *renversement* sobre el que Ginoux llama la atención es que sucede ante todo en la filosofía propia de Platón. "La verdadera distinción platónica se desplaza y cambia de naturaleza: no está entre el original y la imagen, sino entre dos tipos de imágenes. No está entre el modelo y la copia, sino entre dos tipos de imágenes *(ídolos)*, cuyas copias *(íconos)* no son sino la primera clase, estando la otra constituida por los simulacros *(fantasmas)*."[14] Platón no sería sólo el culpable de legar a la filosofía una división entre modelo y copia que hipotecaría el pensamiento de una verdadera diferencia, sino al mismo tiempo el responsable de su propia superación, mediante una distinción entre tipos de copias: las copias propiamente dichas, íconos, y esas copias sin modelo, que ya no merecen el nombre de copias, fantasmas o simulacros. "Pues el simulacro o fantasma no es simplemente una copia de copia, una semejanza infinitamente estirada, un ícono degradado. El simulacro es precisamente una imagen (...) desprovista de semejanza; o más bien, contrariamente al ícono, puso la semejanza en lo exterior, y vive

---

[12] Ginoux, I., "Platon", en Leclercq, S., *Aux sources de la pensée de Gilles Deleuze I*, París, Sils Maria y Vrin, París – Bruselas, 157.
[13] Deleuze (1968:82).
[14]*Ibid.*, 166.

de la diferencia."[15] Con la noción platónica de fantasmas o simulacros diferentes, Deleuze desajusta la distinción también platónica entre un mundo subordinado de copias semejantes y un mundo subordinante de modelos idénticos. Toma la primera para pensar un mundo único, sin duplicaciones, constituido de una diferencia pura, de un devenir sin homogeneidad, de un continuo sin identidad. Sin duda por eso afirma: "Encontramos quizá aquí el punto más esencial del platonismo y del anti-platonismo, del platonismo y del *renversement* del platonismo, su piedra de toque."[16]

De acuerdo con Reiner Wiehl[17], los móviles de la crítica de Nietzsche al platonismo son de orden ético y moral. En efecto, Nietzsche lee la distinción platónica de dos mundos como una depreciación del único mundo que es el nuestro en beneficio del mundo, en realidad ilusorio, de las ideas. La transmutación de los valores no significa la inversión del Bien y el Mal, sino la sustitución de un Bien con mayúscula como Idea trascendente a un bien con minúscula entendido como lo bueno relativo a cada uno en cada caso. Sin duda, la crítica de Deleuze obedece a las mismas razones, puesto que lo que subyace a lectura de la ontología platónica, es una nueva forma de selección: ya no en función de un ideal que funciona como modelo externo para los aspirantes, sino a partir de una potencia intrínseca a ellos. No es el caso, no obstante, para lo que concierne a la imagen del pensamiento, en donde las cuestiones abordadas son de orden estrictamente gnoseológico.

> 'Hay en las percepciones ciertas cosas que no invitan al pensamiento a un examen, porque la percepción alcanza para determinarlas, y hay otras que lo comprometen totalmente con este examen, en tanto la percepción no ofrece nada sano. – Hablas evidentemente de las cosas que aparecen de lejos y de las pinturas en perspectiva. – No has captado del todo lo que quiero decir...' Este texto distingue dos clases de cosas: las que dejan el pensamiento tranquilo, y (Platón lo dirá más lejos) las que *fuerzan* a pensar. Las primeras son los objetos de la recognición. (...) El pensamiento no se llena más que con una imagen de sí mismo, en donde se reconoce tanto como reconoce a las cosas: es un dedo, es una mesa, hola Teeteto. (...) Todas las verdades de esta clase son hipotéticas, puesto que son incapaces de hacer nacer el acto de pensar en el pensamiento. (...) Lo que es primero en el pensamiento, es la efracción, la violencia, es el enemigo...[18]

Al leer el libro VII de la *República*[19], Deleuze encuentra dos cosas: una que va a situar a Platón como uno de sus precursores, otra que lo va a

---

[15] *Ibid.*, 167.
[16] *Ibid.*, 165.
[17] Wiehl, R., (1995:45).
[18] Deleuze (1968:181).
[19] 523b-525a.

situar como un oponente. La segunda es la teoría de las ideas como origen del concepto de representación. "Hay en las percepciones ciertas cosas que no invitan al pensamiento a un examen, porque la percepción alcanza para determinarlas..." Son las cosas que reconocemos gracias a las ideas. Una mesa, un dedo, una bella yegua o una bella mujer. De alguna manera, hacemos abstracción de sus diferencias, con las otras cosas y consigo mismas, hacemos abstracción de su envejecimiento o de su crecimiento, y las reconocemos, las identificamos, es decir, las determinamos como idénticas. Pero en el marco de esta teoría general, Deleuze va a encontrar otro grupo de cosas, que remiten a otra teoría, a otra imagen del pensamiento, a otra concepción de lo que significa pensar. Son esas cosas que, irreconocibles, inidentificables, violentan al pensamiento y lo fuerzan a pensar. "Lo que es primero en el pensamiento, es la efracción, la violencia, es el enemigo..." Por este motivo, decimos que en lo que respecta a la teoría del conocimiento, el texto platónico también es inestable. Deleuze halla en él algo que combatir y algo que recuperar. Eso que combate es todo lo que deja tranquilo al pensar, a saber, todo aquello que hace equivaler al pensar con el reconocer o el identificar. Eso que quiere recuperar, es todo lo que permite ver en el pensar algo más que el reconocer o el identificar, un movimiento más intenso, descubrimiento o creación de ideas. Inclinándose más por condenarlo que por salvarlo, Deleuze va a escribir: "Platón, que escribió el texto de *La República*, fue también el primero en construir la imagen dogmática y moralizante del pensamiento, que neutraliza este texto y no lo deja funcionar más que como un 'arrepentimiento'"[20].

Tanto en materia ontológica como en materia gnoseológica, descubrimos entonces un Platón "inestable" que, al mismo tiempo que se supera se arrepiente, y al mismo tiempo que inspira, bloquea la inspiración. El aporte platónico, tanto para la construcción de una crítica a la imagen dogmática del pensamiento como para la elaboración de una nueva imagen del pensamiento, se precisa luego con su imaginario del mundo *post mortem*. La lectura deleuziana de la teoría de la reminiscencia, veremos, estará dotada de la misma ambigüedad.

***

Antes de considerar esta lectura, intentemos presentar la teoría en su estado bruto, o al menos previo a la apropiación deleuziana. Las exposiciones más extensas se presentan en *Menón* 80d-86c y en *Fedón* 72e-76d. Luego, Platón se refiere a ella sin duda implícitamente en *Fedro* 249b, y se considera su proceso en *Filebo* 34b-c y en *Leyes* V 732b. Los contextos de las dos presentaciones mayores son muy distintos, pero no obstante movilizan los mismos elementos. Cada una de ellas presentará para nosotros

---

[20] Deleuze (1968:185).

un interés distinto. En el *Fedón* la teoría de la reminiscencia aparece como un argumento para probar la inmortalidad del alma. "He aquí donde estamos, Simias, retomó Sócrates: si esas cosas que tenemos siempre en la boca, lo bello, el bien y todas las esencias de esta naturaleza existen realmente, si remitimos todo lo que viene de los sentidos a estas cosas que parecen existir antes que nosotros y pertenecernos propiamente, y, si lo comparamos a ellas, es necesario que, como ellas existen, nuestra alma exista también y antes que nuestro nacimiento..."[21] Estrictamente, la teoría de la reminiscencia es utilizada para probar la existencia prenatal de nuestra alma. Pero, como objeta Simias, no alcanza para probar que el alma exista después de la muerte. La segunda parte de la prueba recurre a otro argumento, aquel por el cual todo lo que vive nace de lo que está muerto. El problema que se desea resolver en el *Menón* es de otro orden. En lo relativo a la cuestión del aprendizaje, Menón llega a una aporía de orden prácticamente metodológico: ¿cómo podemos buscar aquello que no conocemos? Si no lo conocemos, no sabremos ni por donde empezar a buscarlo; y si sabemos por donde empezar a buscarlo, es porque aparentemente no se trataba de algo tan desconocido. La construcción de la aporía depende enteramente del sentido que le damos a este "tan" y reposa en definiciones expresamente rígidas de lo que es buscar, saber y conocer. La teoría de la reminiscencia intervendrá para de alguna manera suavizar la rigidez de estas categorías. En efecto, eso que no conocemos no es algo absolutamente desconocido sino olvidado y eso que buscamos no es algo que será enteramente descubierto sino recordado. El olvido y el recuerdo operan como zonas grises entre el desconocer y el aprender, permitiendo el pasaje de un polo a otro. Un contexto y otro, indican desde ahora que es lo que la filosofía de Deleuze puede valorizar en cada caso: cuestiones relativas al tiempo y la inmortalidad para el caso del *Fedón*, cuestiones relativas al aprendizaje y al pensamiento para el caso del *Menón*.

Consideremos ahora sí entonces la apropiación deleuziana de la teoría de la *anámnesis*. Su principal aporte, según el filósofo francés, es que introduce el tiempo en el pensamiento.

> Introducir el tiempo en el pensamiento como tal, ¿es exactamente este sin embargo el aporte prestigioso de Kant? Pues parecía que la reminiscencia platónica ya tenía este sentido. El innatismo es un mito, no menos que la reminiscencia; pero es un mito de la instantaneidad, por eso es conveniente para Descartes. Cuando Platón opone expresamente la reminiscencia al innatismo, quiere decir que éste representa solamente la imagen abstracta del saber, pero que el movimiento real del aprender implica en el alma la distinción de un 'antes' y un 'después', es decir la introducción de un tiempo primero para olvidar lo que hemos sabido, puesto que nos sucede en un tiempo segundo de encontrar lo que hemos olvidado.[22]

---

[21] *Fedón*, 76c-77a.
[22] Deleuze (1968:118).

La reminiscencia parece ser entonces una pieza clave para la constitución de una nueva imagen del pensamiento, en tanto lo desliga de un saber ya constituido, constituido en la eternidad, y lo vincula a un tiempo, el tiempo de la superación del desconcierto o de la aporía. Ahora bien, ¿de qué tiempo se trata? ¿Se trata de un tiempo empírico, el tiempo de un alumno para memorizar un poema o del tiempo de un matemático para resolver una ecuación? Cuando Deleuze afirma que la reminiscencia introduce el tiempo en el pensamiento "como tal", y cuando se refiere al movimiento "real" del aprendizaje, por "real" está entendiendo "trascendental" y, por pensamiento "como tal", las condiciones de posibilidad del pensamiento efectivo.

> Con él [Platón], aprender es verdaderamente el movimiento trascendental del alma, irreducible al saber tanto como al no-saber. Sobre el 'aprender' y no sobre el saber, deben ser tomadas las condiciones trascendentales del pensamiento. Por eso las condiciones son determinadas por Platón bajo la forma de la *reminiscencia*, y no del innatismo. Un tiempo se introduce así en el pensamiento, no como el tiempo empírico del pensador sometido a condiciones de hecho, y para quien pensar toma tiempo, sino como el tiempo del pensamiento puro o condición de derecho.[23]

Platón sería el precursor de Kant y el enemigo de Descartes en tanto habría descubierto que el tiempo es una forma trascendental del pensamiento. No pensamos con ideas innatas, sino con el tiempo, con la memoria y el olvido. Por supuesto, el tiempo de la reminiscencia no implica que intuyamos los fenómenos como dotados de una extensión temporal, como es el caso con la forma *a priori* de la sensibilidad kantiana. Pero a juicio de Deleuze, un tiempo es condición de posibilidad del pensamiento, el tiempo en el que recordamos la idea. *Con el mito de la reminiscencia Platón habría contribuido a reemplazar el producto del falso pensar, el saber, por el proceso del verdadero, el aprender.*

Ahora bien, justamente como el objeto de la reminiscencia es la idea, una forma idéntica e inmutable, Deleuze pasa de una consideración positiva a una consideración negativa del mito, confirmando una vez más la inestabilidad del texto griego. La cita anterior continuaba de la manera siguiente: "Lo hemos visto, el tiempo platónico no introduce su diferencia en el pensamiento, y el aprendizaje, su heterogeneidad, más que para someterlas una vez más a la forma mítica de la semejanza y de la identidad, es decir a la imagen del saber mismo. A tal punto que toda la teoría platónica del aprendizaje funciona como un 'arrepentimiento', aplastada por la imagen dogmática naciente..."[24] Lo que quiere decir Deleuze es que no basta con introducir un tiempo en el pensamiento. Debemos atender a que

---

[23] *Ibid.*, 216.
[24] *Ibid.*

no se trate de cualquier tipo de tiempo. El tiempo que desea Deleuze introducir no sólo en el pensamiento, sino en la sustancia de las cosas, es la *durée* bergsoniana que se define por tres notas: la continuidad, la heterogeneidad y la sucesión. En tanto consideremos las cosas bajo el tiempo de la física, de los ciclos de la naturaleza, de los relojes, éstas no podrán presentarse a nosotros como novedades, como sorpresas, como singularidades, sino que lo harán como fenómenos cuantificables, semejantes entre sí y todos ellos a un modelo idéntico. Deleuze desea considerar las cosas como diferenciadas, como diferentes de sí y, para ello, debe introducir un tiempo en el pensamiento, pero un tiempo heterogéneo, creador. Porque Platón realiza lo primero, es objeto de alabanzas: es mejor un pensamiento temporalmente organizado, pues ya es considerado como aprendizaje, que un pensamiento instantáneamente organizado, organizado según el innatismo, que equivale al saber. Pero una vez introducido el tiempo en el pensamiento, para permitir que algo fuerce a pensar, para permitir que algo violente al pensar y lo confronte con su impotencia, ese tiempo debe ser heterogéneo. No es el caso para el tiempo que introduce Platón: "¿Bajo qué forma la reminiscencia introduce el tiempo? Incluso para el alma, se trata de un tiempo físico, de un tiempo de la *Phýsis*, periódico o circular, subordinado a los acontecimientos que pasan en él o a los movimientos que mide, a los avatares que lo escanden."[25] Por lo tanto, la reminiscencia será luego objeto de la crítica que concierne a la imagen dogmática del pensamiento en general.

> Es sólo en apariencia que la reminiscencia rompe con el modelo de la recognición. Se satisface más bien con complicar el esquema: mientras que el reconocimiento versa sobre un objeto perceptible o percibido, la reminiscencia versa sobre otro objeto, que suponemos estar asociado al primero más bien implicado por él, y que requiere ser reconocido por sí mismo independientemente de una percepción distinta. (…) Así, todo es traicionado: primero, la naturaleza el encuentro, en tanto que no propone a la recognición un desafío particularmente difícil…[26]

Lo que encontramos por medio de la reminiscencia no es la novedad, lo desconocido, la diferencia, sino todo lo contrario, lo idéntico, lo inmutable, la idea. Es en este sentido que Dominique Bergen va a afirmar: "el tiempo puesto en el pensamiento por la reminiscencia se subordina a un fundamento ideal increado: la reminiscencia es un medio para alcanzar la idea"[27].

A favor de Deleuze, podemos decir que efectivamente, al menos en la presentación del *Fedón*, la reminiscencia, que concierne a cosas tanto semejantes como desemejantes, concierne a cosas semejantes o

---

[25] *Ibid.*, 118-119.
[26] *Ibid.*, 185.
[27] Bergen (2001: 240).

desemejantes en relación a lo igual en sí, a la igualdad de la forma[28]. Por otra parte, en el *Menón*, el conocimiento que tiene el esclavo, ese conocimiento que recuerda, ¿no hace falta que lo tenga desde siempre?, pregunta Sócrates[29]. La reminiscencia, en este sentido, parece más vinculada con la eternidad que con el tiempo. De hecho, a continuación, se hace de ella el argumento para probar la inmortalidad del alma. En los términos de Rhode: "No por atravesar varios cuerpos, el alma deja de ser eterna".[30] *Siendo la eternidad y la identidad a sí dos características de las formas presentes en la teoría de la reminiscencia, podemos comprender que Deleuze, tras haber reconocido su aporte, lo limite señalando que el proceso no basta para fundar una imagen del pensamiento en donde éste es confrontado a la diferencia y a lo temporal, entendiendo el tiempo como cambio.*

Por otra parte, si observamos el desarrollo del proceso rememorativo en el *Menón*, tendremos la sensación de que por momentos se asemeja notablemente a una operación deductiva o inferencial. Tal es el caso cuando Sócrates le pregunta al esclavo si a partir de una línea dos veces más larga no se obtiene un espacio dos veces más grande[31], o cuando le muestra que una cosa cuatro veces más grande que otra no es el doble más grande sino el doble del doble[32]. De hecho, el término griego es *epídeixis*, demostración, y Monique Canto-Sperber no duda en referirse a las "inferencias" de Sócrates[33]. Dicho esto, ¿qué clase de tiempo introduce la deducción en el pensamiento? ¿Introduce un tiempo en el pensamiento? Tradicionalmente, la filosofía ha ligado la operación lógica mucho más a la eternidad que al tiempo. Este carácter deductivo del aprendizaje socrático, parece así respaldar la crítica deleuziana que sostiene que se trata de un tiempo circular, cíclico, del tiempo de la *phýsis*, de un tiempo homogéneo, mucho más que del cambio o la transformación. Jacqueline de Romilly incluso recuerda que la existencia de ciclos, en el pensamiento griego en general y en Platón en particular, no prueba la existencia de un tiempo que vuelve, sino que más bien debe ligarse a la idea de alternancia y compensación[34]. Si efectivamente, como cree Deleuze, el tiempo de la reminiscencia es un tiempo cíclico, quizá ni merezca ser considerado propiamente como tiempo.

De todos modos, no es este el punto más relevante porque, por un lado, desde otra concepción de la temporalidad, pre-bergsoniana, el tiempo no necesariamente debería estar ligado al cambio y oponerse así a la eternidad y, por otro, es algo vago sostener sin más que la filosofía ha vinculado la actividad deductiva a la eternidad. El punto es que para Deleuze, sin duda,

---

[28] *Fedón*, 73e-74a.
[29] *Menón*, 86a-b.
[30] Rhode (1928:491).
[31] *Menón*, 82e-83a.
[32] *Menón*, 83b.
[33] Canto-Sperber (1993:271).
[34] De Romilly (1978:142-143 y 148-149).

la operación lógica no se cuenta entre aquellas que fuerzan al pensamiento, que engendran el verdadero pensar, que confrontan las facultades a su límite. Al contrario, la inferencia es posible gracias a un acuerdo entre ellas: a una sensibilidad que percibe las líneas en el piso, a una imaginación que vincula esas mismas líneas al concepto de cuadrado, a una razón que utilice ese mismo concepto de cuadrado para realizar las operaciones geométricas pertinentes. Cada facultad hace lo que debe por así decirlo, y ninguna crisis paraliza al pensamiento de manera a que tenga que intentar movimientos nuevos para comprender datos inéditos. La lógica, cree Deleuze, se denuncia a sí misma con la vulgaridad de sus ejemplos[35]. Piensa con verdad, sin duda, pero sus verdades son ininteresantes. Este es el motivo de las ironías presentadas anteriormente: "es un dedo, es una mesa, hola Teeteto". Y nuestro pasaje en cuestión cae sin duda dentro de esta crítica cuando Sócrates le pregunta al esclavo si sabe que lo que ve dibujado en el suelo es efectivamente un cuadrado. "Sí, lo sé", responde el esclavo[36], habilitando las objeciones deleuzianas: en una tal respuesta no puede jugarse la esencia del pensar, el pensar debe ser más que eso. "Un nuevo Menón diría: es el saber lo que no es nada más que una figura empírica, simple resultado que cae y recae en la experiencia, pero aprender es la verdadera estructura trascendental que une sin mediatizar la diferencia a la diferencia..."[37] Un nuevo Sócrates preguntaría al esclavo qué sentido tiene un concepto como el de un cuadrado circular, y su mayéutica no se apoyaría en procesos deductivos sino en la *Lógica del sentido*[38].

La lectura que realiza Deleuze de la teoría de la reminiscencia confirma las hipótesis de Wolff y Ginoux acerca de la "inestabilidad" o "ambigüedad" del texto platónico. Wolff consideraba dos grandes esferas: la de la ontología y la de la teoría del conocimiento. Nosotros hemos corroborado que tanto en el marco del problema del ser como del pensamiento, Deleuze halla en Platón al mismo tiempo un innovador y un traidor, por así decirlo, un arrepentimiento. Si bien distingue los simulacros de las copias, esta distinción queda subordinada a una más importante, la de las ideas tanto con los simulacros como con las copias. Si bien distingue un grupo de cosas que fuerza a pensar de otro grupo que deja al pensamiento tranquilo, somete esta distinción a la teoría de las ideas que, en su conjunto, hace equivaler el pensar a reconocer una identidad como idéntica. Era de esperarse entonces que la teoría de la reminiscencia sea objeto de la misma matriz de lectura. Pues en el fondo el problema es uno: cómo liberar la diferencia, tanto en el plano del ser como en el plano del conocer, de la

---

[35] Deleuze, G. y Guattari, F. (1991:132).
[36] *Menón*, 82b.
[37] Deleuze (1968:216).
[38] En la p. 49, Deleuze intenta hacer un lugar en el sentido para las contradicciones, las paradojas, los objetos imposibles. Se trata en efecto de ampliar el concepto de sentido de la lógica tradicional desligándolo de la verdad o la falsedad de las proposiciones.

identidad, de la semejanza, de la mismidad. La teoría de la *anámnesis*, insertándose en la cuestión más amplia de la imagen del pensamiento, en un primer momento, parece aportar elementos para reformar lo que Deleuze llama la imagen dogmática y por eso es evaluada positivamente: la reminiscencia insertaría un tiempo en el pensamiento, acercaría el pensamiento al aprendizaje, es decir, a la confrontación con algo diferente, con algo desconocido. Pero en un segundo momento, visto que lo que se recuerda es la idea, este tiempo no es un tiempo cambiante, un tiempo heterogéneo, un tiempo que lleva en sí mismo la diferencia, sino el tiempo de los ciclos, el tiempo de la eternidad, un tiempo estable y homogéneo que, por consiguiente, termina devolviendo el pensamiento a la captación de la idea como idéntica a sí, al reconocimiento de lo mismo. *Es así como en relación a la teoría particular de la reminiscencia, la inestabilidad o ambigüedad adopta la figura de lo que Deleuze llama un "arrepentimiento".* Sin duda, por otra, parte, esto es lo que distingue a sus ojos a la teoría platónica de la proustiana:

> La reminiscencia platónica tiene su punto de partida en cualidades o relaciones sensibles captadas unas en otras, tomadas en su devenir, en su variación... Pero este devenir cualitativo representa un estado de cosas, un estado del mundo que imita la Idea... Y la Idea como punto de llegada de la reminiscencia es la Esencia estable... Ya no es para nada el caso en la *Recherche*: el devenir cualitativo (...) está inscrito en un *estado de ánimo*, ya no en un estado de cosas o del mundo. (...) Es incluso la razón por la que la reminiscencia interviene: porque la cualidad es inseparable de una cadena de asociación subjetiva... Las asociaciones subjetivas, individuales, no están allí más que para ser superadas hacia la Esencia... Pero la Esencia, por su lado, ya no es esencia estable, la idealidad vista...[39]

"¿Qué es una esencia...? Es una diferencia, la Diferencia última y absoluta."[40] Lo que distingue a un proceso rememorativo del otro no es su punto de partida: no es el hecho de que un proceso parta de las cualidades sensibles de las cosas, y otro de las cualidades internas de nuestra vida psíquica, no es el hecho de que un proceso sea subjetivo y el otro subjetivo. Lo que los distingue es el punto de llegada, las distintas concepciones de la esencia: Idea en un caso, esencia estable y eterna, Diferencia en el otro, esencia moviente y cambiante. En un caso, el tiempo del pensamiento se subordina al reconocimiento de lo igual a sí; en el otro, es la sustancia misma de un proceso que nos ubica ante lo diferente. Sin duda este es el motivo por el cual, en el marco de la elaboración de una nueva imagen del pensamiento, Platón quedará finalmente relegado al rango de un falso comienzo, y Proust tomará el lugar de un verdadero precursor. A tal punto que la primera verdadera exposición de la imagen del pensamiento tiene

---

[39] Deleuze (1964:133).
[40] *Ibid.*, 53.

lugar en la conclusión de *Proust y los signos* (1965), cinco años antes de la de *Diferencia y repetición* (1969) que hace intervenir a Platón.

***

El problema de construir una crítica contra la lectura deleuziana de Platón es que justamente esta inestabilidad que tiene a sus ojos el texto funciona como un dispositivo inmunizador. En efecto, la crítica tal vez más sustanciosa, la que podría demostrar que la teoría de la reminiscencia no introduce un tiempo en el pensamiento, entendido como cambio o producción de novedad, es la que previó el propio Deleuze. Debemos encontrar otras entonces. Y estas son, a nuestro juicio, de dos órdenes: las primeras, críticas propiamente dichas, intentarán denunciar ciertos errores en la lectura deleuziana; las segundas, concernirán posibles olvidos, o más bien tratarán de desentrañar algunas posibilidades que encerraba la teoría de la reminiscencia para la propia filosofía deleuziana, pero que Deleuze no divisó, acentuando el texto de otra manera, considerando otros grupos de pasajes.

Nuestra primera objeción es de orden historiográfico. En reiteradas oportunidades, Deleuze presenta a Platón como el primero en haber introducido el tiempo en el pensamiento y, en particular, hemos visto, con anterioridad a Kant. La mera elección del término "introducción" permite presentirlo, sugiriendo que las teorías previas del pensamiento lo presentaban como atemporal. Sin embargo, es sabido que la teoría de la reminiscencia no es elaborada por el propio Platón, aunque sí adaptada. Es el mismo Sócrates quien la refiere a ciertos *iereús* y *iéreia*. Canto-Sperber explica que existen dos hipótesis al respecto: la que remite la teoría a los pitagóricos, Empédocles particularmente, y aquella que la remite a los órficos[41]. Ahora bien, ¿cuál sería la adaptación del propio Platón? Según W. K. C. Guthrie, esta habría consistido en ajustarla de manera a que las rememoraciones ya no conciernan acontecimientos ordinarios de una vida anterior, sino verdades matemáticas o morales de orden no empírico. La diferencia es especialmente elocuente, visto que parece ser justamente esta adaptación lo que hipoteca la teoría en la apropiación deleuziana. El filósofo francés podría haber recurrido a Empédocles en vez de a Platón, considerado un texto menos inestable, y un tiempo no subordinado a la idea. ¿Para qué recurrir al texto platónico, que adapta el mito de la reminiscencia a la teoría de las ideas, y rotularlo como inestable, cuando se podía recurrir a un pensamiento que no subordinaba el mito a eso mismo que vuelve el texto platónico inestable, a saber, la teoría de las ideas? Dicho esto, no obstante, el valor de las críticas de orden historiográfico es siempre relativo en filosofía porque, en definitiva, cada autor tiene el derecho a elegir sus

---

[41] Canto-Sperber (1993:250).

fuentes y a tratarlas como crea pertinente. ¿Qué más da si Deleuze prefiere trabajar con un texto que el encuentra ambiguo, justamente porque cree que la ambigüedad es un criterio de riqueza? ¿Y hasta qué punto el hecho de que Platón no sea el creador de la teoría de la reminiscencia compromete la lógica del argumento y el objeto de su crítica? Pasemos, por lo tanto, a una crítica de orden estrictamente filosófico.

Si bien Sócrates, en el *Menón*, presenta la reminiscencia como un *lógos alethés* y no como *mŷthos*[42], Cornford recuerda que en muchas otras ocasiones la forma en que se presenta el relato verdadero puede ser mítica[43]. Deleuze, por su parte, no duda en referirse a la cuestión de la reminiscencia como a un mito[44]. El asunto es relevante porque pareciera que la forma mítica permite la introducción de un cierto número de elementos empíricos que invalidarían la lectura deleuziana. Antes de presentar estos elementos, recordemos que Deleuze se interesa por la reminiscencia en tanto ésta introduciría un tiempo en el pensamiento *como tal*, un tiempo que no debe concebirse como el tiempo empírico que al pensador le toma pensar, sino como una estructura trascendental. "Con él [Platón], aprender es verdaderamente el movimiento *trascendental* del alma, irreducible al saber tanto como al no-saber. Sobre el 'aprender' y no sobre el saber, deben ser tomadas las condiciones *trascendentales* del pensamiento. Por eso las condiciones son determinadas por Platón bajo la forma de la reminiscencia, y no del innatismo. Un tiempo se introduce así en el pensamiento, no como el tiempo *empírico* del pensador sometido a condiciones *de hecho*, y para quien pensar toma tiempo, sino como el tiempo del pensamiento *puro* o condición *de derecho*."[45] Es notable cómo Deleuze diversifica las expresiones para dejar claro que se trata de un tiempo "trascendental", un tiempo "puro", condición "de derecho" del pensamiento. Sin embargo, en sus palabras, en lo que Deleuze intenta demostrar que la reminiscencia no es, podemos reconocer el texto platónico. ¿No se trata allí, acaso, justamente del tiempo empírico de un pensador avanzando paso a paso hasta dar con la verdad? En medio del proceso rememorativo[46], Sócrates hace un alto y le indica a Menón que observe cómo el esclavo está intentando rememorar lo que sigue. El término griego es *ephexês* y Canto-Sperber señala que puede significar dos cosas: o bien que la rememoración está por comenzar, o bien "en orden, una etapa luego de la otra". En un caso como en el otro, parece tratarse aquí de un tiempo bien concreto, bien perceptible, del tiempo que al esclavo le tomará comenzar o realizar la *anámnesis*. El caso es el mismo en el *Fedón*[47], en donde Sócrates explica que al nacer perdemos lo que poseíamos *antes* del nacimiento y que,

---

[42] Cornford (1982:18).
[43] *Menón*, 81a.
[44] Deleuze (1968:119, 185, 216).
[45] *Ibid.*, 216. El subrayado es nuestro.
[46] *Menón*, 82e.
[47] 75e.

después, usando nuestros sentidos, recuperamos el conocimiento que tuvimos una vez. Guthrie, comentando el texto, afirma: "se trata de un *proceso*, lleva *tiempo*, y muchos hombres nunca lo completan"[48]. Nuevamente, parece ser claro que se trata de un tiempo empírico, aunque ya no se trate aquí del tiempo mismo que toma pensar, sino del tiempo de la reencarnación que precede lo precede. Este tiempo se determina a tal punto, que cuando Platón cita a Píndaro por boca de Sócrates[49], parece fijarse en nueve años. No queda bien claro a qué refieren estos nueve años ni a partir de cuándo el tiempo se cuenta. ¿Luego de la muerte? ¿Significaría que nueve años luego de la muerte las almas son devueltas al Hades? ¿O bien a la existencia terrestre? ¿O, finalmente, fuera del ciclo de la encarnación? Por otra parte, la cita de Píndaro resulta incompatible con los textos escatológicos de la *República* y el *Fedro*. Según el segundo[50], han de pasar mil años entre un nacimiento y un renacimiento, mil años que abarcan la duración de la vida terrestre más, probablemente, los novecientos años de la purgación. Según la *República*[51], luego, los mil años parecen contarse a partir del fin de la vida terrestre y corresponder enteros al tiempo de la purgación. Más allá de las incompatibilidades y de sus posibles resoluciones, el hecho de que este lapso de tiempo pueda ser determinado numéricamente, parece situarnos irreversiblemente en el ámbito de un tiempo empírico. Por otra parte, podemos recordar que en el *Timeo*[52], se añade una explicación semicientífica de la reminiscencia en términos de los movimientos turbulentos que realiza el alma cuando es confinada de nuevo al flujo del cuerpo. Así, tanto la determinación numérica de la duración de la rememoración, como su descripción en términos psico-físicos parecen expulsarnos del ámbito de lo trascendental. En la medida que el mundo *post mortem* platónico corresponde a un imaginario, está formado de elementos empíricos y no trascendentales. No debemos confundir, en este sentido, el campo de las condiciones de posibilidad de la experiencia, con una experiencia imaginaria. El mundo *post mortem* en el que se enmarca la reminiscencia es más un una experiencia de otro mundo, con almas en tránsito y tiempos bien definidos, que un campo trascendental. Sin lugar a dudas el mundo griego otorga al mito un valor de verdad similar al que el mundo contemporáneo le confiere a la ciencia o a la filosofía. Pero este no es el núcleo de la discusión. *El mito, ya sea como discurso de ficción o científico, realiza la descripción de un tiempo que no es considerado como condición de posibilidad del pensamiento, sino como tiempo del pensar mismo o de las reencarnaciones que preceden al pensar.*

---

[48] Guthrie (1984:334). El subrayado es nuestro.
[49] *Menón*, 81b.
[50] *Fedro*, 249 a-b.
[51] X, 615a-b.
[52] 43c y ss.

Deleuze descartaba el tiempo platónico por no ser un tiempo heterogéneo y estar subordinado a la identidad de la idea. No discutimos esta operación, sino uno de sus supuestos, a saber, que se trata de un tiempo trascendental y no empírico. Tanto la determinación numérica del proceso de rememoración como su descripción psico-física muestran que se trata de lo que Deleuze niega: del tiempo que al pensador le toma pensar. Ahora bien, señalada esta confusión entre los dos ámbitos, es decir, ya que se iban a pasar por alto las determinaciones empíricas, ¿por qué Deleuze no atendió a todos los elementos de orden espacial más que a los de orden temporal?

En efecto, una de las operaciones que realiza Deleuze en relación a Bergson, es hacer pasar el concepto de heterogeneidad del lado del espacio. Deleuze es un gran heredero de la filosofía bergsoniana y de su concepto central de *durée*, pero en la medida que una de sus notas constitutivas es la heterogeneidad. Es esta nota lo que le permitirá a Deleuze pensar, contra Hegel, un concepto de diferencia intrínseca y afirmativa que no necesite pasar por la negación ni por la exterioridad; es esta nota lo que le permitirá pensar una política que no se apoye en la igualdad respecto del prójimo, sino en la diferencia respecto del otro. Pero, contrariamente a Bergson, Deleuze deposita la heterogeneidad en el concepto de espacio y no en el de tiempo, y es así como confiere al espacio un estatuto trascendental. Ya no es el tiempo eso a partir de lo cual deben pensarse ciertos fenómenos para dar con su esencia (los espirituales, en Bergson), sino el espacio. Baste recordar que Deleuze bautiza al ámbito de las condiciones de posibilidad del pensar como "plano de inmanencia", tomando un término de la geometría; y baste citar aquella declaración: "la geografía es también mental"[53]. Ahora bien, el proceso por el que el esclavo es guiado en el *Menón*, ¿no presenta acaso todo tipo de referencias al espacio? El ejemplo, por empezar, remite a la geometría, visto que se realizan distintos razonamientos en relación a una figura en el suelo. El término empleado es *khoríon*, y se usa ya sea para designar el espacio limitado por las líneas, ya sea para la superficie de ese espacio, o para el área de esa superficie[54]. Es el mismo que había utilizado Euclides en la definición 2 del libro X de los *Elementos* y en las proposiciones 44 y 45 del libro I.

No obstante, si esta apropiación posible del mito adolecería de las mismas dificultades que la real, a saber la confusión entre lo empírico y lo trascendental, creemos que existía una apropiación absolutamente pertinente. Es la que hubiese extraído todos los indicios de un esfuerzo por parte del esclavo. Pero una vez más, antes de presentar estos indicios, recordemos el marco que les hubiera conferido sentido. Si Deleuze recurre a la teoría platónica, es para insertar un tiempo en el pensamiento. No obstante, este no es el fin último que consiste más bien en, como hemos visto, elaborar una nueva imagen del pensamiento, aquella en la que el

---

[53] Deleuze, G. y Guattari, F. (1991).
[54] *Menón*, 82b, 87a.

producto no sería un saber estático, sino un aprender dinámico. Uno de los signos del aprendizaje por oposición al saber, consistía en considerar el afuera del pensamiento, no como el mundo exterior que planteó la filosofía moderna, representable mediante un uso armónico de las facultades e identificable mediante la representación, sino como una presencia extraña que forzaría el pensamiento a pensar verdaderamente, que lo obligase violentamente a realizar un esfuerzo. ¿No es este mismo esfuerzo el que debe realizar el esclavo ante las demandas de Sócrates? ¿No nos advierte el texto una y otra vez sobre esta violencia? Desde el comienzo de la secuencia Sócrates alertará a Menón: "el argumento que voy a presentarte exhorta al trabajo"[55]. Y unas líneas más adelante utilizará el verbo *prothym̱ethȇnai*, respecto del cual Canto-Sperber dirá: "se utiliza con frecuencia en el *Menón* respecto de la investigación, sin duda con el fin de insistir sobre la necesidad de una disposición positiva en relación a todas las formas de investigación, aquello de lo cual Sócrates no deja de querer convencer a Menón"[56]. Incluso, para dejar en claro que existe una positividad de esta violencia, Sócrates realiza una digresión del curso de la demostración para preguntar a Menón si acaso, llevando al eslavo a experimentar una incomodidad, un cierto estado de torpeza, no se le hizo un bien, visto que ahora está en un mejor estado en relación a eso que no sabía, puesto que ahora al menos sabe que no sabía[57]. Comentando estas réplicas, Guthrie afirma: "el propósito de las doctrinas de la inmortalidad y la reminiscencia (…) obedece en primer lugar al intento de salvar la dificultad de Menón sobre la adquisición de nuevos conocimientos, pero también, al elegir una cuestión cuya repuesta Menón conoce y no el esclavo, pretende mostrarle que el reducirlo a una perplejidad total no es algo que haya que lamentar, sino la condición necesaria pare el pensamiento constructivo"[58]. Unas páginas más adelantes, Guthrie ofrecerá las razones de un tal esfuerzo. Visto que la experiencia del nacimiento y la asociación con un cuerpo han provocado el olvido del alma, debe ésta poseer el impulso filosófico y estar dispuesta a realizar el necesario esfuerzo intelectual si es que quiere vencer a las aguas del Leteo y alcanzar la verdad. Concluimos así que *si bien la lectura de la reminiscencia en términos de introducción de un tiempo o un espacio en el pensamiento como condiciones de su ejercicio presenta diversas dificultades, señaladas o no por Deleuze, una utilización que privilegiase el esfuerzo realizado por el esclavo era mucho más viable para desarrollar el mismo punto de la llamada "nueva imagen del pensamiento", la sustitución del saber por el aprender.*

---

[55] *Menón*, 81d.
[56] Canto-Sperber (1993:261).
[57] *Menón*, 84b.
[58] Guthrie (1984:244).

***

El objetivo de la reflexión deleuziana hacia 1968-1969 consiste en, al mismo tiempo, pensar la diferencia y diferenciar el pensamiento. Es un objetivo ontológico y gnoseológico en tanto supone que la nueva concepción de un objeto requiere simultáneamente de una nueva concepción del concebir. En uno y otro plano, Deleuze recurre a Platón. Pero lo hace de una manera ambivalente porque, si bien Platón resulta en ciertos aspectos un precursor, un antecedente de la propia propuesta, en otros niveles resulta ser el primero en haber planteado los obstáculos que encuentra una tal propuesta. En términos generales, lo que compromete el proyecto deleuziano, es la teoría de las ideas. En un plano ontológico, porque el devenir es devenir sólo en función del ser concebido como identidad. En el plano del conocimiento, porque la multiplicidad sensible es subsumida por la mismidad ideal. Platón, en ambos planos, "se supera a sí mismo" visto que: por un lado, establece una distinción entre copias y simulacros que permite pensar un devenir no subordinado a la identidad del ser; por otro, diferencia aquellas cosas que dejan al pensamiento tranquilo de las que lo fuerzan a pensar. Su imaginario de la vida *post mortem* en lo que atañe a la reminiscencia no constituye una excepción a esta apropiación ambigua. El aspecto positivo es que, según Deleuze, inserta un tiempo trascendental en el pensamiento, contribuyendo a reemplazar el producto de la "imagen dogmática del pensamiento", el saber, por el aprendizaje, el resultado de la "nueva imagen del pensamiento". El aspecto negativo es que el tiempo introducido es un tiempo homogéneo, tiempo de los ciclos naturales y de la física, y no un tiempo heterogéneo, cambio o movimiento.

Esta lectura, sin embargo, haya dos tipos de inconvenientes. En primer lugar, comete el error de volver trascendental un tiempo que según la literalidad de los textos se presenta como empírico. En segundo lugar, yerra su objetivo desperdiciando informaciones más sólidas porque inmunes a la crítica, en particular, el hecho de que la reminiscencia constituye un verdadero esfuerzo. Ahora bien, en términos más generales, existe algo mucho más fundamental desaprovechado por el pensador francés, a saber la corrección o sofisticación que Platón introduce en el *Sofista* respecto de la teoría de las ideas. Allí se dice que las ideas poseen una cierta potencia (*dúnamis*) y que esa potencia consiste ya sea en actuar sobre cualquier cosa natural, ya sea en padecer[59]. Siendo la teoría de las ideas el blanco último de toda la crítica deleuziana, una vez arrancadas éstas de su inmovilidad, de su identidad, de su eternidad, la revisión de la teoría no sólo hubiese determinado otra apropiación del mito de la reminiscencia, sino también la construcción la ontología y de la nueva imagen del pensamiento.

---

[59] *Sofista*, 247d-e.

Bibliografía

Bergen, D. (2001) L'ontologie de Gilles Deleuze, París, L'Harmattan.
Canto-Sperber, M. (1993) "Notes", en Platón, *Menón*, París, Flammarion.
Cornford, F. (1982) *La teoría platónica del conocimiento*, Paidós, Buenos Aires.
De Romilly, J. (1978) "Cycles et cercles chez les auteurs grecs de l'époque classique", en Bingen, L., Cambier, G., y Nachtergael, G., *Hommages à Claire Préaux*, Bruselas, Éditions de l'Université de Bruxelles.
Deleuze, G. y Guattari, F. (1980) *Mille plateaux. Capitalisme et Schizophrénie 2*, París, Minuit.
— (1991) *Qu'est ce que la philosophie?*, París, Minuit.
Deleuze, G., (1985), *Cinéma II. L'image-temps*, París, Minuit.
— (1968) *Différence et répétition*, París, PUF.
— (1969) *Logique du sens*, París, Minuit.
— (1962) *Nietzsche et la philosophie*, "Nouvelle image de la pensée", París, PUF, 1962.
— (1964) *Proust et les signes*, París, PUF.
Euclides (2000) *Elementos*, Madrid, Gredos.
Ginoux, I. (2005) "Platon", en Leclercq, S., *Aux sources de la pensée de Gilles Deleuze I*, París, Sils Maria y Vrin, París – Bruselas.
Guthrie, W. K. C. (1984) *Historia de la filosofía griega IV*, Madrid, Gredos.
Nietzsche, F. (1998) *El ocaso de los ídolos*, Barcelona, Tusquets.
Platón (1966) *La République*, París, Flammarion.
— (1993) *Le sophiste*, París, Flammarion.
— (2006) *Les lois*, París, Flammarion.
— (1993) *Ménon*, París, Flammarion.
— (2001) *Timée*, París, Flmmarion.
— (1965) *Phédon*, París, Flammarion.
— (1989) *Phèdre*, París, Flammarion.
— (1993) *Philèbe*, París, Flammarion.
Rhode, E. (1928) *Psyché. Le culte de l'âme chez les grecs et leur croyance a l'immortalité*, París, Payot.
Wiehl, R. (1995) "L'antiplatonisme de Nietzsche", en Dixsaut, M., *Contre Platon*, París, Vrin.
Wolff, F. (1994) "Tríos. Deleuze, Derrida, Foucault, historiadores del platonismo", en Cassin, B., *Nuestros griegos y sus modernos*, Buenos Aires, Manantial.

La reversión deleuziana del platonismo y la teoría estoica de la casualidad

Valeria Sonna

La "reversión del platonismo" es una fórmula mediante la cual se expresa la crítica deleuziana a la filosofía platónica. Ésta tiene su desarrollo en dos obras de Deleuze que constituyen la culminación de lo que más tarde él llamará su primer período y que abarca su tarea de historia de la filosofía. Éstas son *Diferencia y repetición* y *Lógica del sentido*. Si bien en los textos de Deleuze la reversión del platonismo se presenta como un solo proyecto, a nuestro entender éste tiene dos momentos o dos formulaciones que deben quedar debidamente diferenciadas.

La primera de estas formulaciones consiste en una lectura sintomatológica de la obra platónica mediante la cual Deleuze se propone encontrar la vía de su reversión sin salir de los propios supuestos platónicos. Podríamos denominar esta vía como "vía del simulacro" puesto que este concepto es la clave de dicha deconstrucción. Esta es la lectura que Deleuze desarrolla en el apéndice de Lógica del sentido titulado "Simulacro y filosofía antigua". También podemos encontrar el desarrollo ulterior de la función del simulacro en el texto platónico en algunas secciones de Diferencia y repetición.

La otra formulación que encontramos en los textos difiere de la antes expuesta en tanto que el planteo se da en otros términos. Ésta es la versión que llamaremos "la vía del estoicismo". Deleuze sostiene, en la tercera serie de *Lógica del sentido*, que el estoicismo es la primera filosofía que invierte el platonismo y se apropia del concepto estoico de "incorporal" para hablar del "acontecimiento", concepto clave para su elaboración del sentido como una dimensión irreductible a la de la significación.

En el presente trabajo nos focalizaremos en esta segunda versión de la reversión con el propósito de examinar algunos de sus elementos claves en relación al problema de la causalidad y de la noción estoica de "incorporal" en relación con la noción deleuziana de "acontecimiento".

Algunas consideraciones en torno al término "reversión"

"*Renversement du platonisme*" es la fórmula bajo la cual Gilles Deleuze desarrolla su crítica a la filosofía platónica. Ésta suele traducirse al castellano por "inversión del platonismo" y, a veces, como "derribamiento del platonismo".[1] Si bien el verbo francés "*renverser*" significa "derribar", "derrocar", "voltear" así como también dar vuelta (*sens dessus dessous*), también tiene la connotación de modificar los elementos de una situación para darle una orientación diferente o de eliminar una cosa reduciéndola hasta su desaparición. Nuestra lectura de la relación de Deleuze con el pensamiento platónico supone que Deleuze intenta modificar y devolver el platonismo a su punto de partida pero no en el sentido de un derrocamiento ni tampoco en el sentido más literal de una inversión de sus valores. Por ello proponemos traducir la fórmula como "reversión del platonismo".

Con el término "derribamiento" puede darse a entender que hay un intento de parte de Deleuze de destruir o tirar abajo la construcción filosófica platónica. Sin embargo, él mismo sostiene que el hecho de que la reversión conserve elementos platónicos es inevitable, pero además deseable (Deleuze, 1968: 82). La relación que establece Deleuze con el pensamiento de Platón a diferencia de Nietzsche -a quien se remonta esta fórmula- es la de una rica ambigüedad. Isabelle Ginoux afirma que Nietzsche presenta un retrato puramente negativo de Platón como el instigador del nihilismo occidental y en cambio Deleuze ve en él un personaje bifronte donde reside tanto el remedio como la enfermedad (Ginoux, 2005: 156-157). En la misma línea, James Williams encuentra un interesante paralelo entre la estructura de la selección platónica – a través del mito y la Idea- y la estructura de la selección deleuziana –a través de la afirmación o la expresión, el eterno retorno y la dramatización. La diferencia sustancial entre estas estructuras que Williams traza como paralelas está la noción de Idea. Las Ideas, para Deleuze, no tienen una identidad sino que son multiplicidades de diferencias puras (Williams, 2003: 79-83).

El término "inversión", por otro lado, es sesgado puesto que dirige la mirada tan sólo a un aspecto parcial del campo semántico de *"renversement"*. No se trata meramente de trocar o dar vuelta al platonismo, ponerlo de cabeza abajo. Esta no es más que una lectura superficial del tipo de tarea crítica que implica el *renversement*. Consideramos que el término más adecuado para traducir esta fórmula es el de "reversión" puesto que, además de compartir el campo semántico de "inversión" -indica que hay un "reverso", un "envés" del platonismo-, expresa también la acción de "revertir" –en el sentido de "devolver", "restituir" o "restablecer". Esto es de gran importancia puesto que la reversión deleuziana no se propone derribar los supuestos platónicos sino más bien revertir sus efectos.

El platonismo es, para Deleuze, un momento bisagra en el pensamiento filosófico. La lectura de sus textos deja muy clara la diferencia entre lo que él considera que hace Platón y lo que después hará Aristóteles. Con el pensamiento platónico se sientan las bases para lo que será el ámbito de la "representación" como *locus* del pensamiento. Pero es Aristóteles quien toma esta dirección y determina de esta manera la imagen del

---

[1] Véase la traducción de *Diferencia y Repetición* de Delpy- Beccacece, 2002.

pensamiento (Deleuze 1969: 299). La reversión entonces también tiene, y este es su sentido más acabado según creemos, la connotación de "devolver" el pensamiento a un momento, a una encrucijada, y revertir así los efectos que tuvo el platonismo en la imagen del pensamiento. Nos referiremos entonces en lo que sigue a esta fórmula como "reversión del platonismo".

Deleuze y el estoicismo

¿Por qué los estoicos? En la sección que dedica al "acontecimiento", Fran‚cois Zourabichvili afirma que dicho concepto nace de una distinción de origen estoico (Zourabichvili, 2003: 11-15) y refiere al siguiente pasaje de la tercera serie de *Lógica del sentido*[2]: "En es este sentido que [el sentido] es "acontecimiento" *a condición de no confundir el acontecimiento con su efectuación espacio-temporal en un estado de cosas*". (Deleuze 1969: 34)[3] El fragmento citado está enmarcado en el contexto de la descripción del sentido como extra-ser, es decir, como in-sistiendo en las cosas, pero siendo 'el mismo no ex-sistente. No debe confundírselo ni con la proposición que lo expresa ni con el estado de cosas o la cualidad que la proposición designa, si bien tiende una cara hacia la primera y una hacia el segundo.

La distinción estoica a la que refiere Zourabichvili, es la que 'estos establecen entre cuerpos e incorporales. La característica principal de esta división ontológica es que coloca a los cuerpos en el plano de lo existente y a los incorporales en el plano de lo no existente. En la vigesimoprimera serie de LDS, Gilles Deleuze elige a los estoicos para hablar sobre el concepto de "acontecimiento". Asimismo, en la segunda serie, utiliza indistintamente los términos "acontecimientos" e "incorporales". ¿En qué aspectos coinciden el concepto de acontecimiento y el de incorporal? ¿Qué busca Deleuze en la ontología estoica? ¿Y por qué los elige como interlocutores del platonismo?

Marcelo Boeri, en su artículo sobre cuerpos e incorporales en el estoicismo sostiene la tesis de que la ontología estoica es una inversión de la ontología platónica y que en ello radica la novedad de su filosofía. Afirma que el hecho de que ciertos elementos del estoicismo excedieran las categorías ontológico-epistémicas de la tradición platónico-aristotélica fue la causa de que fueran incomprendidas y consecuentemente descartadas como auto contradictorias. Boeri se remite a la teoría de la causación, según la cual nada incorporal puede ser causa en sentido estricto, y al carácter inmanente de los incorporales respecto de los cuerpos (es decir, la dependencia recíproca de ambos planos) tanto en el ámbito de la física,

---

[2] LDS de aquí en más.
[3] Las traducciones al castellano de *Diferencia y Repetición* y *Lógica del sentido* nos pertenecen. El remarcado de este pasaje corresponde al texto original en francés.

como en el de la ́ética y el de la metafísica (Boeri, 2001). La novedad reside en las consecuencias que esta división entre cuerpos e incorporales tiene sobre lo que se concibe como "causa", es decir, introducen un cambio en la concepción de la causalidad en relación con la tradición platónico-aristotélica.

Acerca de los cuerpos y las causas

En la segunda serie de paradojas, Deleuze nos dice que el genio de una filosofía se mide por las nuevas distribuciones que impone a los seres y a los conceptos. El genio de la filosofía estoica radica en la redistribución de las relaciones entre causas y efectos. Logran oponer destino y necesidad de una manera nueva para la filosofía. Deleuze sigue en este punto la lectura de Emile Bréhier que afirma que los estoicos distinguen radicalmente aquello que nadie antes había distinguido: la frontera entre un ser real y profundo, la fuerza, y el plano de los hechos que se juegan en la superficie del ser, los incorporales[4] Esta frontera separa los cuerpos de los incorporales remitiendo las causas a las causas y los efectos a los efectos. La libertad se preserva, así, nos dice Deleuze, de dos modos complementarios: en la interioridad del destino como relación entre las causas; y en la exterioridad de los acontecimientos como vinculación de los efectos.

Para la filosofía estoica, sólo los cuerpos tienen poder causal. Un cuerpo A es causa en otro cuerpo B, de un efecto F que es un incorporal. Por ejemplo, el cuchillo (A) es causa en la piel (B) de que satisfaga el predicado "ser cortada"(F) (Salles, 2006). Esta formalización tiene por objeto esclarecer en qué sentido se dice que los efectos son predicados. Otra forma de expresarlo es decir del predicado, en lugar de que "es satisfecho", que "se actualiza" o "se da". F es un significado o atributo lógico (*lektón*) y no un cuerpo. Los incorporales pueden corresponder a cualquiera de cuatro especies diferentes: *lektón* (significados o atributos lógicos), *kenón* (vacío), *tópos* (lugar, espacio) y *khrónos* (tiempo).[5] Todos los efectos son, necesariamente, incorporales y, en tanto tales, se relacionan entre sí como *quasi*-causas[6].

No es fácil comprender cuál es exactamente el estatuto ontológico de los incorporales para los estoicos. No existen, ya que sólo de los cuerpos puede decirse que existen, y por lo tanto no son reales. Sin embargo se dice de ellos que *subsisten* y por lo tanto no son *nada*. Debemos llamarlos

---

[4] Citado en Deleuze, 1969:14
[5] Nos ocuparemos solamente de los *lektá*. Acerca de cómo debe entenderse la relación de las tres especies restantes con el plano corpóreo, Véase Boeri (2001), donde sostiene que espacio y tiempo son condiciones necesarias para la constitución de la realidad objetiva (o experiencia objetiva) y que los significados nos permiten articular la conexión entre nosotros mismos y el universo.
[6] Debemos entender *quasi* en el sentido de "como" o "como si" y no en su acepción de aproximación como "casi".

"alguna cosa". Son, dice Deleuze, "impasibles resultados" ya que se sustraen a acciones y pasiones.

Acerca de la teoría estoica de la causación: La causa como "aquello por lo cual"

Marcelo Boeri sostiene la hipótesis de que hay una influencia significativa de algunos aspectos de la tradición platónico-aristotélica en Zenón de Citio y los estoicos posteriores. Principalmente, y en torno a la noción de causalidad destaca tres rasgos de la noción estoica que son coincidentes con algunas ideas de cuño platónico. El primero de ellos es la definición más general de causa que podemos encontrar en el estoicismo, a saber,

> ...aquello por lo cual (*di´ hó*) algo se genera.

Esta misma definición de causa es la que da Platón:

> En efecto, aquello en virtud de lo cual [algo] se genera es la causa. (*Crátilo*, 413a)[7]

En Clemente de Alejandría encontramos la siguiente definición:

> Consecuentemente la causa, y el creador, y aquello a través de lo cual (*di´ hó*), son lo mismo.[8]

En su artículo acerca de la causalidad en los estoicos, Michael Frede explica que la causalidad estoica tiene tres términos: un cuerpo, otro cuerpo y un predicado verdadero de ese cuerpo. Es por eso que se dice que los estoicos afirman que la causa es causa de un predicado. La forma gramatical es "una causa de algo para algo" (*a cause of something for something*), donde el dativo "para algo" representa la persona o el objeto afectado y el genitivo "de algo" aquello que, como resultado, es verdadero del objeto afectado. Incluso, afirma Frede, en griego podría reescribirse todo enunciado causal para satisfacer esta forma (Frede, 1890). Veremos, cuando tomemos la distinción entre causa en sentido de explicación proposicional (*aitía*) y causa en el sentido de causa activa (*aitíon*), cómo esta definición general se combina en la teoría estoica de la causación con la definición más específica de que sólo aquello que presenta una resistencia, es decir, un cuerpo, puede ser causa en sentido estricto.

---

[7] Esta caracterización coincide, según Boeri, con las que podemos encontrar en Clemente (*Strom.* VIII 9, 27, 3), también en Estobeo (*Ecl.* I, 138, 23) y Sexto Empírico (*PH* III 14)
[8] Clemente de Alejandría, *Stromata* 8.9.27.3.1: τὸ [δὲ] αὐτὸ ἄρα αἴτιον καὶ ποιητικόν [καὶ δι' ὅ]. Las traducciones nos pertenecen.

La causa como agente

El segundo aspecto consiste en la identificación entre causa y agente. Según Platón, la naturaleza del agente en nada difiere de la de la causa a no ser en el nombre; el agente (*to poioûn*) y la causa (*to aítion*) se identifican (*Filebo*, 26e6-8). Los estoicos llevan esta identificación un poco más allá y afirman que para ser causa, algo debe ser "activo":

> En sentido estricto es llamado causa lo que es capaz de causar alguna cosa activamente; ya que decimos que el acero es capaz de cortar, no sólo cuando corta sino también cuando no corta. Así mismo, por consiguiente, la capacidad de causar (*tò parektikón*) significa ambos; aquello que ya está actuando, y aquello que todavía no está actuando, pero que posee el poder de actuar.[9]

Es fácil ver que la noción de causa que manejamos en la actualidad es más cercana a la noción estoica que se limita a aquellas cosas que pueden ser activas, más que a la noción aristotélico-platónica en la que algo que no es susceptible de ser activo o pasivo, como las Ideas o Formas, puede ser considerado agente. Frede sostiene que hubo un cambio en la concepción causal durante el período helenístico que restringió la aplicación del término a las cosas susceptibles de ser activas o productivas y atribuye este cambio a los estoicos principalmente.[10] De allí, por ejemplo, el cambio terminológico entre *causa movens* y *causa efficiens*. Es importante tener en cuenta qué motiva esta concepción de la causalidad en la filosofía estoica. Los estoicos están interesados en los problemas que suscita la atribución de responsabilidad dentro de un esquema cosmológico determinista y no, como Platón, en explicar o dar cuenta argumentativamente de algo, específicamente de la participación de los particulares en los universales como la justicia y lo justo, el bien y lo bueno, etc (Frede, 1980: 224).

El problema estoico por excelencia, esto es, el problema del determinismo, nos hace mirar los sucesos o estados de cosas como acontecimientos concretos que suceden en un momento particular, y no como instancias de un patrón de conducta general. Es por eso que para la pregunta estoica de por qué alguna cosa particular se comporta de alguna manera en particular, las causas aristotélicas no son una respuesta satisfactoria dado que explican los cambios en términos de patrones

---

[9] Clemente de Alejandría, *Stromata*, 8.9.25.5.1-5. Αἴτιον δὲ κυρίως λέγεται τὸ παρεκτικόν τινος ἐνεργητικῶς, ἐπεὶ καὶ τὸν σίδηρον τμητικόν φαμεν εἶναι οὐ μόνον ἐν τῷ τέμνειν, ἀλλὰ καὶ ἐν τῷ μὴ τέμνειν· οὕτως οὖν καὶ τὸ παρεκτικὸν ἄμφω σημαίνει καὶ τὸ ἤδη ἐνεργοῦν καὶ τὸ μηδέπω μέν, δυνάμει δὲ κεχρημένον τοῦ ἐνεργῆσαι.

[10] En la definición de causa que da Clemente de Alejandría, la causa, además de ser un *por qué* (*diá*), debe ser productiva. Pero además, cualquier cosa que sea productiva es un *por qué*, es decir, es una causa, mientras que no todo *por qué* es una causa ya que para serlo debe ser necesariamente productivo.

generales como la naturaleza, el fin, la materia o el paradigma. Éstas parecen constituir el *background* explicativo a partir del cual inferimos que determinado cambio, en contraste con ese fondo estable, genera una diferencia relevante. Dicho esto, es fácil ver que el ítem que está implicado en el cambio como diferencia tiene una posición privilegiada y es a ′este ítem que los estoicos llamarán propiamente causa (Frede, 1980:229).

Cabe entonces preguntar de qué son causas las causas estoicas. Hay una diferencia semántica que Frede destaca y que debe ser esclarecida a los fines de comprender de qué se está hablando cuando se dice que las causas estoicas son causas de predicados. Para Aristóteles, el efecto del que dan cuenta las causas es siempre un "nombre", es decir, un sustantivo. Por ejemplo, un barco, una casa, un corte. Para los estoicos, los efectos de los que dan cuenta las causas son verbos, es decir, el devenir algo en un barco (*gígnesthai naûn*), el ser cortado (*temnesthai*). Esta misma diferencia es la que refiere Clemente en los *Stromata* entre *poíesis* y *poieîn* y la que establece entre un corte (*tomé*), de algo cortando (*temeîn*) y algo siendo cortado (*temnesthai*) (Frede, 1980: 231).[11]

Algunos, pues, dicen que las causas son propiedades de los cuerpos; y otros de sustancias incorporales; otros dicen que el cuerpo es propiamente hablando causa, y que aquello que es incorporal lo es sólo de manera impropia (*katakhrestikós*), y una quasi-causa. Otros, pues, invierten el asunto, diciendo que las sustancias corporales son propiamente causas, y que los cuerpos lo son de manera impropia (*katakhrestikós*); como por ejemplo que cortar, que es una acción, es incorporal, y es la causa de cortar que es una acción e incorporal y, en el caso de los cuerpos, de ser cortados – como en el caso de la espada y lo que es cortado [por ella][12]

Esta diferencia que opone procesos o devenires a entidades hace que el foco de atención recaiga sobre acontecimientos particulares y no sobre el ser de los entes. Y, como sostiene Frede, es natural entonces hacer de las causas, causas de ítems proposicionales y, consecuentemente, darles un lugar en la ontología. Esto es lo que hacen los estoicos al admitir los *lektá*, si bien no como seres (*ónta*), sí como algo (*ti*) (Frede, 1980: 233).[13]

---

[11] "But what would be the point of saying that a cause is a cause of something's being called (an) X where X is a noun or an adjective? [...] it might be the case that verbs are associated with processes or coming-into-beings as opposed to the being of something".

[12] Clemente de Alejandría, *Stromata*, 8.9.26.1.1-5: Οἱ μὲν οὖν σωμάτων, οἱ δ' ἀσωμάτων φασὶν εἶναι τὰ αἴτια· οἱ δὲ τὸ μὲν σῶμα κυρίως αἴτιόν φασι, τὸ δὲ ἀσώματον καταχρηστικῶς καὶ οἷον αἰτιωδῶς· ἄλλοι δ' ἔμπαλιν ἀναστρέφουσι, τὰ μὲν ἀσώματα κυρίως αἴτια λέγοντες, καταχρηστικῶς δὲ τὰ σώματα, οἷον τὴν τομὴν ἐνέργειαν οὖσαν ἀσώματον εἶναι καὶ αἰτίαν εἶναι τοῦ τέμνειν, ἐνεργείας οὔσης καὶ ἀσωμάτου, καὶ τοῦ τέμνεσθαι ὁμοίως τῇ τε μαχαίρᾳ καὶ τῷ τεμνομένῳ σώμασιν οὖσιν.

[13] If, on the other hand, one does not focus one's thought about causes on entities and their being, but on particular events because they are what one is mainly concerned with when one is worried about determinism, it seems natural to make causes of propositional items, especially since that corresponds to the ordinary use and the original notion of aitíon". It also seems natural to make some room for propositional items in one's ontology. This is exactly

La diferencia entre causa y explicación causal

Es importante en este punto reparar en la distinción que establece Crisipo entre dos nociones de causa: la entidad causal (*aítion*) y la explicación de la causa que se da en términos proposicionales (*aitía*). La causa en términos de *aitía*, en el sentido de explicación proposicional (*lógos*) es un incorporal, un *lektón*. En Platón y Aristóteles las palabras griegas *aitía* y *aítion* tenían un uso indistinto pero desde Crisipo, estos usos son diferenciados.

Crisipo dice que una causa (*aítion*) es "por lo que"(*di' ho*), y que la causa es un existente (*ón*) y un cuerpo, [pero aquello de lo que es causa no es un existente ni cuerpo] y que causa es "porque" (*h'oti*), pero aquello de lo que es causa es "a causa de algo"(*di'a ti*). A su vez, una explicación causal (*aitía*) es un enunciado de una causa, o bien un enunciado sobre la causa en cuanto causa. (Estobeo, I 13, 1c)[14]

Para la ontología estoica, en tanto las causas deben ser activas, los incorporales, como las explicaciones proposicionales, no pueden ser, *stricto sensu*, causas ¿Cuál es, entonces, el propósito de esta distinción? La sugerencia de Boeri es que Crisipo estaba pensando en que, cuando se profiere un "enunciado causal", por ejemplo, "el sol calienta la piedra", se describe el fenómeno del aumento de temperatura sufrido por la piedra como resultado de la acción calórica del sol. Pero la causa es el sol (un cuerpo) que ejerce su acción causal sobre la piedra (otro cuerpo).

A este respecto, la hipótesis de Boeri acerca de cuál es el rol de los incorporales es cercana a la deleuziana. Boeri sostiene que tanto los cuerpos como los incorpóreos son componentes absolutamente imprescindibles de la realidad y, en este caso, de la teoría de la causación en particular. Lo incorpóreo es decir, el enunciado causal, no es la causa propiamente, pero es tan relevante como ́esta en la explicación del fenómeno. La articulación en el lenguaje de la explicación de los fenómenos, es decir, la esfera del sentido de los sucesos o estados de cosas es un plano incorporal. A su vez, es este plano incorporal el que permite hacer del fenómeno (en este caso la causa del calentamiento de la piedra) objeto de conocimiento.

Hacia el final de la tercera serie de paradojas, *de la proposición*, Deleuze dice que el acontecimiento es el sentido mismo, que pertenece esencialmente al lenguaje y que su relación con el lenguaje es de carácter esencial. Además, afirma que el lenguaje (y por lo tanto el acontecimiento también) es aquello que se dice de las cosas (Deleuze, 1969: 34) Retomemos la distinción, a la que referíamos antes, de la que nace el acontecimiento. El acontecimiento no es su efectuación epacio-temporal. O, lo que es lo mismo, el acontecimiento no es un estado de cosas. No es "lo

---

what the Stoics do when they admit lekta, if not as beings (*ónta*), at least as somethings (*tina*).
[14] Crisipo, Fr. 391.

que sucede" dirá Deleuze más adelante, en la vigesimoprimera serie de paradojas, sino "algo *en* lo que sucede". El acontecimiento, tanto como el sentido, requieren por ello la contra-efectuación.

En este punto Deleuze se apropia de la filosofía estoica para determinar una postura ética frente al problema de la determinación. Contra-efectuar ese algo (*ti*) en lo que sucede, es lo que él llama "querer el acontecimiento" o "encarnar la herida". También lo llamará "*Amor Fati*", una oscura conformidad humorística que es aceptación sin ser resignación –porque ésta es todavía una figura del resentimiento entendido en el sentido nietzscheano. La base ontológica abre así el espacio al sentido incorporal, al acontecimiento, otorgándole movilidad como *quasi*-causa.

Aquello que Clemente de Alejandría llama la *katákhresis* permite entender la afirmación del sentido como una apropiación. El término "*katákhresis*" es un adjetivo verbal derivado de "*katakhráo*", que significa "servirse de, usar", pero también significa "abusar"; como figura lingüística, la *katakhrésis* refiere a un movimiento metafórico que consiste en aplicar "mal" un término a algo que no denota propiamente. La contra-efectuación es descripta por Deleuze como la acción de "devenir el comediante de los propios acontecimientos" (Deleuze, 1969: 176). Este movimiento requiere la comprensión previa de que se da este movimiento "catacrésico". La herida existe antes que *yo* la encarne porque se da en el plano de los cuerpos, de lo real en sentido estricto. Me apropio de la herida, la encarno, como contra-efectuación, en el plano de los incorporales, en el plano de lo que no es real en el sentido de que no ex-siste, pero no es "nada", sino "algo" que sub-siste e in-siste. En términos de Boeri: "Ambos aspectos, entonces, el lingüístico y el estrictamente causal son indispensables para dar cuenta de cualquier cosa que pueda ser explicada en términos de "A es la causa de B" o "entre A y B hay una relación causal"" (Boeri, 1999: 7).

La diferencia entre causa y condición necesaria

Habíamos afirmado que hay algunos elementos que la causalidad estoica conserva de la noción platónica, de los cuales enumeramos dos: (A) la definición más general de causa como "aquello por lo cual (*di hó*) algo se genera" y (B) la identificación entre causa (*tò aítion*) y agente (*tò poioûn*). El tercer elemento Platónico que conserva la noción estoica de causalidad es (C) la distinción entre causa y condición necesaria. Es en este punto que la diferencia entre la ontología platónica y la estoica se hace patente. La causa (*aitía*) en la filosofía platónica es siempre una entidad incorpórea, ya sea un agente (*tò poioûn*) o una Idea (*eîdos*). En el *Fedón*, la causa de que Sócrates esté sentado en la prisión esperando tomar la cicuta por la mañana, es su decisión de que acatar la pena que su ciudad le impone es mejor que exiliarse. Su cuerpo está compuesto por tendones, huesos y músculos, sin los cuales no podría estar allí sentado, pero ellos no son la causa propiamente dicha, sino "condiciones necesarias" (*Fedón*, 98d-99c). Las condiciones necesarias son, así, para Platón, aquello sin lo cual la causa no puede ser causa, pero se diferencian de la causa misma. Los estoicos establecen la misma distinción entre causa y condición necesaria, pero la diferencia fundamental radica en que el orden ontológico al que corresponde cada una de estas categorías es el opuesto al que se le adjudica en la ontología platónica. Para los estoicos, *noûs* o *eîdos* no pueden ser estrictamente causas, porque no son cuerpos y por lo tanto no pueden interactuar con otras cosas. En este sentido es que se dice que no son "activos".

Esto nos lleva a la tesis estoica básica acerca de la acción causal que ya habíamos mencionado, a saber, que la causa debe ser activa, y por consiguiente, debe ser un cuerpo. Esta tesis contiene una serie de premisas que sólo se comprenden si se sabe que para los estoicos sólo los cuerpos son activos y/o pasivos. En este punto la teoría de la causación se articula con la ontología corporeísta. Lo activo opera por proximidad y contacto y, para que haya contacto entre agente y paciente ambos deben ser de naturaleza corpórea. Existen cuatro tipo de causas para los estoicos, la sinéctica, la procatárctica, la auxiliar y la *sine qua non* o condición necesaria. Para hacer una caracterización somera de las mismas tomaremos el famoso fragmento de crisipo en los términos de Clemente:

> Pues todas las causas pueden ser mostradas en orden en el caso del aprendiz. El padre es la causa procatárctica del aprendizaje, el maestro es la causa synéctica, y la naturaleza del aprendiz la causa cooperante, y el tiempo sostiene la relación de la causa *sine qua non*.[15]

El padre es la causa procatárctica en tanto refiere al origen de aquello de lo que es causa; el maestro es la causa sinéctica porque es capaz de producir el efecto por sí mismo; el alumno es la causa auxiliar, ya que coadyuva en el proceso, es decir, acompaña pero no es capaz de producir por sí mismo el efecto; la causa en términos de condición necesaria es el tiempo que lleva el proceso de aprendizaje. Esta última causa sólo puede llamarse causa en un sentido amplio.[16] En la cosmología estoica, la causa sinéctica por excelencia es el *pneûma*. Boeri da una caracterización general de causa sinéctica en los siguientes términos: "*x* es una causa sinéctica si y sólo si (a) cuando está presente su efecto también está presente, (b) si cuando es removida su efecto también es removido y (c) si es

---

[15] Clemente de Alejandría, *Stromata*, 8.9.25.4.1: ἀποτελέσματος. ἑξῆς δὲ πάντα τὰ αἴτια ἐπὶ τοῦ μανθάνοντος δεικτέον. ὁ μὲν πατὴρ αἴτιόν ἐστι προκαταρκτικὸν τῆς μαθήσεως, ὁ διδάσκαλος δὲ συνεκτικόν, ἡ δὲ τοῦ μανθάνοντος φύσις συνεργὸν αἴτιον, ὁ δὲ χρόνος τῶν ὧν οὐκ ἄνευ λόγον ἐπέχει.
[16] Nótese que tiempo (*khrónos*) y espacio (*tópos*) son incorporales y, por lo tanto no pueden ser llamados propiamente causas.

autosuficiente, es decir si es suficiente por sí misma, con prescindencia de cualquier otro factor, para producir el efecto (Boeri, 1999, 16).

La causa sinéctica, o cohesiva, es, según Boeri, la causa por antonomasia. És̒ta se identifica con los poderes causales del *pneûma*.[17] Con lo cual es lícito, afirma, llamar al *pneûma* causa sinéctica. Su movimiento es de tensión y distensión. Este tipo de movimiento es totalmente ajeno a la categorización aristotélica ya que no es sustancial (generación o corrupción), cualitativo (alteración), cuantitativo (incremento o disminución) ni locativo (locomoción).

La diferencia entre causa y condición necesaria consiste, entonces, en la relación inversa a la que se da según Platón. El tiempo, en tanto incorporal, tiene un rol en el proceso, pero es el de ser condición para que este se efectúe. La causa, propiamente hablando, es el maestro, es decir, un cuerpo.[18] El ejemplo de Medea que usa Boeri es, quizás, más ilustrativo para pensar la relación con Platón por ser más cercano al caso de Sócrates en el *Fedón*. En un esquema de explicación estoico, Medea sola, y no su furia ni sus celos, es la causa de la muerte de sus hijos.

La mezcla entre cuerpos: Acerca del status ontológico de los incorporales

Resumiendo entonces lo desarrollado hasta ahora, uno de los rasgos principales que hace de la filosofía estoica un pensamiento novedoso, es la tesis de que sólo lo corporal es real en un sentido estricto ya que sólo los cuerpos tienen poder causal. Y esta base es la que hace de la ontología estoica una inversión de la filosofía platónica (también de la aristotélica) que postulaba no sólo que las Ideas son causas, sino que son las causas por excelencia. Esta tesis está acompañada de la compleja teoría de los incorporales (*asómata*). Pero ¿cuál es el estatus ontológico de los incorporales? Marcelo Boeri sostiene que las lecturas que atribuyen a los incorporales una realidad secundaria o inferior son engañosas y no son fieles a la posición estoica. De acuerdo a su lectura, los incorporales son esenciales para dar cuenta del plano de los cuerpos. Además sostiene que ambos planos (el de los cuerpos y el de los incorporales) son complementarios en el sentido de que no pueden existir el uno sin el otro (Boeri, 2001).

Los cuerpos y los incorporales no son estatus ontológicos incompatibles, sino que los distintos tipos de incorporales, a saber, tiempo, espacio, vacío y decibles, se complementan de manera particular con el plano corporal. En el fragmento de Clemente sobre el discípulo y el

---

[17] Acerca de esta conexión entre la teoría de la causación y la cosmología estoica, véase Boeri (2009).
[18] La causa auxiliar es claramente activa, pero no es fácil decidir acerca del estatus de la causa *prokatárktika*. Acerca de esta discusión, véase Boeri (1999).

maestro, se sugiere que el tiempo está implicado en el proceso de aprendizaje ya que tiene una duración, esto implica que podemos afirmar que tiene una función causal. En tanto incorporal, es causa, pero en el sentido de "condición necesaria" que, como ya mencionamos antes, en los estoicos corresponde al plano de los incorporales y no al de los cuerpos como en Platón.

El tiempo no es un mero contenido mental separable de los existentes, sino que mide los movimientos en series ordenadas. Ni siquiera la propia causalidad podría ser comprendida sin este ordenamiento cronológico. Pero además, si bien el tiempo, como todo incorporal, sólo subsiste, en este caso son pasado y futuro los que subsisten, el presente en cambio, existe. Los estoicos desarrollaron el concepto de "estar presente", o "estar ahí". Mientras pasado y presente subsisten (*hyphestánai*), el presente está ahí (*hypárkhein*). Deleuze dice,

> ...el tiempo debe ser comprendido dos veces, de dos modos complementarios, que se excluyen el uno al otro: enteramente como presente viviente en los cuerpos que actúan y padecen, pero enteramente también como instancia infinitamente divisible en pasado-futuro, en los efectos incorporales que resultan de los cuerpos, de sus acciones y de sus pasiones. Sólo el presente existe en el tiempo, y reúne, reabsorbe el pasado y el futuro; pero sólo el pasado y el futuro insisten en el tiempo, y dividen hasta el infinito cada presente. No son tres dimensiones sucesivas, sino dos lecturas simultáneas del tiempo.[19]

En el caso de los decibles o *lektá*, la interdependencia se da porque el significado es el que establece las relaciones lógico-lingüísticas que nos permiten categorizar los objetos. A su vez, los significados son expresados en palabras y las palabras, tanto en su versión gráfica, como en su versión sonora, son cuerpos. Los estoicos establecen una diferencia entre *prophéresthai* y *l'egetai*, si bien los estados de cosas (*t'a pr'agmata*) son dichos (*légetai*), las palabras, como sonidos son proferidas (*prophéresthai*).

¿Por qué los estoicos plantean esta división? Los *lektá* cumplen una función de particular importancia en el 'ámbito de la psicología de la acción estoica. Esta tiene una estructura que consta de tres pasos: la presentación (*phantasía*), el asentimiento (*synkat'athesis*) y el impulso (*horm'e*). La presentación es, en el caso de los humanos, articulada en el lenguaje; el asentimiento, que sigue a la presentación consiste en aceptar la presentación como verdadera, es decir, en dar el consentimiento a la proposición que expresa el contenido de la presentación una vez dados estos dos pasos, la afirmación se convierte en impulso para la acción.[20] En la medida en que

---

[19] Deleuze (1969:14).
[20] Para un análisis detallado de los tres pasos y de la función de la reflexión y el juicio (*krisis*) como especificidad de la naturaleza humana Cf. Salles (2006), Cap. 4, *Reflexión y responsabilidad*.

articulamos lo real en el *lógos* y esta articulación es indispensable para la comprensión y por lo tanto para la acción, no puede decirse que el plano del significado no sea irreal, es algo. El término más general en el lenguaje estoico es "alguna cosa", que comprende, tanto a los cuerpos como a los incorporales.

El *pneûma*

Lo corpóreo es, para los estoicos, el rasgo esencial de lo existente (*tò ón*). Sólo los cuerpos son susceptibles de actuar o recibir una acción, y sólo lo que es activo o pasivo es propiamente existente. Cualquier cosa que no tenga estas características es, forzosamente, inexistente y, dado que sólo los cuerpos tienen esta característica, debe ser, por lo tanto, incorporal. Tenemos aquí, entonces, la descripción apropiada de "cuerpo", a saber, aquello que actúa o recibe una acción. Teniendo esto en cuenta resulta más fácil comprender por qué la *aitía* no es una causa en sentido estricto; al ser incorporal no actúa ni recibe acción alguna. La causa debe ser corporal, es decir, debe ser un *aítion*.

Lo pasivo y lo activo son ambos llamados causas, por ejemplo, la madera arde porque el fuego la quema (factor activo) pero también porque tiene la disposición correcta para arder, a saber, el ser combustible (factor pasivo). La mezcla entre cuerpos o *pneûma* es la causa sinéctica por excelencia en virtud de su movimiento cohesionante. Dice Deleuze,

> Estos estados de cosas, acciones y pasiones, son determinados por las mezclas entre cuerpos. En el límite, hay una unidad de todos los cuerpos en función de un Fuego primordial donde se reabsorben y a partir del cual se desarrollan siguiendo su respectiva tensión. El único tiempo de los cuerpos o estados de cosas es el presente.[21]

El *pneûma* es el hálito "...por el que todo se mantiene unificado y estable y en relación consigo mismo (*sympathés*)" (A. de Afrodisia, 1.218). La materia es pasiva (*to páskhon*). Ambos son, igualmente, cuerpos. El *pneûma* se manifiesta de distinto modo en distintos niveles de la realidad: en las piedras como *héxis*, en las plantas como *phúsis* y en los animales como *psykhé*. Se trata del mismo *pneûma* en distintos grados de tensión (*tónos*). En el caso particular de la *psyché*, el tono también varia con sus estados, por ejemplo, el dolor es una contracción (*systolé*) y el placer una expansión (*éparsis*) del alma. El alma, para los estoicos, es también un cuerpo, es *pneûma* cálido; *sôma* y *psyché* deben tener una naturaleza similar dado que ejercen acción recíproca uno sobre otro. Si no fueran de naturaleza corpórea no podrían entrar en contacto.

---

[21] Deleuze (1969:13).

"Sin duda, por una y la misma cosa respiramos y vivimos; pero respiramos gracias a un aliento natural (*spiritus naturalis*). Por tanto, también vivimos por el mismo aliento. Pero vivimos gracias a un alma; resulta manifiesto, entonces, que el alma es un aliento natural" (Calcidio, *In Tim.*, 220)[22] La afirmación de que el alma es corpórea tiene implicancias sobre la ética estoica ya que todo aquello que la modifica o se modifica con ella, a saber, sus cualidades, (virtudes, vicios, conocimiento, pasiones, impulsos, asentimientos, etc.), son también de carácter corpóreo. Son los distintos estados del *pneûma* que en su expansión y contracción determina que el alma esté deprimida o exaltada. En su artículo sobre actividad pneumática y explicación causal, Boeri muestra en qué sentido la causa sinéctica o cohesiva puede expresarse como actividad pneumática no sólo en la física sino en la ética y la teoría de la acción. Las disposiciones virtuosas de un agente racional también son entendidas como casos de una buena tensión (*eutonía*) del *pneûma*.

La felicidad o ser feliz: la diferencia entre *skopós* y *télos*

La tesis estoica afirma que el fin consiste en vivir de acuerdo a la virtud. Hay una diferencia, para los estoicos, entre *skópos* (meta u objetivo) y *télos* (el fin). El fin no es para los estoicos, como lo era para Aristóteles, una causa, ya que si el agente no alcanza la meta entonces no es feliz, es decir no hay efectivización de la felicidad en el mero esbozarse como meta a la que se apunta. La meta, por sí misma, no es agente, no es causa suficiente. El ser feliz es la satisfacción de la meta por un *cuerpo agente*.

En este punto se ve claramente por qué los incorporales no son entidades secundarias en el sistema estoico: como sucede en otros terrenos, la comprensión de procesos y fenómenos nucleares se comprenden sólo si se atiende a las implicancias lingüístico-ontológicas a las que se accede a través de la teoría de los incorpóreos. Sucede, en la descripción general de la acción, que el asentimiento se da a las proposiciones, mientras que el impulso, elemento vital para comprender el intercambio del hombre con su medio, en tanto cuerpo entre cuerpos, está dirigido a los predicados. Lo que interesa en este punto es que las proposiciones (*axiómata*) son *lektá* completos y los predicados (*symbebekóta*) son *lektá* incompletos (DL, VII.64). Los *lektá* incompletos señalan la acción, aspecto que resulta también aquí de primera importancia, ya que es sólo la satisfacción del predicado la que garantiza la virtud. Es importante remarcar la diferencia que existe entre el sostener que la virtud está dada por conocimiento en el sentido de haber visto las Formas de lo bello y lo bueno, y decir que la virtud está dada por la conducta consistente, esto es, vivir de acuerdo a la

---

[22] SVF II 879 = Crisipo, Fr. 450.

virtud. En el primer caso, la virtud es un contenido psíquico, mientras que en la segunda, la virtud es la acción misma.

Esta distinción entre meta y fin, está relacionada con otra distinción a la que apela el sistema estoico valiéndose de los adjetivos verbales griegos. En efecto, derivados adjetivales terminados en *-tón* indican posibilidad, mientras que aquellos terminados en *-téon* sugieren deber. Por ejemplo, *airetón* es "aquello que merece ser elegido"(todo bien), mientras que *airetéon* es lo que debe ser elegido (todo acto beneficioso). Es decir, no elegimos aquello que merece ser elegido (el objeto directo), sino que lo hacemos (por eso un acto).[23]

Esta distinción es la que toma Deleuze en *Diferencia y Repetición* para su crítica a la teoría de la percepción en Platón. La crítica, enmarcada en una ataque más general a lo que se identifica, en la filosofía trascendental kantiana, como un "sentido común" según el cual todas las facultades convergerían en un mismo objeto común, apunta a la diferencia crucial entre sostener que lo sensible es el objeto de la percepción y sostener que lo sensible es el acto mismo de percibir. "El objeto del encuentro, por el contrario, realmente hace nacer la sensibilidad en el sentido. No es un *aisthetón* sino un *aisthetéon*. No es una cualidad sino un signo. No es un ser sensible sino el ser de lo sensible. No es lo dado sino aquello por lo cual lo dado es dado..." (Deleuze, 1968: 182).

Amor Fati

¿Cuál es la manera estoica de vivir, la manera estoica de relacionarse con una herida? Querer algo *en* lo que sucede según las leyes de una oscura conformidad humorística: es en este sentido, nos dice Deleuze, que el *Amor Fati* se alía al combate de los hombres libres. El acontecimiento debe ser comprendido, querido y representado en lo que sucede. Encarnar la herida, efectuarla, agenciamiento molecular que privilegia, en la enunciación al verbo infinitivo y al artículo indefinido, dimensiones de Aión De la eternidad, no la eternidad cristiana, no un más allá del tiempo, sino un tiempo que es cesura del tiempo cronológico, donde antes y después no se excluyen mutuamente.

El acontecimiento se vincula con Aión en tanto ruptura. Nos vuelve indiferentes a lo que antes producía sentido y sensibles a lo que no lo producía. Y como tal, afecta las condiciones de la cronología. No puede decirse que ocurre en el tiempo entendido cronológicamente. En todo caso, dice Zourabichvili, a Deleuze le interesa mostrar que la cronología *deriva* del acontecimiento. El eterno retorno, dice Deleuze, es el momento que sigue a la tirada de dados. Es el momento del resultado de la tirada, el momento de la afirmación del azar.

---

[23] "No elegimos lo que merece ser elegido, sino que lo hacemos" (Estobeo, 2.78, 7-11).

Lo único necesario es el azar. Pero también es la bienvenida del azar. El azar no puede tomarse por fragmentos, sino en su totalidad, sólo entonces es necesario. En el tiempo de Khronos, el de la totalidad del tiempo. Aquí, "azar" se opone a causalidad y no a "necesidad". En esto consiste el *Amor Fati*, en "afirmar todo el azar de un golpe" (Deleuze, 1962: 47). Querer el acontecimiento implica un movimiento de la voluntad, un movimiento "catacrésico" mediante el cual nos convertimos en *quasi*-causa de lo que se produce en nosotros. El combate de los hombres libres.

Esta afirmación está muy lejos de ser resignación, figura del resentimiento. Puede pensarse en términos de la tercera transformación de *Zarathustra*, la afirmación del niño que es la afirmación creadora. [24] También Heráclito afirma, "Aión es un niño que juega a los dados: de un niño es el reino" (Fr. 52). El niño es Aión, la efectuación del acontecimiento. Nos preguntamos entonces, qué disposición de ánimo es la del *Amor Fati*. ¿Qué implica querer el destino a nivel anímico? Ciertamente, la oscura conformidad humorística es contraria a toda figura del resentimiento. Contraria a la dispepsia que éste implica, a la imposibilidad de olvido que es resiliencia psíquica, fuerza plástica y regenerativa (Nietzsche, 1887: II,1). El olvido es condición para la jovialidad. La novedad sólo es asequible a la conciencia si ésta no está indigesta con las huellas mnémicas, es decir, la ruptura de Aión y la producción de nuevos sentidos que nos hace el acontecimiento no son posibles sin un ánimo que afirme, y un ánimo sólo afirma con la regeneración que permite el olvido. La transmutación, el salto sobre el mismo lugar de todo el cuerpo que cambia su voluntad y quiere ahora algo en lo que sucede implica la apertura a las reconfiguraciones que irrumpen con el acontecimiento. La posibilidad de desterritorializarse no es independiente del amor al destino y el destino ha de ser la afirmación de la necesidad del azar. La herida se produce en la serie de mezclas de cuerpos, el encarnarla corresponde a la serie de los incorporales. Ambas series se anudan en el acontecimiento. En esto consiste, precisamente, la naturaleza paradójica del acontecimiento, en la articulación de las dos series heterogéneas. Y es en virtud de esta naturaleza paradójica del mismo que el lenguaje funciona.

La afirmación tercer momento de la psicología de la acción estoica, no puede prescindir del sentido incorporal, no puede prescindir del contenido proposicional que expresa la imagen o impresión (*phantasía*). El sentido es inmanente a los cuerpos. Es efecto, no sólo en el sentido causal, sino también como efecto óptico, efecto sonoro, es decir, efecto de superficie (Deleuze, 1969: 88). El eterno retorno no es en realidad el retorno de lo mismo, sino de la diferencia.

---

[24] Véase Nietzsche (1883), "De las tres transformaciones". Al sí del asno que es una afirmación negadora sigue el no de la afirmación del león y sólo entonces, con el niño, se logra el sí de la creación, la libertad para crear nuevos valores.

No podría ser de otra manera. ¿En qué consiste la relación entre amor fati y eterno retorno? El *Amor Fati* es la condición de posibilidad de la salida de la rueda del retorno de lo mismo que se convierte en el retorno de la diferencia. El espíritu de la pesadez se mata con la de-cisión. Sólo mordiendo la cabeza de la serpiente. Esa de-cisión no es, sin embargo, el acto de un sujeto agente, sino el operar del *selbst* que, a diferencia del yo, está en relación con el azar. ¿Cuál es, entonces, la relación del retorno y el azar? La necesidad no está dada en el plano del sentido, allí radica la diferencia. La fórmula nietzscheana de que "lo único necesario es el azar" que indica el carácter paradojal del eterno retorno, se aplica también a la cosmología estoica. La serie de las causas está tejida por el azar en la profundidad de los cuerpos, por lo cual esa determinación elude al sentido que sólo es efectuable en la superficie.

La salida del retorno está en la afirmación de la necesidad de la tirada una vez que los dados fueron echados. El buen jugador no juega en vistas al resultado, sino a la jugada misma. El buen jugador es aquel que ama al destino con todo lo que él le traiga, y se afirma como operador del mismo, como *quasi*-causa que es, a pesar de todo, causa. La transmutación se da como un giro en la voluntad, pero depende de un cambio en el ánimo. La pesadez se va cuando llega la risa de Zaratustra. Vivir de acuerdo a la virtud no es otra cosa que afirmación; "la vida se ama, no por hábito de vivir, sino porque estamos acostumbrados a amar" (Cragnolini, 2004: 125).

Agenciamiento y responsabilidad

La relación que se establece entre acción, lenguaje y verdad en el sistema estoico admite la posibilidad de pensar el agenciamiento de una manera no cartesiana. El agente es *quasi*-causa de sus acciones, operador de su propio destino-azar de una manera que excede al yo desde todas las perspectivas. La inclusión del azar en la cadena causal responde a la imposibilidad de determinar los procesos que catapultan un efecto. La causa no se reduce a su explicación porque se conjuga en el tiempo de khronos que es el tiempo de la providencia. Por eso, dice Deleuze, los estoicos no son amigos de la adivinación sino de la lógica. El tiempo de Khronos es el tiempo del dios, no el tiempo humano. El tiempo humano es el presente de los cuerpos: Aión, tiempo de la efectuación. El acontecimiento, con su doble cara, dispuesto hacia los cuerpos tanto como al lenguaje, se contra-efectúa cuando la herida se vuelve un verbo. Ser cortado no es un cuerpo, sino el efecto de un cuerpo sobre otro. Pero en tanto efecto no es reductible a los cuerpos.

Quizás éste sea el elemento más anti-Platónico del sistema estoico, a saber, el carácter inmanente de los incorporales en el plano de los cuerpos. No es posible contraponer los dos planos ontológicos. Cuerpos y sentido no se excluyen mutuamente, sino por el contrario, dependen uno del otro. No hay mundo sin cuerpos pero tampoco sin incorporales, los primeros sin los segundos estar´ıan ciegos, los segundos sin los primeros estar´ıan vacíos (Boeri, 2001).

El acontecimiento, como los incorporales, es impersonal, ni activo ni pasivo, e inmanente a los cuerpos. Es indispensable para la acción humana, pero no es causa de la misma. El acontecimiento, al igual que el sentido, pertenece al ´ámbito de los efectos. Es por estas características del sentido que se asimila, en LDS, al concepto de acontecimiento. Y es por estas características que se distingue de los tres planos del lenguaje, designación, manifestación y significación. Es la cuarta dimensión de la proposición, es "lo expresado en la proposición".

Y no es sorpresivo que Deleuze coloque en la misma l´ınea de los estoicos a Ockham y a Meinong. La reversión del platonismo, como proyecto general, tiene por objeto el terminar con la duplicación innecesaria de enitdades. Se calca el plano de derecho a partir del plano de los hechos, se queja una y otra vez Deleuze. E´ste es el sentido de la bu´squeda de la inmanencia. El sentido es parte constitutiva de los cuerpos y, en tanto inmanente, no puede ser objetualizado, ni en conceptos generales ni en proposiciones at´omicas ni en doctrinas morales. Si no hay trascendencia no hay sabidur´ıa en el sentido en que lo propon´ıa Platón. La acción se da en virtud de la presencia y no de la *an´amnesis*. Tampoco hay una correspondencia entre lenguaje y realidad porque no son planos separables. Es también desde esta perspectiva que se propone la verdad como artificio. Si el lenguaje no es reflejo de la realidad, puede ser una construcción y en este sentido una ficción. Las ficciones, por su parte, son indispensables para la acción. En la teoría de la acción estoica, el impulso no se da sin el sentido de la imagen que provoca la afirmación.

En suma, la ontología estoica sirve al proyecto deleuziano por su corporeismo y por su postulación de un plano inmanente para el lenguaje. A su vez, la ética estoica, consecuente tanto con la física como con la cosmolog´ıa, propone un tipo de agencialidad que admite la determinación. Es útil, así pues, para pensar la subjetivación desde una perspectiva contempor´anea que trata de escapar al *corsette* binario impuesto por la modernidad. Más específicamente, escapa al cartesianismo y a su división ontológica entre una *res cogitans* y una *res extensa* que son, esencialmente y por definición, planos sustanciales separados. En consecuencia, también escapa a la postulación de un sujeto fundante de la episteme. El logos estoico es, en tanto inmanente a los cuerpos, inseparable desde el punto de vista ontológico y, en tanto impersonal, no es atribuible a una subjetividad como su causa y sustento. Por otra parte, el *pneûma*, que se identifica con el cosmos, es la mezcla de los cuerpos, el hálito que los constituye y los atraviesa. No es posible, desde esta construcción del sentido del cosmos, separar entre una *res extensa*, materia inerte, y una *res cogitans*. El *pneûma* es la mezcla de los cuerpos, es la conflagración y el retorno de los mundos.

Sin sujeto agente en el sentido cartesiano, la responsabilidad sobre los propios actos cobra otra tonalidad. La de la *katákhresis*. La del *Amor Fati*.

Apropiación de los acontecimientos que *me* constituyen, hacerme hijo de mis propios acontecimientos. Afrontar el destino como si fuera *mi* efecto, sabiendo que *soy* el efecto de *mi* destino. Operar como causa, aceptar la irreversibilidad de los actos, sin mancharlos con la mala conciencia que juzga el destino en términos de méritos y faltas, que pide justicia a un nivel fragmentario, cuando esta es pensable solamente en su identificación con Khronos.

Bibliografía

Audouard, X. (1966) "Le simulacre", *Cahiers pour L'analyse*, Vol. 3, pp. 57-72.
Aillez, E. (1994) "Ontología y logografía. La farmacia, Platón y el simulacro", en Cassin, B. (comp.), *Nuestros griegos y sus modernos*, Buenos Aires, Manantial, pp. 155-168.
Boeri, M. D. (1999) "Causa, explicación causal y corporeidad en el estoicismo antiguo", *Diálogos*, 34 (73), pp. 7-34.
— (2001). "The stoics on bodies and incorporeals." *The Review of Metaphysics*, 54.4, pp. 723-752.
— (2009) "Causa sinéctica y actividad neumática en los estoicos", *Revista latinoamenticana de filosofía*, 35.1, pp. 5-34.
Bouaniche, A. (2007) *Gilles Deleuze. Une introduction,* Paris, Agora.
Clemente de Alejandría, *Stromata*. Hay traducción al inglés, versión online http://www.newadvent.org/fathers/0210.htm
Cordero, N. (2001) *"L'interprétation antisthénienne de la notion platonicienne de "forme", eidos, idea"*, en Fattal, M. *La philosophie de Platon*, Paris, L'Harmattan.
Cragnolini, M. (2004). "Espectralidades del retorno", en J. Cosentino – C. Escars, *El Giro de 1920. Más allá del principio de placer*, Buenos Aires, Imago Mundi, pp. 123-134.
Crisipo de Solos, *Testimonios Y Fragmentos*, Vol. I-II. Madrid, Gredos, 2006.
Deleuze, G. (1968) *Différence et répétition*. (Versión castellana *Diferencia y repetición*. Buenos Aires, Amorrortu, 2002.)
— (1969) *Logique du sens* (Versión castellana *Lógica del sentido*. Buenos Aires, Paidós, 2005)
— (1962) *Nietzsche y la filosofía*, Anagrama, Barcelona, España, 2008.
— (1972) *Conversaciones*. Trad. José Luis Pardo. Valencia, Pre-Textos, 1995.
Fine, G. (1980) "The one over the many" *The Philosophical review* 89.2.
Frede, M. (1980). "The original notion of cause" En *Doubt and Dogmatism.*
Studies in hellenistic philosophy. Oxford University Press.
Ginoux, I. (2005) "Platon", en S. Leclercq, *Aux sources de la pensé de Gilles Deleuze*, Vol. 1, Paris, Sils Maria Éditions, pp. 155-160.
Heidegger, M (1946) *Nietzsche,* Barcelona, Ediciones Destino, 2000.
Lane, D. (2011) "On the Reversal of Platonism:The Mimetic Abyss", *SubStance*, 40.2, (Issue 125), pp. 105-126.
Nietzsche, F. W. (1883). *Así habló Zaratustra*, Buenos Aires, Alianza, 2007.
— (1887). *La genealogía de la moral*, Buenos Aires, Alianza, 2008.
Notomi, N. (1999) *The unity of Plato's Sophist*, Cambridge, CUP.

Platón *Diálogos*, Introducción, traducción y notas de N. Cordero *et al.*, Madrid, Gredos, 1988, vol. V.
— *Diálogos*, Introducción, trad. y notas de M. Durán *et al.*, Madrid, Gredos, 1992.
— *República*, Introducción, traducción y notas de C. Társico y M. Divenosa, Buenos Aires, Losada, 2005.
Salles, R. (2006) *Los Estoicos y el problema de la libertad*, México, UNAM.
Zourabuchvili, F. (2007). *El vocabulario de Gilles Deleuze*, Buenos Aires, Atuel.

Sobre los autores

Esteban Bieda es Doctor en Filosofía (UBA) e Investigador del CONICET. Es docente de *Historia de la Filosofía Antigua* y de *Lengua y cultura griega* en la Facultad de Filosofía y Letras de la Universidad de Buenos Aires y de *Griego* en la Escuela de Humanidades de la UNSAM y en la UCES. Es autor del libro *Aristóteles y la tragedia. Una concepción trágica de la felicidad* (Altamira, 2008) y de diversos artículos en publicaciones nacionales e internacionales sobre temas vinculados con la ética y la literatura griega clásica.

Virginia Cano es doctora en Filosofía por la FFyL de la UBA, profesora adjunta interina de "Ética" en la misma universidad e investigadora asistente del CONICET. Actualmente, y articulando con su militancia como lesbiana y feminista, se aboca a pensar la inscripción de la teoría feminista y de la disidencia sexual en el marco de una genealogía post-nietzscheana. Ha publicado varios artículos sobre la temática y es co-compiladora junto a M. L. Femenías y P. Torricella del libro *Judith Butler, su filosofía a debate* (Editorial de la FFyL, UBA).

Axel Cherniavsky es investigador del CONICET y Doctor en Filosofía por la Universidad de París 1-Panthéon-Sorbonne y por la Universidad de Buenos Aires. Se desempeña como docente en las cátedras de Filosofía contemporánea y Metafísica de la Facultad de Filosofía y Letras de la UBA. Es autor de *Exprimer l'esprit. Temps et langage chez Bergson* [Expresar el espíritu. Tiempo y lenguaje en Bergson] (L'Harmattan, 2009) y *Concept et méthode. La conception de la philosophie de Gilles Deleuze* [Concepto y método. La concepción de la filosofía de Deleuze] (Publications de la Sorbonne, 2012).

Oscar Mauricio Donato es Doctorando en Ciencias Sociales en la Universidad de Buenos Aires. Su trabajo de grado se titula *¿Platón Desplatonizado? La lectura de la filosofía política Platónica a la luz de L. Strauss* dirigido por la Dr. Claudia Hilb. Realizó estudios de Maestría en Ciencia Política FLACSO (Argentina) y en Filosofía en la Universidad Libre, en Colombia, donde actualmente es Titular de catedra de Filosofía Política y Director del Centro de Investigaciones.

Esteban A. García es Doctor en Filosofía por la Universidad de Buenos Aires, donde actualmente se desempeña como Profesor Adjunto en la cátedra de Gnoseología de la carrera de Filosofía. Es además Investigador Adjunto del CONICET, ha publicado el libro *M. Merleau-Ponty. Filosofía, percepción y corporalidad* (Rhesis, 2013) y diversos artículos acerca de filosofía moderna, contemporánea y fenomenología.

Mariana Gardella es Licenciada y Profesora en Filosofía (UBA). Actualmente es doctoranda en la Facultad de Filosofía y Letras (UBA) y becaria doctoral del

CONICET. Es autora del libro *Las críticas de los filósofos megáricos a la ontología platónica* (Buenos Aires, Rhesis, en prensa) y de artículos sobre la filosofía megárica.

Rodrigo Illarraga es Licenciando en Historia en la Facultad de Filosofía y Letras de la Universidad de Buenos Aires. Es docente y participa en grupos de investigación donde ha llevado adelante estudios sobre política Antigua y sus derives contemporáneas. Fue becario de la UBA y la USP (Brasil) y es autor de numerosos trabajos sobre esta temática.

Claudia Mársico es Doctora en Filosofía por la Universidad de Buenos Aires, Investigadora del CONICET y Profesora Adjunta de Historia de la Filosofía Antigua en la Facultad de Filosofía y Letras (UBA) y la Escuela de Humanidades de la UNSAM. Es autora de numerosos libros, capítulos y artículos sobre filosofía griega e historiografía. En la dirección de grupos de investigación estudia actualmente la noción de zonas de tensión dialógica asociada con las filosofías socráticas y el fenómeno del diálogo interepocal.

Carlos Martín es Doctor en Filosofía por la Universidad de Buenos Aires, con la tesis *Théatron oikokomikón: la filosofía polític aristotélica y las condiciones sociales y políticas de su producción*. Es docente en el nivel superior y participa en grupos de investigación donde ha llevado adelante estudios sobre política y economía antigua. Es autor de numerosos artículos sobre esta temática.

Graciela Ralón es Doctora en Filosofía por la Universidad de Buenos Aires y Profesora en la Universidad Nacional de San Martín. Es autora de numerosos artículos sobre temas relacionados con la hermenéutica y las vertientes fenomenológicas. Es miembro ordinaria del Círculo Latinoamericano de Fenomenología (CLAFEN) y Directora de Proyectos en la Escuela de Humanidades de la Universidad Nacional de San Martín.

Lucas Soares es Doctor en Filosofía (Universidad de Buenos Aires) e Investigador Adjunto del CONICET. Profesor Adjunto de Historia de la Filosofía Antigua en la Facultad de Filosofía y Letras (UBA). Autor de los libros *Anaximandro y la tragedia* (Biblos, 2002), *Platón y la política* (Tecnos, 2011), y de diversos artículos en publicaciones nacionales e internacionales sobre temas vinculados a la estética y la política en la filosofía griega.

Valeria Sonna es Licenciada en Filosofía por la Universidad Nacional de Córdoba. Actualmente cursa su Doctorado en Filosofía en la Universidad de Buenos Aires como becaria del CONICET. Cursó la Maestría en Estudios Interdisciplinarios de la Subjetividad. Es miembro investigador del Centro de Investigaciones Filosóficas y participa de proyectos de investigación. Sus principales artículos versan sobre la recepción del pensamiento antiguo en autores franceses de la segunda mitad del S.XX, en especial la de Gilles Deleuze.

www.ingramcontent.com/pod-product-compliance
Lightning Source LLC
Chambersburg PA
CBHW070737160426
43192CB00009B/1473